Renate Meyer

В интересах настоящего и будущих поколений в СССР принимаются необходимые меры для охраны и научно обоснованного, рационального использования земли и ее недр, растительного и животного мира, сохранения в чистоте воздуха и воды, обеспечения воспроизводства природных богатств и улучшения окружающей человека среды.

Статья 18 Конституции СССР

Im Interesse der heutigen und kommender Generationen werden in der UdSSR die erforderlichen Maßnahmen zum Schutz und zur wissenschaftlich begründeten, rationellen Nutzung des Bodens und der Bodenschätze, der Pflanzen- und Tierwelt, zur Reinhaltung der Luft und des Wassers, zur Gewährleistung der Reproduktion der Naturreichtümer und zur Verbesserung der Umwelt des Menschen getroffen.

Artikel 18 der Verfassung der UdSSR

BAIKAL

Fotos: Alexej Freidberg

Vorwort: Valentin Rasputin

Text: Mark Sergejew

Zusammenstellung:
Anatoli Bogomolow, Mark Sergejew,
Alexej Freidberg

Gestaltung: Alexander Julikow

Übersetzung: Thea-Marianne Bobrowski

Verlag Planeta. Moskau, 1990

БАЙКАЛ

Фотографии Алексея Фрейдберга

Автор вступительной статьи Валентин Распутин

Автор текста Марк Сергеев

Составители Анатолий Богомолов, Марк Сергеев, Алексей Фрейдберг

Художник Александр Юликов

Издательство «Планета». Москва, 1990

Серия «Природа СССР»

Aus der Reihe „Die Natur in der UdSSR"

© Издательство «Планета», 1982
© Перевод на немецкий язык. Издательство «Планета», 1985.

ISBN 5-85250-065-8

«Святое море», «святое озеро», «святая вода» – так называли Байкал с незапамятных времен и коренные жители, и русские, пришедшие на его берега уже в XVII веке, и путешествующие иноземцы, преклоняясь пред его величественной, неземной красотой.

Не станем уверять, что прекраснее Байкала нет ничего на свете: каждому из нас люба и мила своя сторона, и для эскимоса и алеута, как известно, его тундра и ледяная пустыня есть венец природного совершенства. Мы с рождения впитываем в себя картины своей родины, они влияют на наш характер и в немалой степени определяют нашу человеческую суть. Поэтому недостаточно сказать, что они дороги нам, мы – часть их. Бессмысленно сравнивать, отдавая чему-либо предпочтение, льды Гренландии с песками Сахары, сибирскую тайгу со среднерусской степью, даже Каспий с Байкалом, можно лишь передать о них свои впечатления.

И все-таки у Природы есть свои любимцы, которые она при создании отделывает с особенным тщанием и наделяет особенной властью. Таков, вне всякого сомнения, и Байкал.

Не будем сейчас говорить о его богатствах, это отдельный разговор. Но славен и свят Байкал другим – своей чудесной животворной силой, духом не былого, не прошедшего, как многое ныне, а настоящего, не подвластного времени и преобразованиям, исконного величия и заповедного могущества.

Вспоминаю, как с товарищем моим, приехавшим в гости, мы далеко ушли по берегу нашего моря по старой Кругобайкальской дороге. Был август, лучшее, благодатное время на Байкале, когда нагревается вода и бушуют разноцветьем сопки, когда солнце до блеска высвечивает вновь выпавший снег на дальних гольцах в Саянах, когда уже и впрок запасся Байкал водой из тающих ледников и лежит сыто, часто спокойно, набираясь сил для осенних штормов; когда щедро играет подле берега под крики чаек рыба и когда на каждом шагу по дороге встречаются то малина, то смородина, красная и черная, то жимолость... А тут еще и день выдался редкостный: солнце, безветрие, тепло, воздух звенит, Байкал чист и застывше-тих, далеко в воде взблескивают и переливаются красками камни, на дорогу то пахнет нагретым и горчащим от поспевающего разнотравья воздухом с горы, то донесет прохладное и резкое дыхание моря.

Товарищ мой уже часа через два был подавлен обрушившейся на него со всех сторон дикой и буйной, творящей пиршественное летнее торжество красотой, дотоле им не только не виданной, но даже и не представляемой.

Все, что отпущено человеку для впечатлений, в товарище моем было очень скоро переполнено, и он, не в состоянии уже больше удивляться и восхищаться, замолчал. Я рассказывал, как впервые попав в студенческие годы на Байкал, был обманут прозрачностью воды и пытался рукой достать с лодки камешек, до которого затем при замере оказалось больше четырех метров. Товарищ принял этот случай безучастно. Несколько уязвленный, я сообщил, что в Байкале удается видеть и за сорок метров – и, кажется, прибавил, но он и этого не заметил. Только тогда я догадался, что с ним: скажи ему, что мы в Байкале за двести-триста метров в глубину на двухкопеечной монете читаем год чеканки, – больше, чем удивлен, он уже не удивится.

Помню, его доконала в тот день нерпа. Она редко подплывает близко к берегу, а тут, как по заказу, нежилась на воде совсем недалеко, и, когда я, заметив, показал на нее, у товарища вырвался громкий и дикий вскрик, и он вдруг принялся подсвистывать и подманивать, словно собачонку, нерпу руками. Она, разумеется, тотчас ушла под воду, а товарищ мой в последнем изумлении от нерпы и от себя опять умолк, и на этот раз надолго.

Я даю это ничего не значащее само по себе воспоминание для того лишь, чтобы иметь возможность процитировать несколько слов из большого и восторженного письма моего товарища, которое он прислал мне вскоре после возвращения с Байкала. «Силы прибавились – это ладно, это бывало, – писал он. – Но я теперь духом поднялся, который оттуда, с Байкала. Я теперь чувствую, что могу немало сделать, и, кажется, различаю, что нужно делать и чего не нужно. Как хорошо, что у нас есть Байкал! Я поднимаюсь утром и, поклонясь в вашу сторону, где батюшка-Байкал, начинаю горы ворочать...»

Я понимаю его...

А ведь он, товарищ мой, видел только маленький краешек Байкала и видел его в чудесный летний день, когда все вокруг благодарствует покою и солнцу. Он не знает, как в такой же точно день, когда светит солнце и недвижен почти воздух, Байкал может бушевать, казалось бы, ни с чего, словно взбученный изнутри. Смотришь и не веришь своим глазам: тишь, безветрие и грохот воды – это за многие и многие километры дошел сюда из района шторма вал.

Он, товарищ мой, не попадал ни под сарму, ни под култук, ни под баргузин – ветры, которые мгновенно, с сумасшедшей силой налетают из речных долин и способны натворить на Байкале немалые беды, поднимая порой волну до четырех и шести метров.

Он не видел северного Байкала во всей его суровой и первозданной красоте, среди которой теряешь и ощущение времени, и меру дел человеческих, – так щедро и царственно властвует здесь над чистой водой древности сияющая вечность.

Он не бывал в бухте Песчаной, где солнечных дней в году гораздо больше, чем на прославленных южных курортах, и не купался в Чивыркуйском заливе, где вода летом нагревается ничуть не меньше, чем в Черном море.

Он не знает зимнего Байкала, когда под вычищенным ветрами прозрачным льдом, как под увеличительным стеклом, живет и шевелится вода; не слышал он, с каким гулом и треском разрывает Байкал, пошевеливаясь весной, этот лед широкими бездонными трещинами, а затем снова соединяет его, возводя великолепные громады голубых торосов.

Он не попадал в волшебную сказку: то мчится навстречу тебе с распущенным белоснежным полотнищем парусник; то повиснет в воздухе средневековый красавец-замок; то плывут с гордо поднятыми головами лебеди... Это миражи на Байкале – обычное здесь явление, с которым связано немало прекрасных легенд и поверий.

И мы, живущие подле Байкала, не можем похвалиться, что знаем его хорошо, потому что узнать и понять его до конца невозможно – на то он и Байкал.

И все-таки, побывав очень недолго и увидев ничтожно мало, можно если не понять, то почувствовать Байкал. Чувство в таких случаях зависит от нас, от нашей способности или неспособности принять в себя духовное зерно.

А дух Байкала – это нечто особенное, существующее, заставляющее верить в старые легенды и с мистической опаской задумываться, насколько волен человек в иных местах делать все, что ему заблагорассудится.

Байкал, казалось бы, должен подавлять человека своим величием и размерами – в нем все крупно, все широко, привольно и загадочно – он же, напротив, возвышает его. Редкое чувство приподнятости и одухотворенности испытываешь на Байкале – словно и тебя коснулась тайная печать вечности и совершенства, словно и тебя обдало близким дыханием всесильного присутствия, и в тебя вошла доля магического секрета всего сущего. Ты уже тем, кажется, отмечен и выделен, что стоишь на этом берегу, дышишь этим воздухом и пьешь эту воду. Нигде больше не будет у тебя ощущения столь полной и столь желанной слитности с природой – и проникновения в нее.

Вернувшись однажды с прогулки, Л. Н. Толстой записал:

«Неужели может среди этой обаятельной природы удержаться в человеке чувство злобы, мщения или страсти истребления себе подобных? Все недоброе в сердце человека должно бы, кажется, исчезнуть в прикосновении с природой – этим непосредственным выражением красоты и добра».

Природа сама по себе всегда нравственна, безнравственной ее может сделать лишь человек. И как знать, не она, не природа ли, и удерживает в немалой степени нас в тех более или менее разумных рамках, которыми определяется наше моральное состояние, не ею ли и крепится наше благоразумие и благодеяние?! Это она с мольбой, надеждой и предостережением денно и нощно глядит в наши глаза. И разве все мы не слышим этот зов? Когда-то эвенк на берегу Байкала, перед тем как срубить для надобности березку, долго каялся и просил прощения у березки за то, что вынужден ее погубить. Теперь мы стали иными. И все-таки не оттого ли и в состоянии мы удержать занесенную уже не над березкой, как двести и триста лет назад, а над самим батюшкой-Байкалом равнодушную руку, что возвращаем ему сторицей вложенное в нас природой. За добро добром, за милость милостью – по извечному кругу нравственного бытия...

Байкал создан, как венец и тайна природы, не для производственных потребностей, а для того, чтобы мы могли пить из него воду, главное и бесценное его богатство, любоваться его державной красотой и дышать его заповедным воздухом.

Это, прежде всего, необходимо нам.

Трудно удержаться, чтобы не повторить: как хорошо, что у нас есть Байкал! Могучий, богатый, величественный, красивый многими и многими красотами, царственный и не открытый, не покоренный – как хорошо, что он у нас есть!

Валентин Распутин

„Heiliges Meer", „Heiliger See", „Heilige Wasser" nannten seit unvorstellbaren Zeiten den Baikalsee die Ureinwohner, die Russen, die schon im 17. Jahrhundert an seine Ufer gelangten, und reisende Ausländer, die sich vor seiner majestätischen überirdischen Schönheit verneigten.

Wir wollen nicht behaupten, daß es nichts Schöneres auf der Welt gibt, als den Baikalsee: Jeder von uns liebt seine Heimat, und für Eskimos und Aleuten sind bekanntlich Tundra und Eiswüste die Krönung und Vollendung der Natur. Von Geburt an nehmen wir die Bilder unserer Heimat in uns auf, sie beeinflussen unseren Charakter und bestimmen in nicht geringem Maß unser menschliches Sein. Wir lieben nicht nur unsere Heimat, wir sind einfach ein Teil von ihr. Es wäre sinnlos, das Eis von Grönland mit der Sahara-Wüste, die sibirische Taiga mit der mittelrussischen Steppe, selbst den Kaspi-See mit dem Baikal zu vergleichen und irgendeiner Gegend der Vorrang zu geben. Man kann höchstens seine Eindrücke über die verschiedensten Landschaften schildern.

Dennoch besitzt die Natur ihre Lieblinge, die sie bei der Erschaffung mit besonderer Sorgfalt behandelt hat und denen sie besondere Macht verlieh. Zweifellos gehört der Baikal zu ihnen.

Nicht von seinen Reichtümern soll hier die Rede sein, das ist ein anderes Thema, würdig, gesondert behandelt zu werden. Der Baikalsee ist berühmt und heilig nicht wegen seiner lebensspendenden Kraft, nicht wegen seiner früheren Macht, sondern wegen seiner Großartigkeit und natürlichen Majestät, die er durch die Jahrhunderte bewahrt hat und die der Zeit und allen Umgestaltungen getrotzt hat.

Ich erinnere mich, wie ich mit einem Freund, der mich besuchte, lange am Ufer unseres Meeres auf der alten Krutobaikalskaja-Straße gewandert bin. Es war August, die schönste, wonnigste Zeit am Baikalsee, wenn sich seine Wasser erwärmen, die Schlammkegel in der Vielfarbigkeit der Blüten prangen, wenn die Sonne den Neuschnee auf den fernen Graten des Sajangebirges funkeln läßt, wenn der Baikalsee das Wasser gesammelt hat von den schmelzenden Gletschern und nun gesättigt, häufig gar ruhig daliegt und Kraft sammelt für die Herbststürme. Wenn sich dicht am Ufer unter dem Gekreisch der Möwen die Fische tummeln und man auf Schritt und Tritt am Ufer Himbeeren, rote und schwarze Johannisbeeren und das Geißblatt pflücken kann. Es war überdies ein selten schöner Tag: Sonne, Windstille, Wärme. Die Luft summt. Still und stumm ruht der Baikalsee und nur fernab im Wasser leuchten die Steine in allen Farben, auf dem Weg lagert der warme bittere Duft der reifenden Gräser aus den Bergen, der nur bisweilen von dem kühlen scharfen Atem des Wassers verdrängt wird.

Mein Freund war bereits nach zwei Stunden von dem von allen Seiten auf ihn eindringenden wilden, ungestümen, triumphierenden sommerlichen Fest der Schönheit überwältigt, einer Schönheit, die ihm bislang nicht nur unbekannt, sondern vor allem auch unvorstellbar gewesen war.

Nach einer kurzen Weile war mein Freund so tief beeindruckt von allem, was ihn umgab, daß er nicht mehr imstande war, sich zu verwundern und zu begeistern. Er verstummte einfach. Ich erzählte, wie ich zum erstenmal in meiner Studentenzeit an den Baikal gekommen, mich von der Klarheit des Wassers trügen ließ und versuchte, über den Bootsrand gebeugt, Kiesel vom Grund aufzulesen, der hier, wie später eine Messung ergab, über vier Meter tief war. Mein Freund nahm diese Erzählung völlig teilnahmslos hin. Leicht gekränkt sagte ich, daß man im Baikalsee auch vierzig Meter tief sehen kann und hatte damit wohl leicht übertrieben. Aber er bemerkte es nicht einmal. Erst da erriet ich, was in ihm vorging: Wenn ich ihm gesagt hätte, daß wir im Baikalsee bis zu einer Tiefe von zwei- und dreihundert Meter auf einer Zwei-Kopeken-Münze das Prägungsjahr erkennen, so hätte ihn auch dies nicht verwundert, denn er hatte bereits seinen höchsten Grad von Verwunderung erreicht.

Ich weiß noch, daß ihm an diesem Tag die Baikalrobbe den Rest gab: Sie schwimmt selten ans Ufer, an diesem Tag aber tummelte sie sich gerade, als sei es nicht anders vereinbart, ganz in unserer Nähe im Wasser und als ich meinen Freund, nachdem ich sie entdeckt hatte, darauf aufmerksam machte, entfuhr ihm ein lauter wilder Aufschrei, er begann miteins zu pfeifen und die Robbe mit den Händen wie ein Schoßhündchen zu locken. Sie verschwand natürlich sofort unter Wasser, und mein Freund verstummte wieder in äußerster Verwunderung über sich selbst und über die Baikalrobbe. Diesmal für lange.

Ich erzähle hier von dieser an sich völlig belanglosen Erinnerung ausschließlich, um die Möglichkeit zu haben, einige Worte aus dem langen, begeisterten Brief zu zitieren, den mir mein Freund kurz nach seiner Rückkehr vom Baikalsee schrieb. Es hieß darin: „Daß ich körperlich gefestigt heimkehrte, mag dahingehen, aber ich fühle zudem, wie sich Geist und Seele gefestigt haben, dort am Baikal. Ich spüre, daß ich viel zu leisten vermag, doch ich glaube nun unterscheiden zu können, was unbedingt getan werden muß und was Weile hat. Wie schön, daß wir den Baikalsee haben! Wenn ich des Morgens aufstehe, verneige ich mich in Eure Richtung, dorthin, wo Vater Baikal ruht, und mir ist, als könne ich Berge versetzen . . ."

Ich verstehe ihn . . .

Dabei hat mein Freund nur einen kleinen Zipfel vom Baikal gesehen und hat ihn an einem herrlichen, sonnigen Tag erlebt, da alles rundum sich an der Ruhe, im Sonnenschein erquickte. Er weiß nicht, wie der Baikal, an ebenso einem Tag, da die Sonne leuchtet und die Luft fast unbeweglich ist, ohne scheinbar ersichtlichen Grund zu stürmen beginnt, als bäume er sich in seinem Innersten auf. Man glaubt Augen und Sinnen nicht zu trauen: Ruhe, Windstille und das Rollen der Wogen. Da erreicht einen aus vielen Kilometern Entfernung, ausgerechnet an dieser Stelle, an der man sich gerade befindet, eine Sturmwoge.

Mein Freund hat weder den *Sarma* noch *Kultuk* oder den *Bargusin* erlebt – Winde, die in Augenblicksgeschwindigkeit, mit irrsinniger Gewalt aus den Flußtälern heranstürmen und auf dem Baikalsee viel Unheil anrichten können, denn sie jagen die Wassermassen bisweilen vier und sechs Meter hoch.

Er hat nicht den nördlichen Baikal in all seiner rauhen und ursprünglichen Schönheit erlebt, einer Schönheit, unter deren Eindruck man das Gefühl für die Zeit und für das Maß der Alltagsdinge verliert – so freigebig und königlich herrscht hier über den klaren Wassern der Vergangenheit die leuchtende Ewigkeit.

Er hat nicht die Pestschannaja-Bucht (Sandbucht) besucht, wo das Jahr wesentlich mehr Sonnentage zählt, als in den berühmten Kurorten des Südens, er hat nicht im Tschiwyrkujsker Meerbusen gebadet, wo sich das Wasser im Sommer genauso erwärmt wie im Schwarzen Meer.

Er hat den Baikal nicht im Winter kennengelernt, da in den reinigenden Stürmen die Wasser, von der durchsichtigen Eisschicht gebändigt, wie unter einem Vergrößerungsglas liegen und sich regen. Er hat nie gehört, mit welchem Heulen und Knirschen der Baikalsee birst, wenn er im Frühling erwacht und breite abgrundtiefe Risse sich im Eis bilden, das sich dann wieder zu majestätischen Brocken hellblauen Packeises zusammenschiebt und auftürmt.

Er hat nicht in der Welt der Zaubermärchen geweilt, da einem ein Boot mit schlohweißem geblähtem Riesensegel entgegenkommt, da irgendwo in den Lüften ein mittelalterliches, herrliches Schloß dahinzugleiten scheint wie die stolzerhobenen Häupter der Wildschwäne . . . Diese Luftspiegelungen am Baikalsee sind eine alltägliche Erscheinung in dieser Gegend, die mit vielen herrlichen Legenden und Überlieferungen verbunden sind.

Selbst wir, die wir am Baikalsee leben, können uns nicht rühmen, ihn zu kennen, denn es ist unmöglich, alles über ihn zu wissen. Dafür ist es der Baikalsee . . .

Dennoch vermag man, selbst wenn man nur kurze Zeit an seinen Ufern geweilt hat und wenig von ihm gesehen hat, den Baikal, wenn nicht zu begreifen, so zumindest zu erfühlen. Das hängt jedoch einzig von uns selbst ab, von unserer Fähigkeit oder Unfähigkeit, den geistigen, den sittlichen Kern aufzuspüren.

Der Geist des Baikalsees, seine Seele, ist etwas so Besonderes, Existentes, etwas was einen zwingt, an altertümliche Legenden zu glauben und von einem mystischen Schauer erfüllt darüber nachzudenken, inwiefern es dem Menschen andernorts freisteht, zu tun und zu lassen, was ihm in den Sinn kommt.

Der Baikal, sollte man meinen, müsse den Menschen durch seine Majestät und seine Größe erdrücken, denn er ist ungebärdig und rätselhaft. Doch er läßt den Menschen über sich selbst hinauswachsen. Am Baikalsee durchflutet einen das seltene Gefühl der Gehobenheit und der Vergeistigung – als habe man das Siegel der Ewigkeit und der Vollendung berührt, als streife einen der Atem der Allmacht, als hielte einen das magische Geheimnis allen Seins umfangen. Man ist, so erscheint es einem, schon allein dadurch begnadet, daß man an diesen Ufern stehen, diese Luft atmen und dieses Wasser trinken darf. Nirgendwo sonst wird man jemals wieder so deutlich und so vollkommen die ersehnte Verschmelzung mit der Natur empfinden.

Einmal schrieb Lew Tolstoi, als er von einem Spaziergang heimkehrte, in sein Notizbuch:

„Wie könnte angesichts dieser bestrickenden Natur im Menschen das Böse, die Rachsucht oder der Hang, seinesgleichen zu vernichten, fortleben? Alles Ungute im Herzen des Menschen müßte wohl bei der Berührung mit der Natur, diesem unmittelbaren Ausdruck der Schönheit und Güte, verschwinden."

Die Natur ist immer sittlich. Unsittlich macht sie nur der Mensch. Was, wenn nicht die Natur selbst hält uns in jenem mehr oder weniger vernünftigen Rahmen, der unseren sittlichen Zustand bestimmt, was, wenn nicht sie festigt unsere Vernunft und unsere guten Taten?! Sie ist es, die uns bei Tag und bei Nacht flehend, hoffend und warnend anschaut. Vernehmen wir immer diesen Ruf? Einstmals hat ein Ewenke am Ufer des Baikalsees, bevor er, von bitterer Not gezwungen, eine Birke fällte, den Baum lange um Verzeihung angefleht, weil er ihn vernichten mußte. Wir heute Lebenden sind anders. Aber können wir nicht gerade deshalb der gleichgültigen Hand, die nicht mehr wie vor zwei- oder dreihundert Jahren die Birke, sondern heute den Vater Baikal schlechthin bedroht, wehren und ihm auf diese Weise vergelten, was er uns geschenkt? Gutes mit Gutem, Freundliches mit Freundlichem – das ist schließlich der Lebenskreis unseres Seins . . .

Der Baikalsee ist die Krone der Schöpfung, er wurde nicht für schnellebigen Konsumtionsbedarf geschaffen. Vielmehr dürfen wir sein Wasser, diesen, seinen bedeutsamsten und unschätzbarsten Reichtum trinken, uns an seiner machtvollen Schönheit erfreuen und seine reine Luft atmen.

Das ist uns das Bedeutsamste.

Und wieder zwingt es mich, auszurufen: Wie herrlich, daß wir den Baikalsee unser eigen nennen dürfen! Ihn, den Mächtigen, den Reichen, den Großartigen, der so viele Schönheiten für uns birgt. Den Königlichen, der sich nicht preisgibt, den ewig Unbezwingbaren! Wie herrlich, daß wir ihn unser eigen nennen dürfen!

Valentin Rasputin

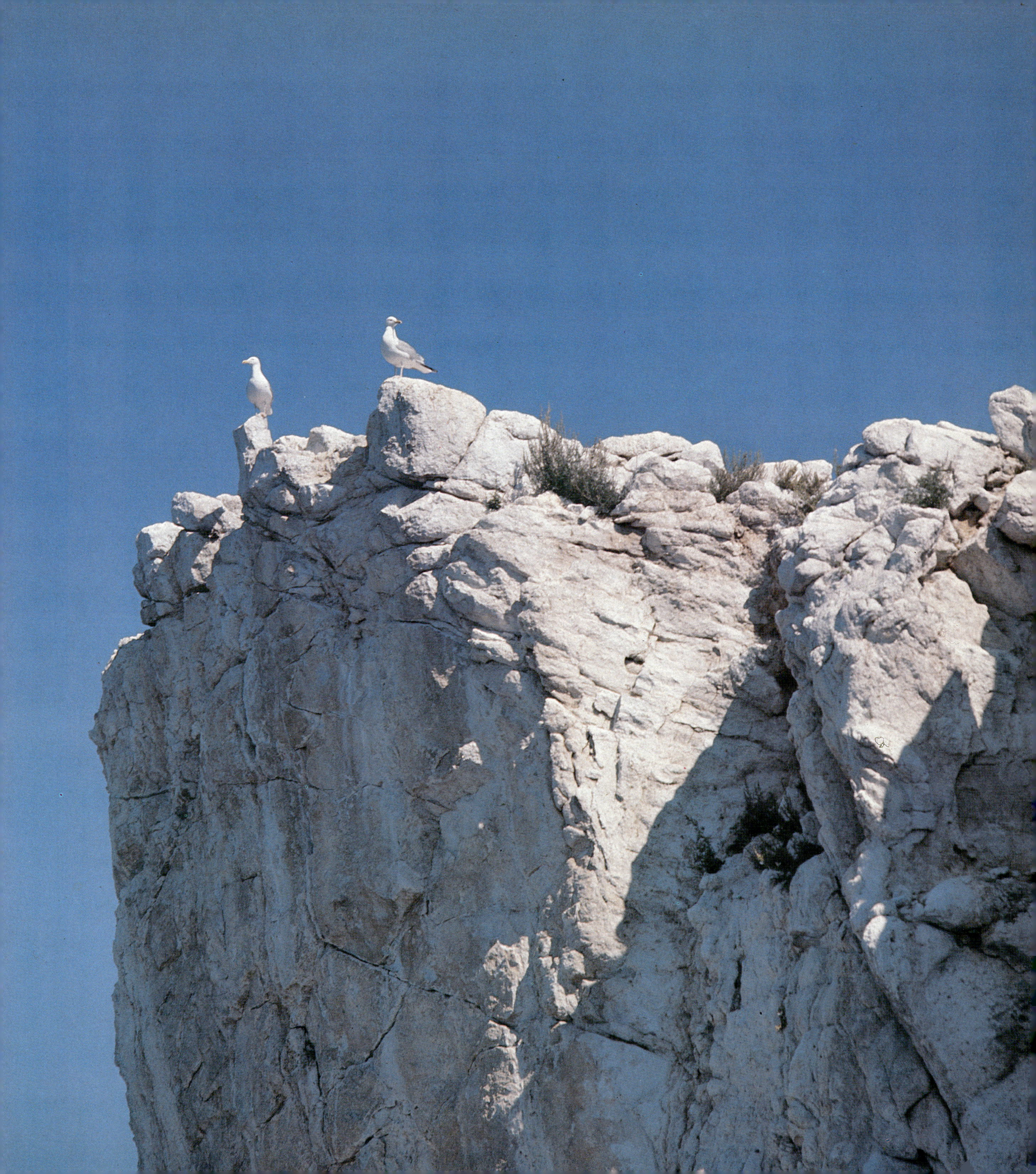

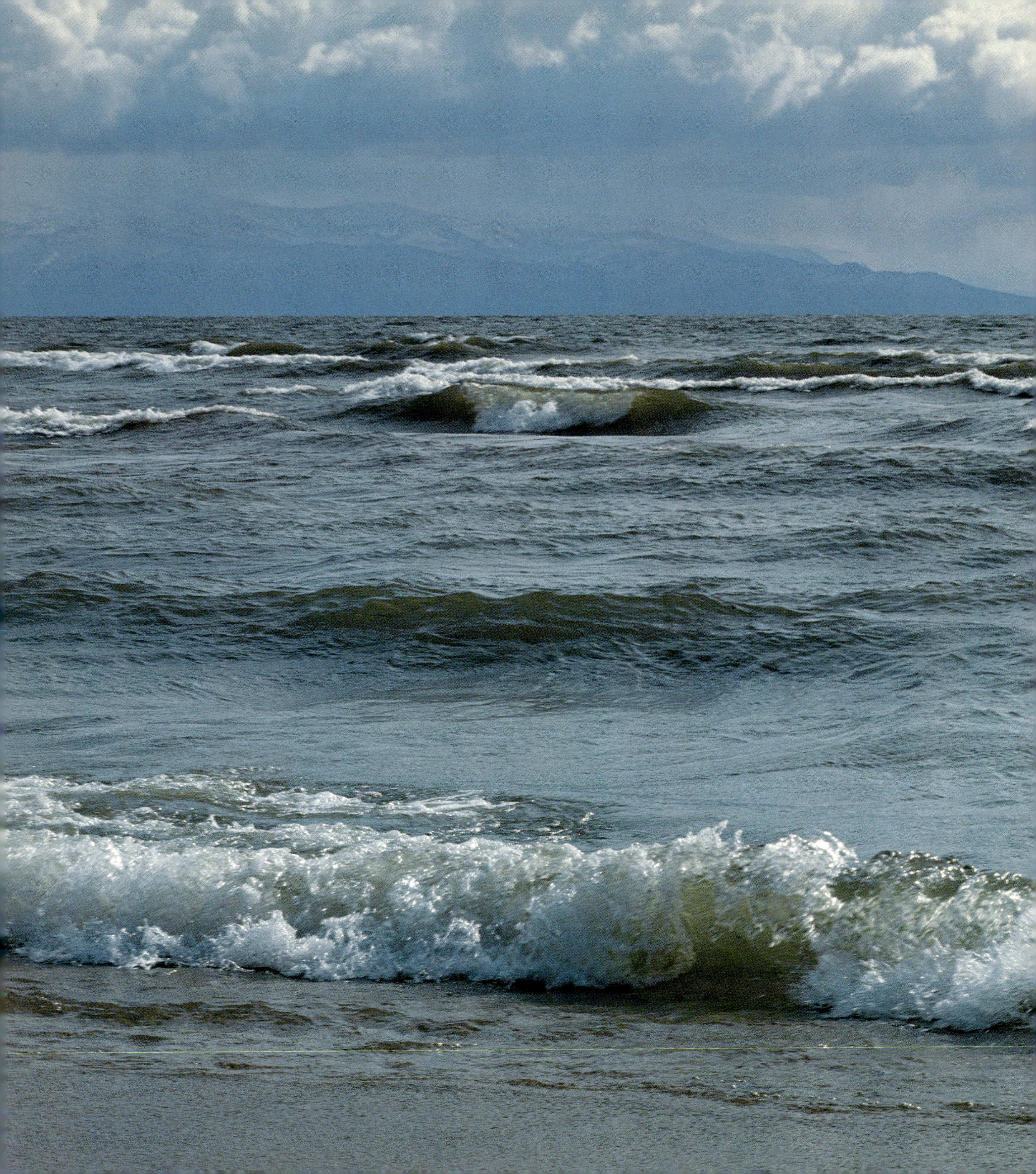

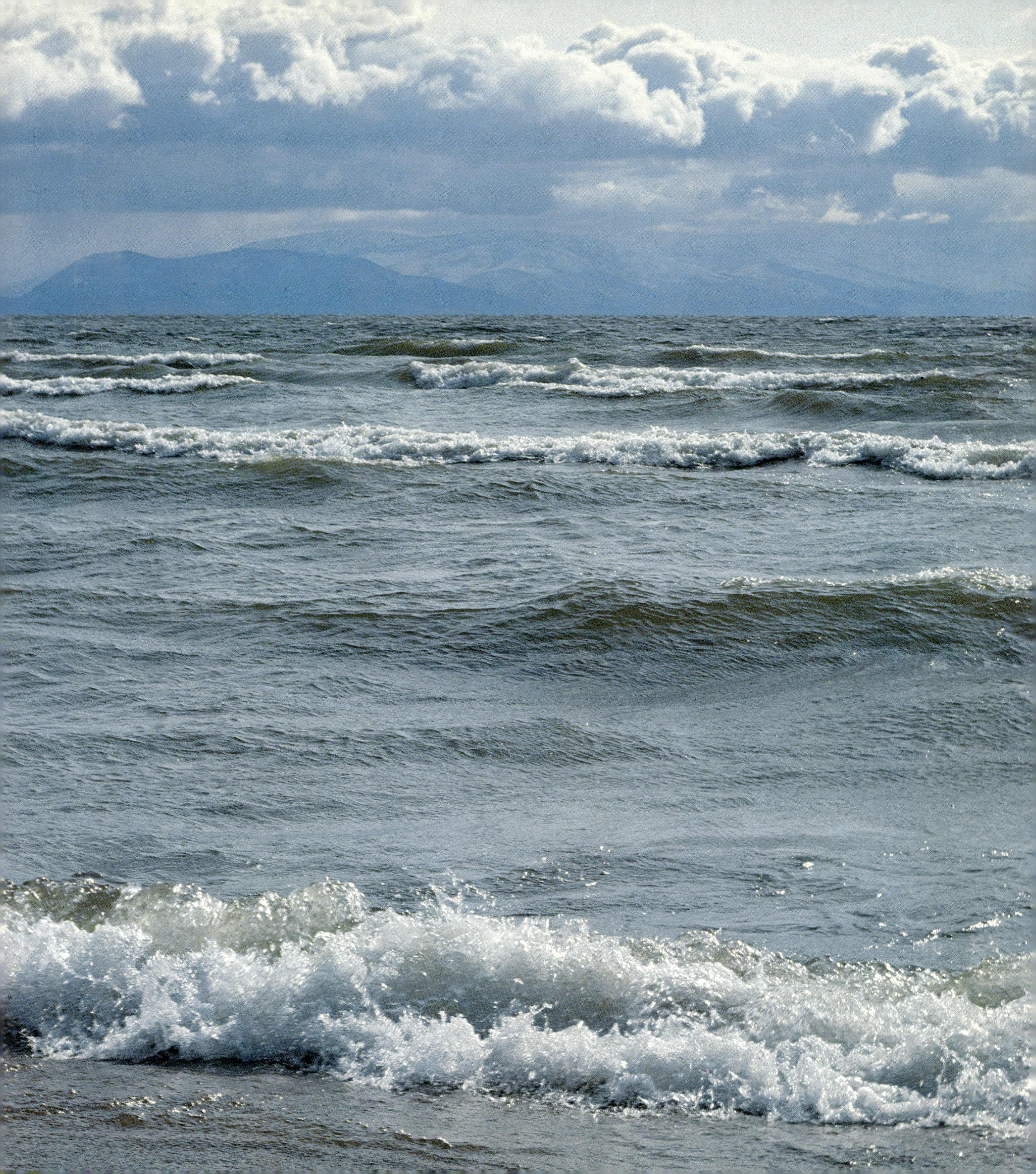

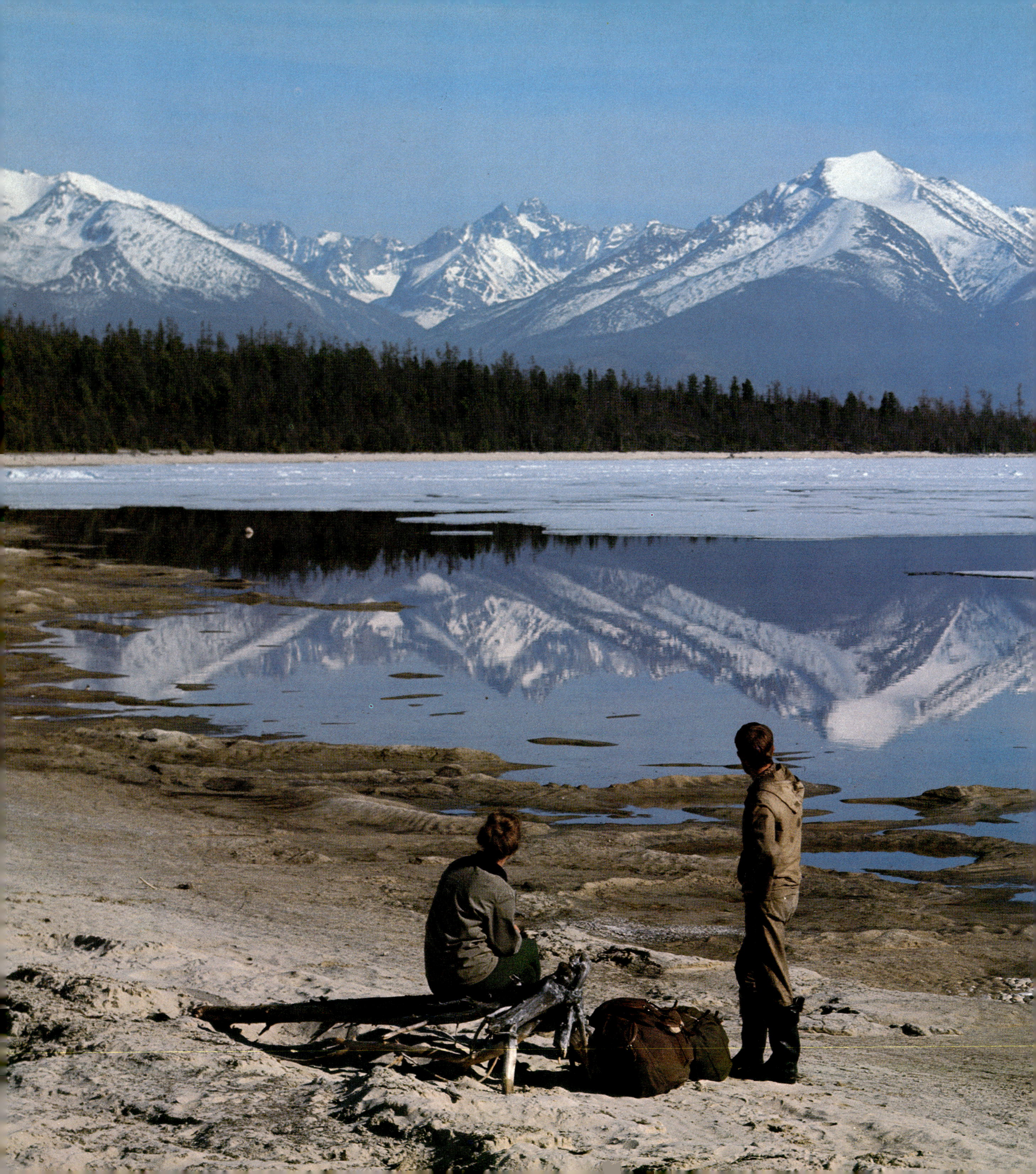

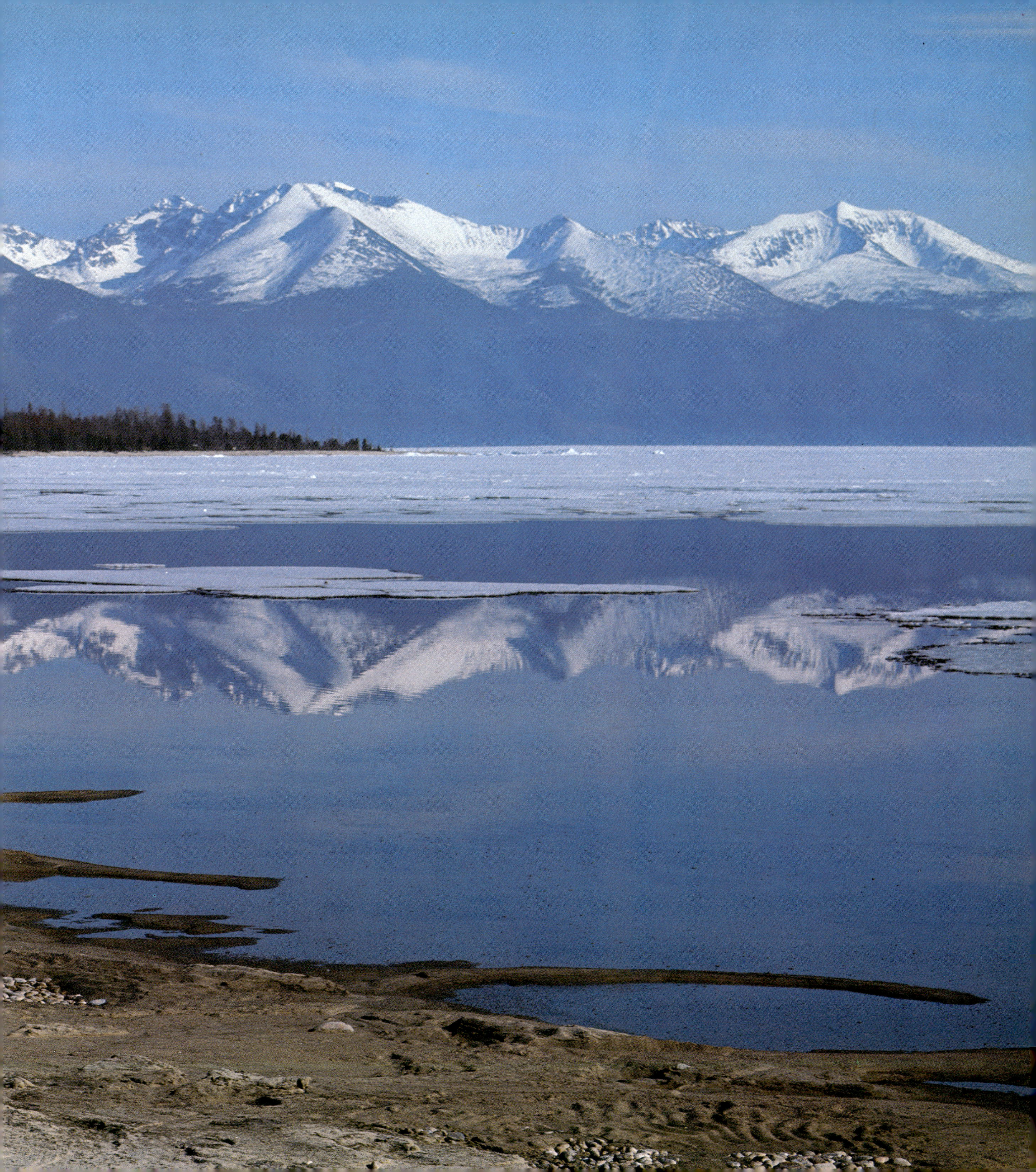

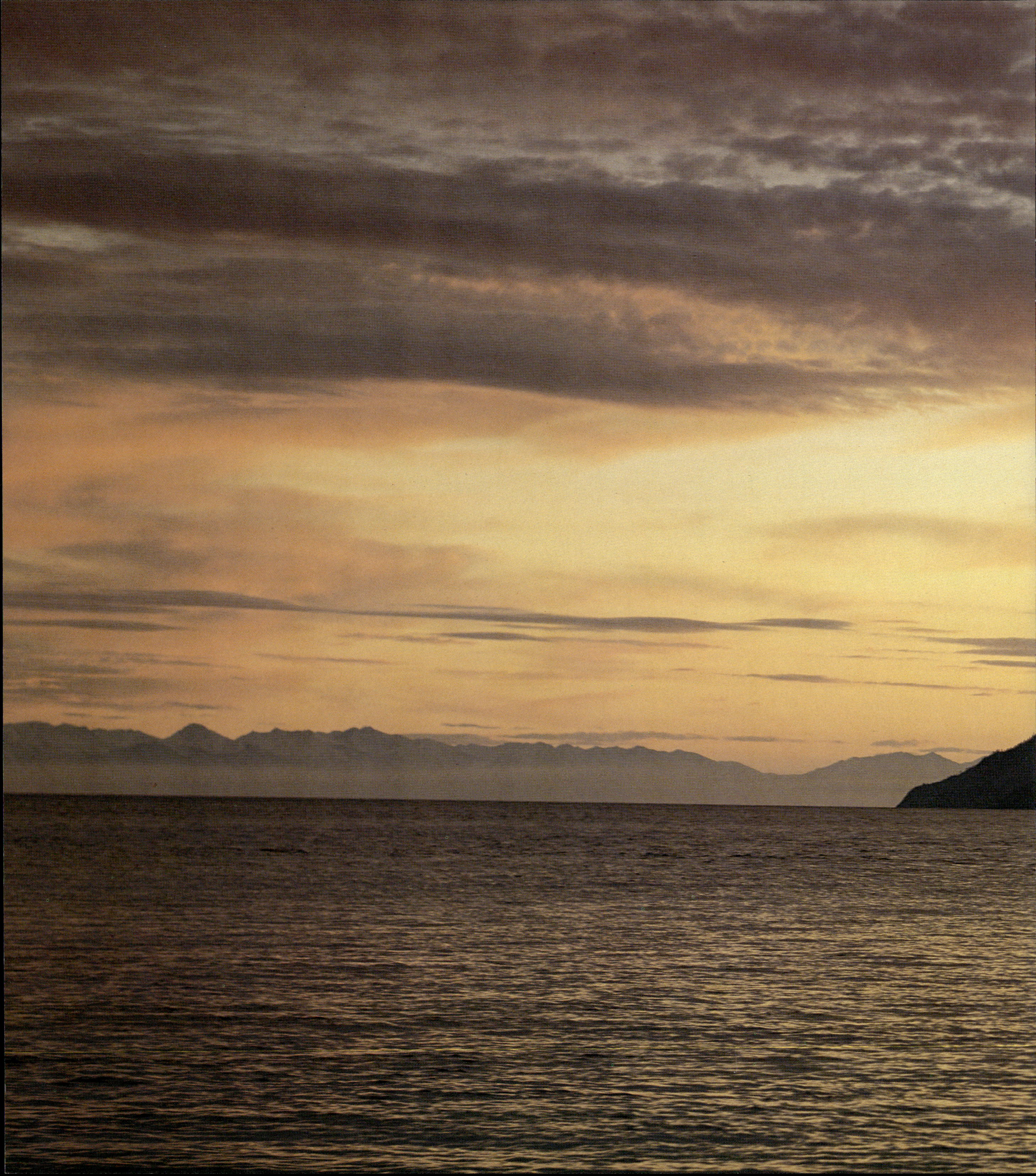

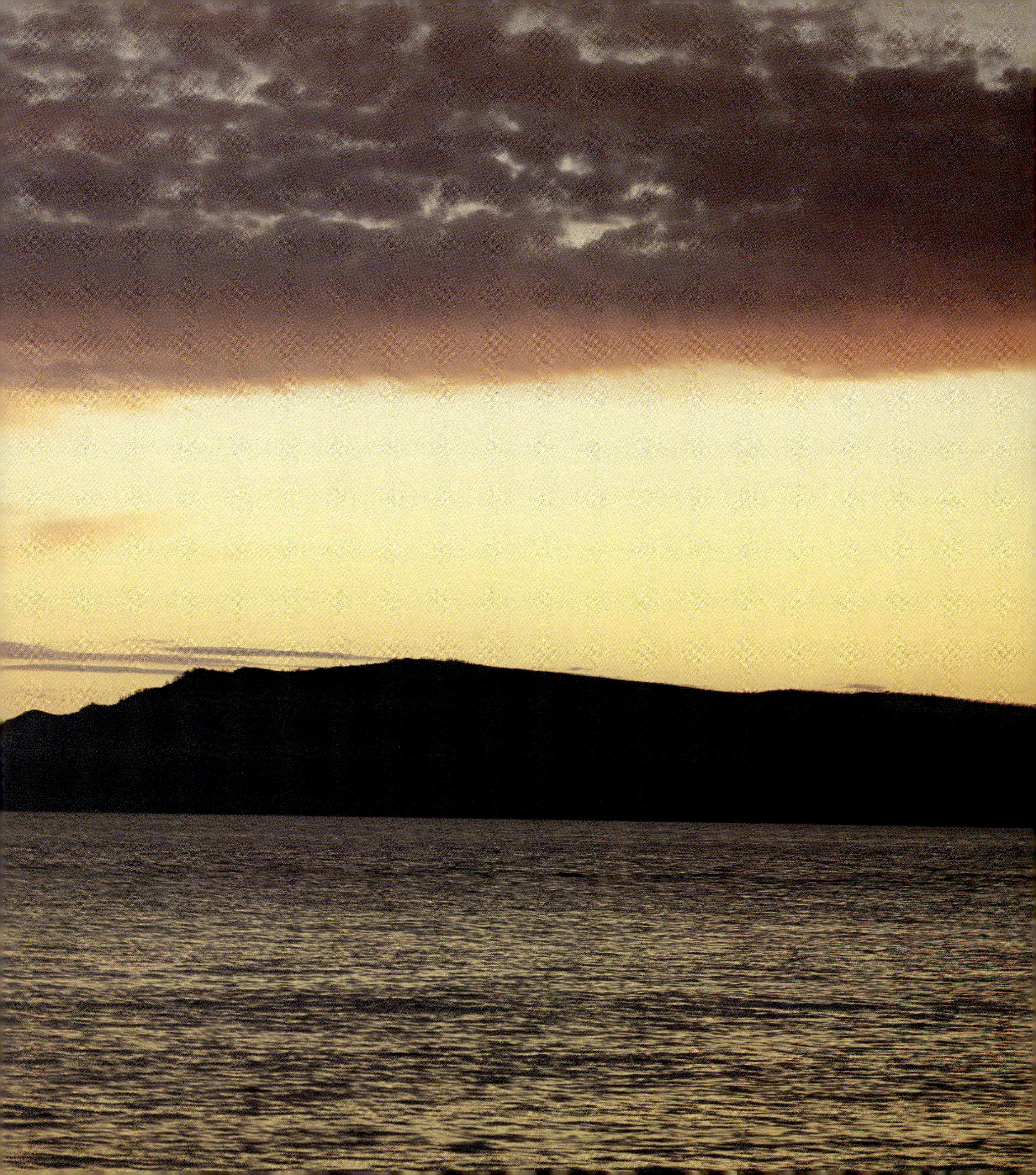

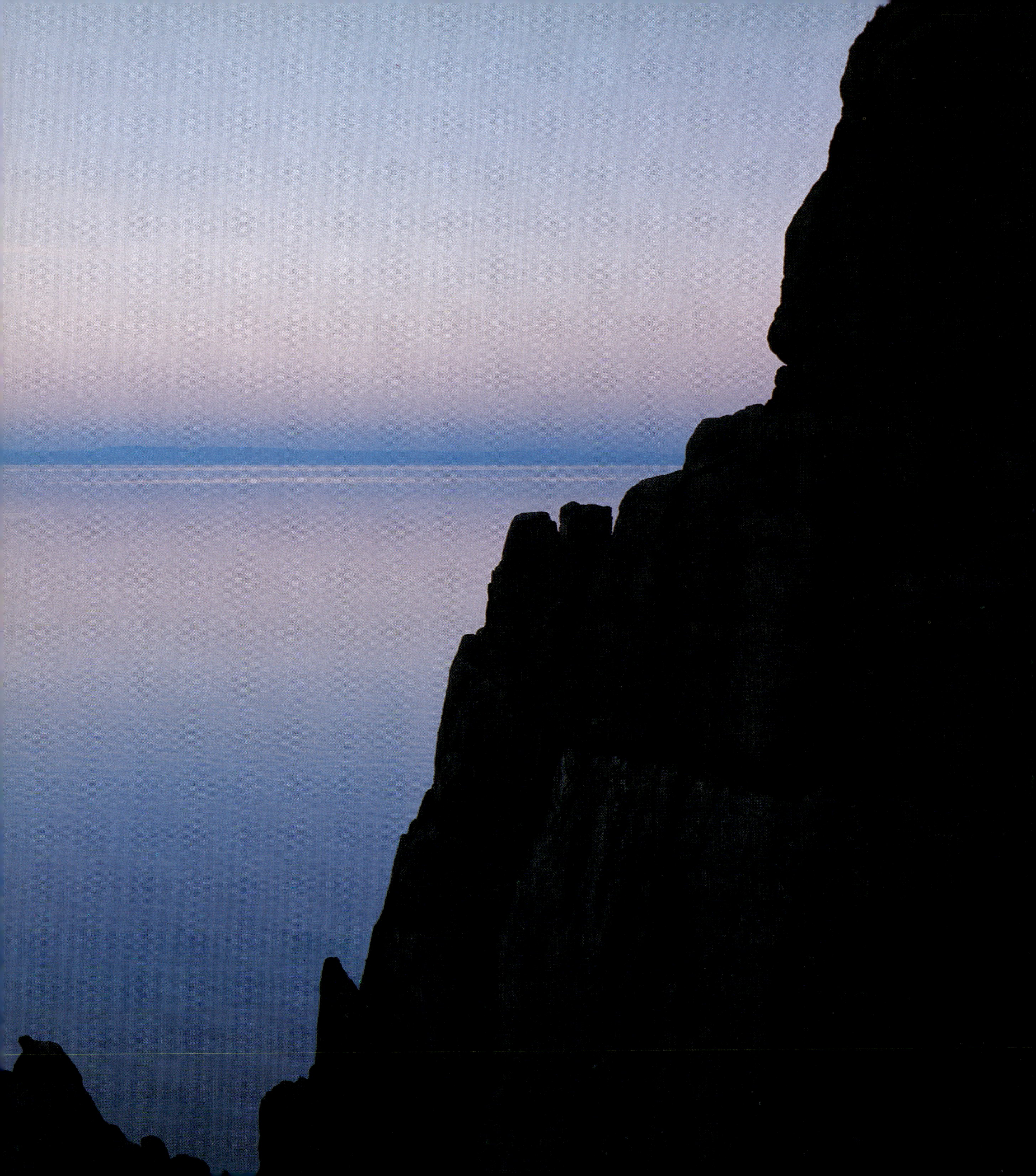

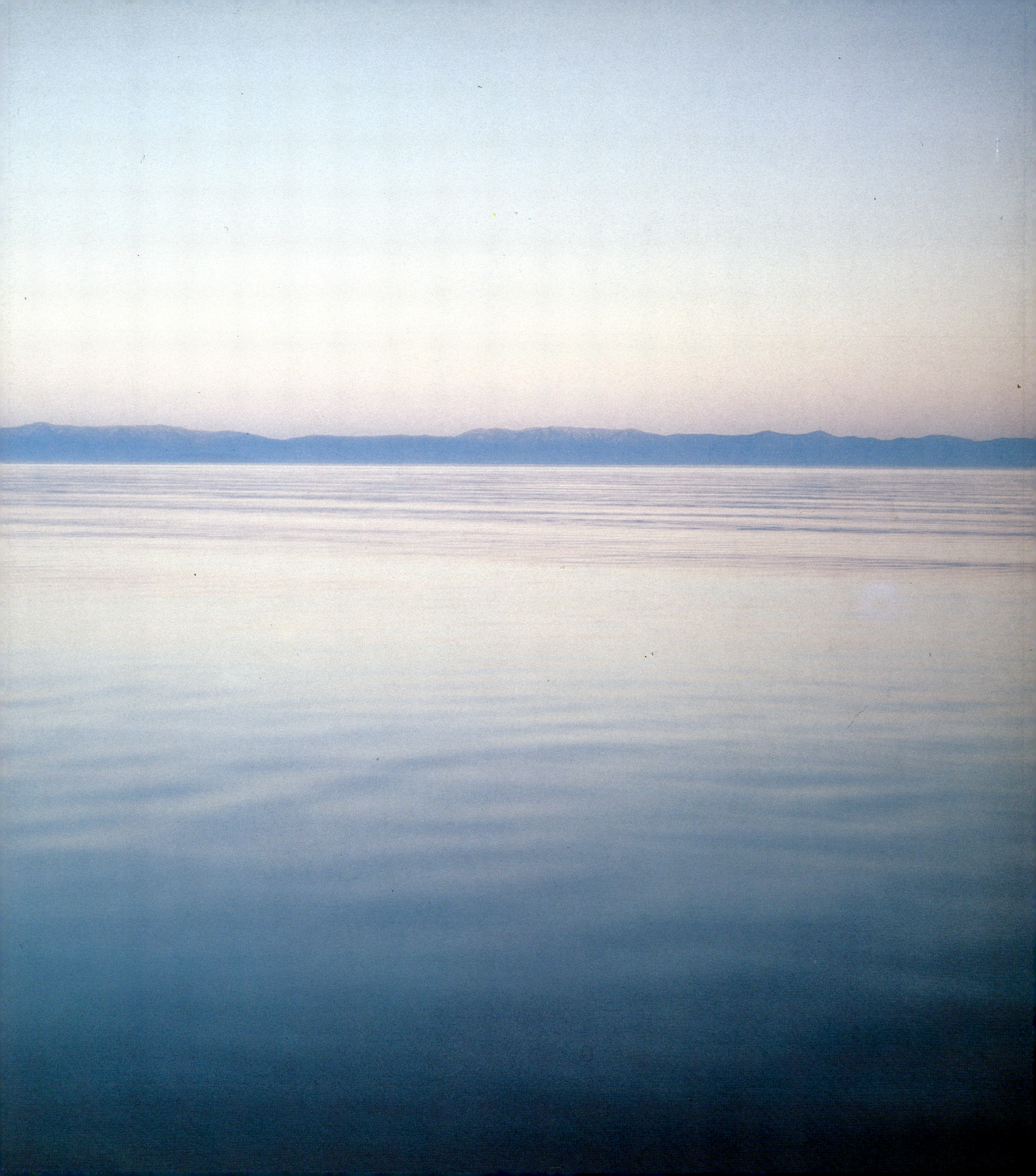

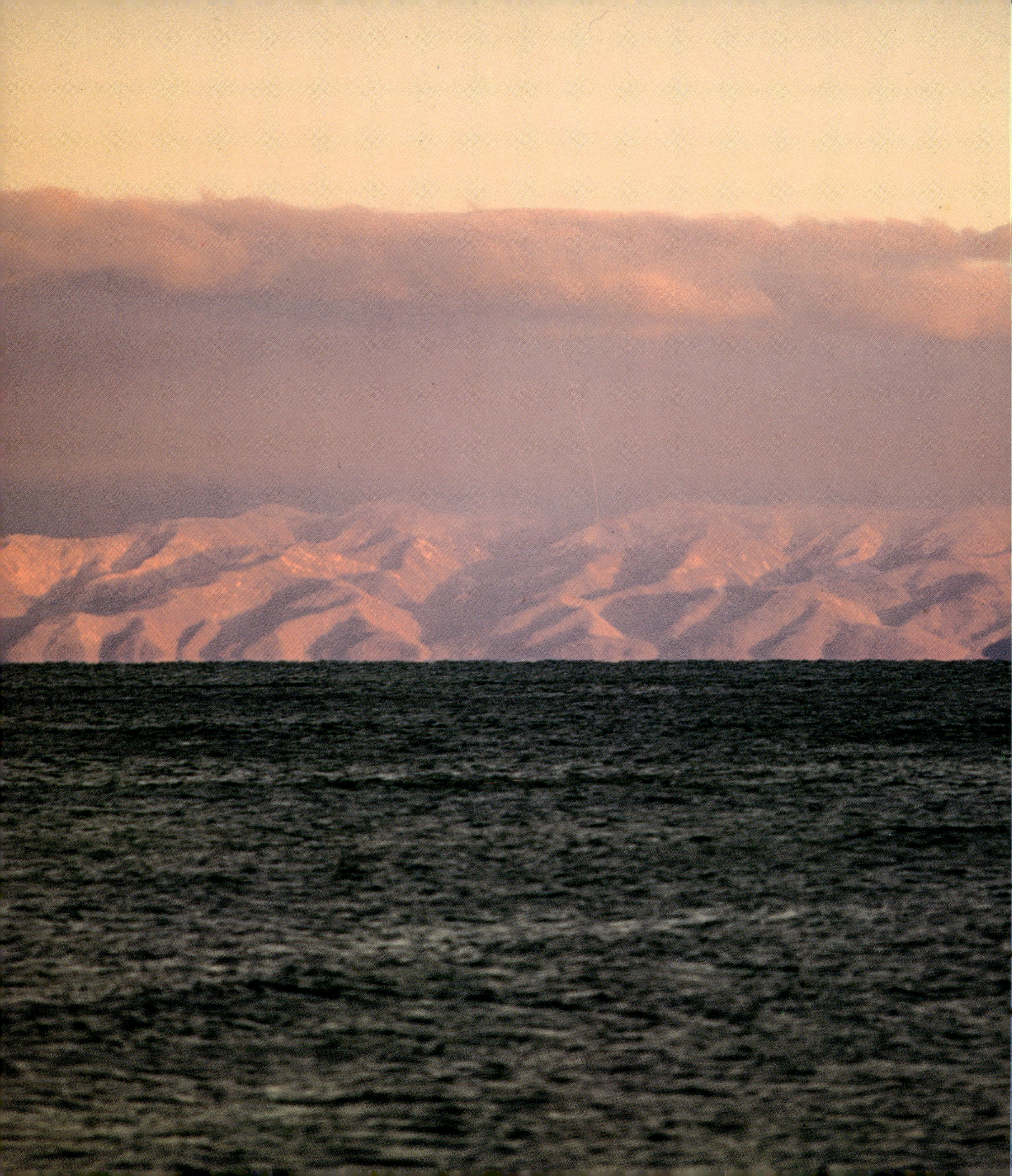

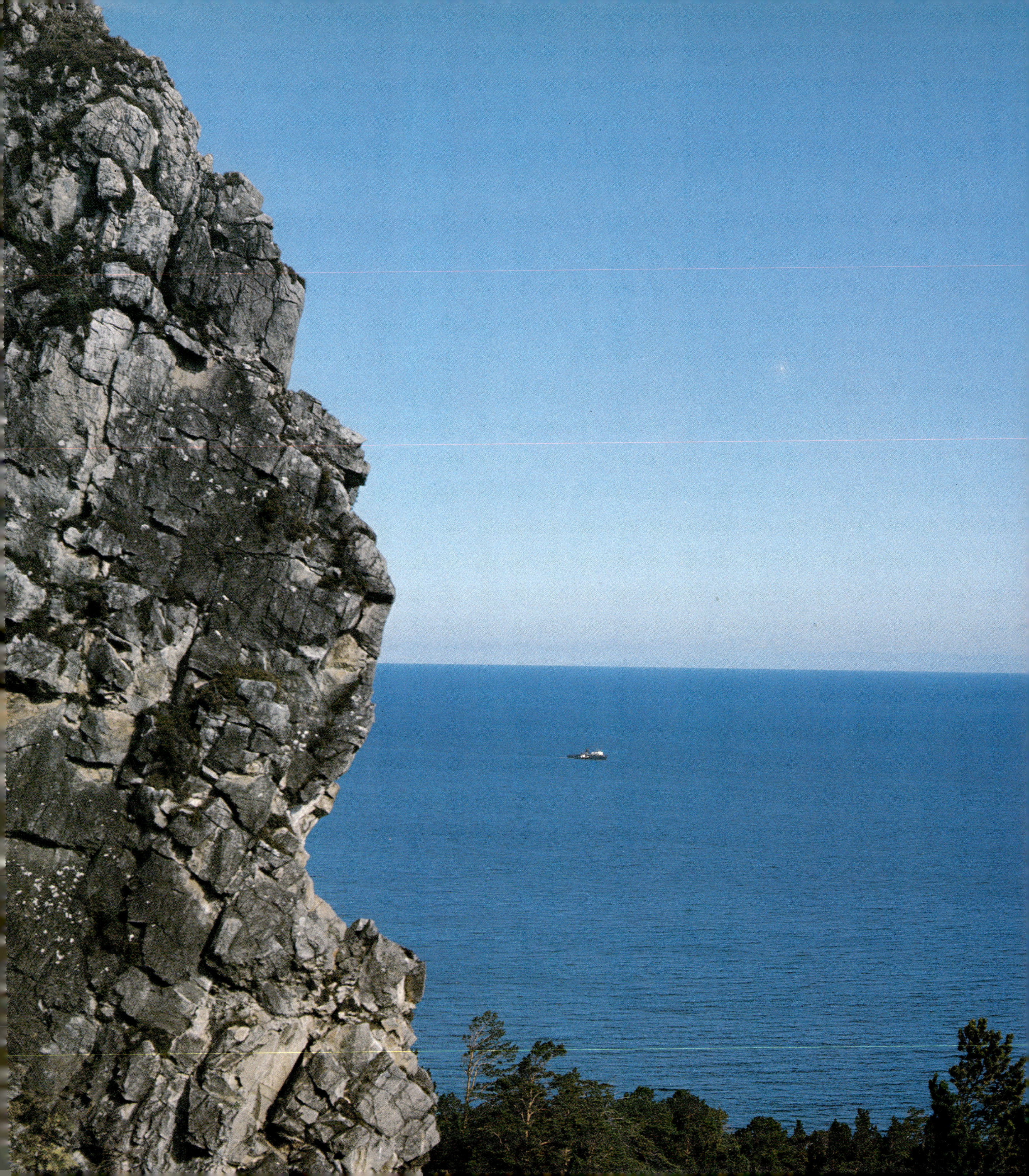

Мы в природе соприкасаемся с творчеством жизни и соучаствуем в нем, присоединяя к природе прирожденное нам чувство гармонии.

Михаил Пришвин

Wir kommen in der Natur mit dem Schöpfertum des Lebens in Berührung und nehmen teil daran, indem wir der Natur das uns angeborene Gefühl der Harmonie beigesellen.

Michail Prischwin

Камни на Байкале умеют говорить. Не только потому, что века обнажили их сердцевину, что волны, выровняв шершавинки, словно покрыли их лаком, и на пестром, как сорочье яйцо, граните стала видна каждая прожилка полевого шпата, кварца или слюды, высверкивающей на солнце огоньками, и приобрели нарядность самоцветов знаменитый лазурит, синий, как зрелое осеннее небо, амазонит, смешавший нежную зелень с нежной голубизной, пронизанный белыми нитями, наконец, байкалит, впервые найденный геологами именно здесь, на берегах славного моря, и названный в его честь. Камни на Байкале умеют говорить, ибо волны-гранильщики в каждой бухте отшлифовывают их по-своему: в одном заливе они овальны, крапчаты, точно затвердевшие плоды невиданных деревьев (много миллионов лет назад Байкал был теплым мелким озером, на берегах которого и впрямь росли немыслимые теперь для сибирских широт южные теплолюбивые деревья, жили тапиры, пока жестокая ладонь ледникового периода не сгребла все это с лица земли), в другом камешки плоски и круглы, точно большие древние монеты, в третьем — слоисты, и каждый слой — спрессованные столетия, неторопливые записи эпох, письма из прошлого, которые может прочитать лишь геолог. Любой старожил здешних мест, увидев в руках приезжего камешек, сразу же определит: где побывал этот человек — в Чивыркуйском заливе, на мысе Турали, где слушал поющие пески, или в северной губе Аяя, и не ошибется.

Там, где омывает обломки скал прибой, удерживая их по нескольку часов под водой, камень оплетают зеленые лохматые водоросли — улотрикс, в самом начале лета прибрежную гальку облепят, похожие на большую моль ручейники, и тогда кажется, что весь берег покрыт мохнатой сажей. Их бесчисленные мириады, их гонит сюда инстинкт продолжения рода; исполнив свой долг, отложив в воду покрытые защитной оболочкой яйца, ручейники гибнут, их тельца, как сухие листики, качает волна, впрочем, недолго: они становятся кормом для рыб.

Шаманский камень, Бакланий камень, Камешек Безымянный — так назвали наши предки некоторые из островов. И в самом деле: от маленькой угловатой, как подросток, Еленки (другое имя — Изохой), от белых, похожих на крепостные стены плоскостей Шаргодегана до огромного Ольхона они кажутся на синей громаде Байкала пригоршней камней, брошенной хребтами-великанами в дар озеру-морю.

Бакланий камень близ бухты Песчаной облюбовала когда-то колония бакланов, крупных птиц с лапами, похожими на весла, они устраивали на острове свои шумные сборища, гнездились, выводили птенцов, потом близость человека вспугнула их, они облюбовали другие места, но в названии острова сохранилась память об этих птицах.

В древности местные жители — буряты верили в чудодейственную силу Шаманского камня в истоке Ангары: здесь молились, сюда на ночь привозили преступника, оставляли над холодным, леденящим потоком, и если к утру вода не забирала его, если он не погибал от страха и студеного дыхания Байкала, — его прощали. Легенда рассказывает, что дочь Байкала Ангара, обманув бдительность стражи, глухой черной ночью сбежала к возлюбленному Енисею. Проснулся разъяренный отец и бросил вдогонку беглянке огромную скалу — Шаманский камень.

Die Steine des Baikalsees, sie können sprechen. Nicht nur, weil die Jahrhunderte ihr Innerstes bloßlegten, weil die Wellen ihre rauhe Oberfläche schliffen und wie mit Lack übertönt haben und weil man auf dem Granit, der mit seinen bunten Tupfen an ein Elsternei erinnert, auf dem Feldspat, dem Quarz oder dem Glimmer, der in der Sonne Funken sprüht, jede Ader zu erkennen vermag, und weil die berühmten Halbedelsteine, der Lasurit vom Blau des reifen Herbsthimmels, der weißgeäderte Amasonit, in dem sich zartes Grün mit sanftem Himmelblau mischt, und schließlich der Baikalit, der erstmalig von Geologen hier, an den Ufern des herrlichen Baikal aufgefunden wurde und ihm zu Ehren seinen Namen erhielt, so besonders festlich wirken. Die Steine vom Baikalsee können sprechen, denn die Wellen schliffen sie in jeder Bucht auf eigene Art: In der einen sind sie von ovaler Form und gesprenkelt wie die harten Früchte unbekannter Bäume (vor Jahrtausenden war der Baikal ein kleiner warmer See, an dessen Ufern südliche, wärmeliebende Bäume gediehen und Tapire lebten, bis die erbarmungslose Hand der Eiszeit dies alles vom Antlitz der Erde tilgte); in der anderen Bucht sind die Steine flach und rund wie große antike Münzen, in der dritten liegen sie als Schichtgestein da und jede Schicht sind gepreßte Jahrhunderte, Niederschriften der Epochen, Briefe aus der Vergangenheit, die nur der Geologe zu entziffern vermag. Jeder Bewohner dieser Gegend, der in eines Fremden Hand diese Steine sieht, weiß sofort zu sagen, wo der Fremdling geweilt hat – am Tschiwyrkujsker Meerbusen, auf Kap Turali, wo er dem Raunen des Sandes lauschte oder in der nördlichen Bucht Ajaja – und er wird sich selten irren.

Dort, wo die Brandung die Felsbrocken umspült und sie für ein paar Stunden überschwemmt, umweben den Stein grünliche, zottige Algen, der *Ulothrix*. Zu Sommeranfang kleben auf den Uferkieseln Larven, die an riesige Motten erinnern und dann scheint es, als sei das Ufer von zottigem Ruß bedeckt. Es sind Myriaden von Larven, sie jagt der Fortpflanzungsinstinkt hierher. Wenn sie ihre Pflicht erfüllt haben und die in eine Schutzschicht gehüllten Eier ins Wasser abgelegt haben, sterben sie und ihre Körper schaukeln wie trockene Blättchen auf den Wellen. Doch das währt nicht lange, denn die Fische vertilgen sie.

Schaman-Stein, Baklanni-Stein, Besymjanny-Steinchen, so nannten unsere Vorfahren einige Inseln. Und in der Tat: Von der kleinen, Jelenka, die an ein eckiges junges Mädchen erinnert (auch als Isochoj bekannt), von den weißen Flächen des Schargodegan, die an Festungsmauern gemahnen, bis zum riesigen Olchon wirken sie in der blauen Weite des Baikalsees wie eine Handvoll Steine, die felsige Recken wie Murmeln als Gabe in den See geworfen haben. Der Baklanni-Stein unweit der Pestschannaj-Bucht fand einstmals Gnade vor den Augen der Baklane, großer Vögel, deren Pfoten an Paddel erinnern. Sie richteten sich lärmend auf der Insel ein, nisteten, brüteten ihre Jungen aus, bis sie die Nähe des Menschen erschreckte, und sie andere Orte ausfindig machten. Der Name der Insel aber bewahrt die Erinnerung an diese Vögel.

In alten Zeiten glaubten die Ureinwohner, die Burjaten, an die Zauberkraft des Schaman-Steins an der Quelle der Angara: Hier beteten sie, hierher schleppten sie über Nacht den Verbrecher, ließen ihn an dem eiskalten Strom zurück und wenn die Wasser ihn gegen Morgen nicht fortgeschwemmt hatten oder er vor Angst im Eiseshauch des Baikalsees nicht umgekommen war, so verziehen sie ihm. Eine Legende weiß zu berichten, daß die Tochter des graubärtigen Baikal, die schöne Angara, die Wache überlistete und in tiefdunkler Nacht zum Jenissej flüchtete, den sie liebgewonnen hatte. Als der Vater erwachte, schleuderte er erzürnt der Flüchtigen einen riesigen Felsbrocken nach. Es war der Schaman-Stein.

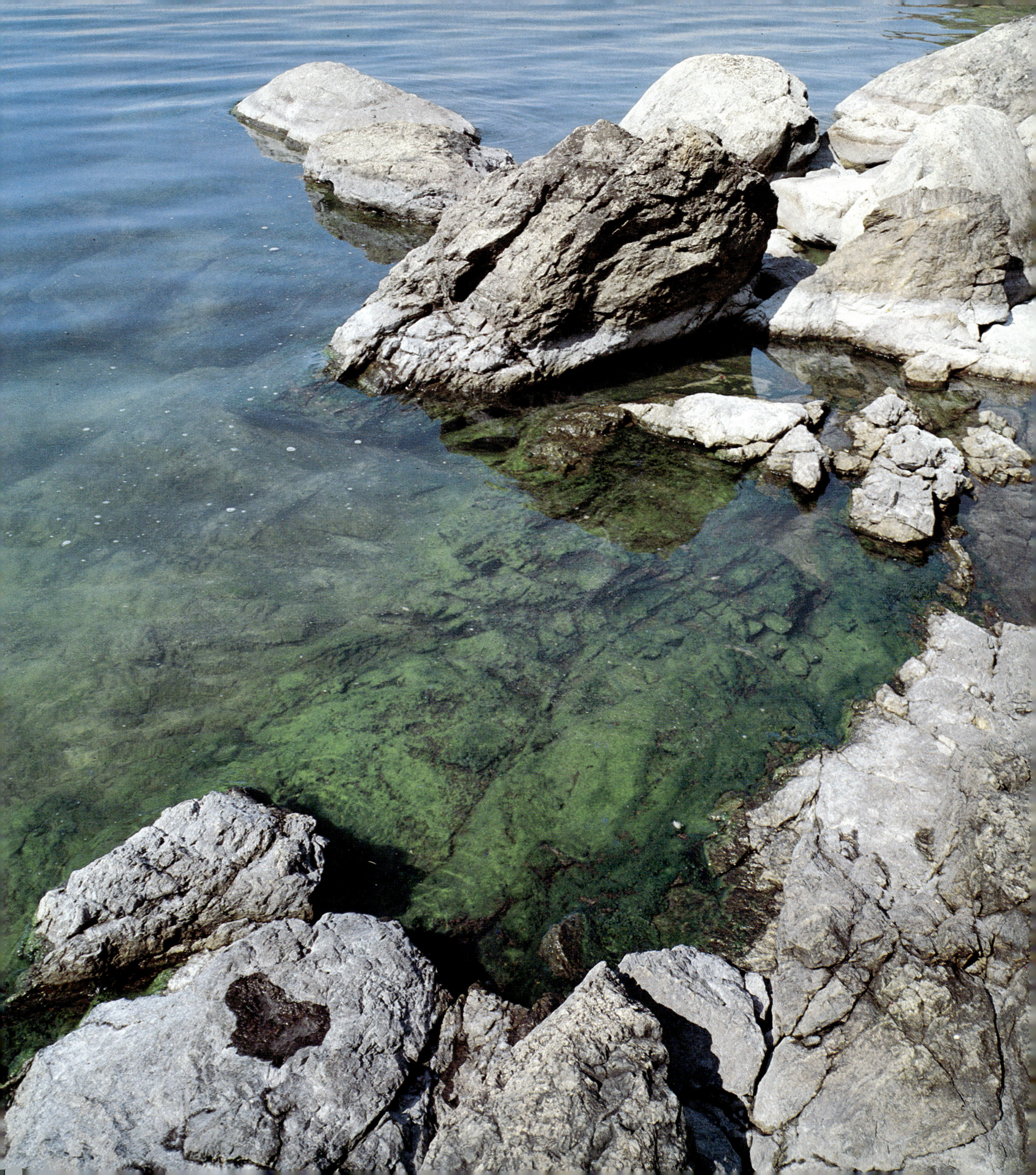

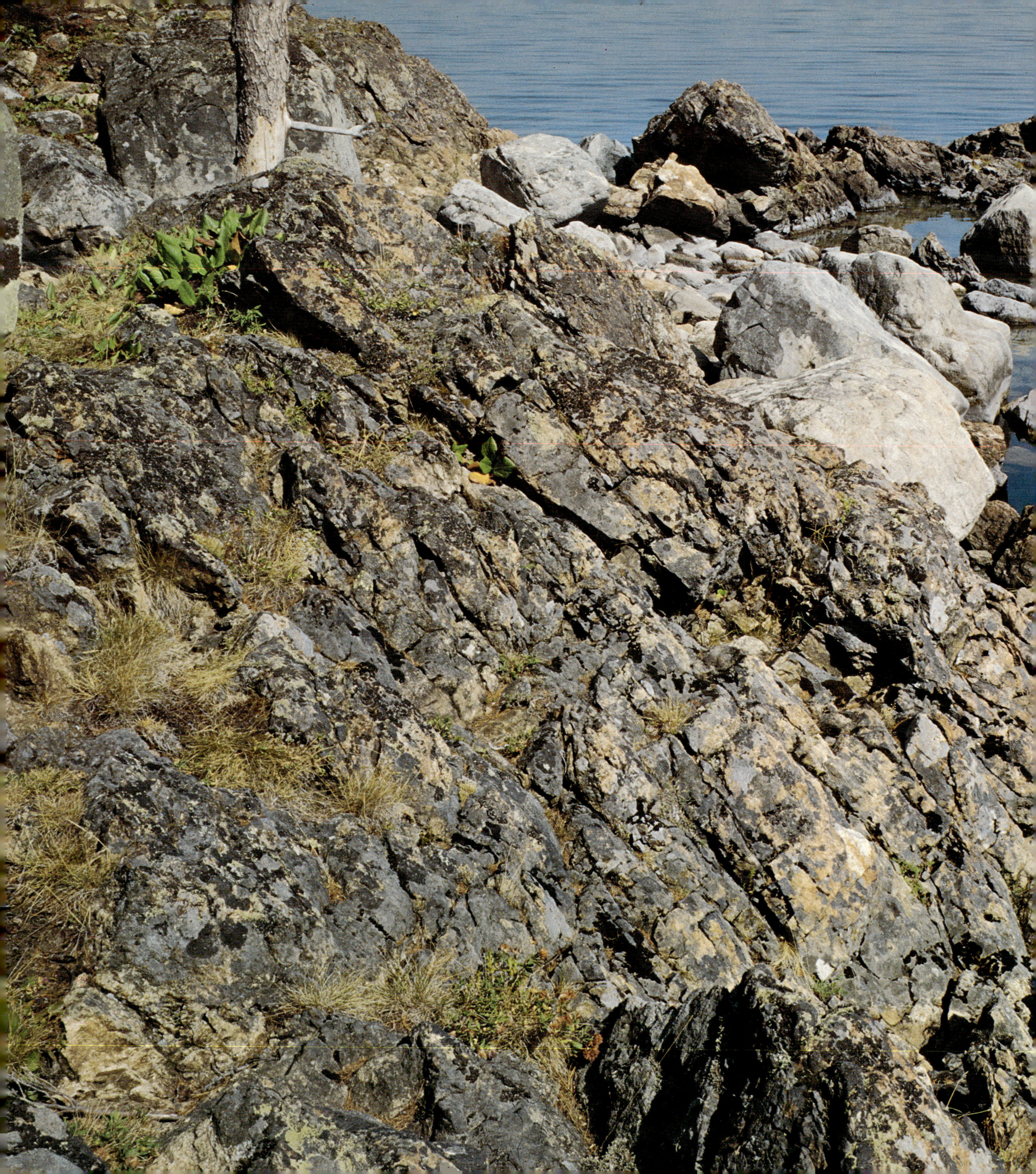

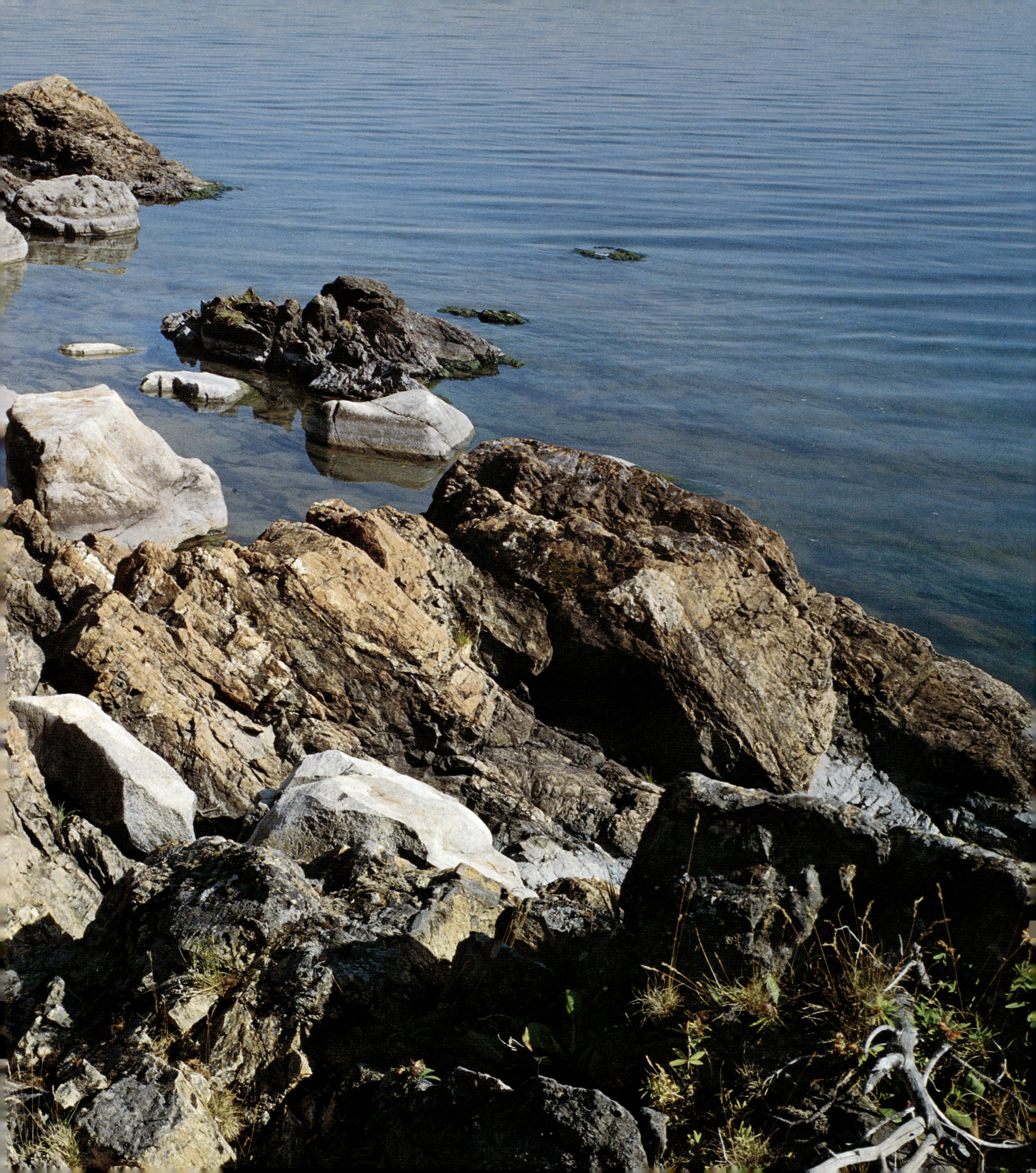

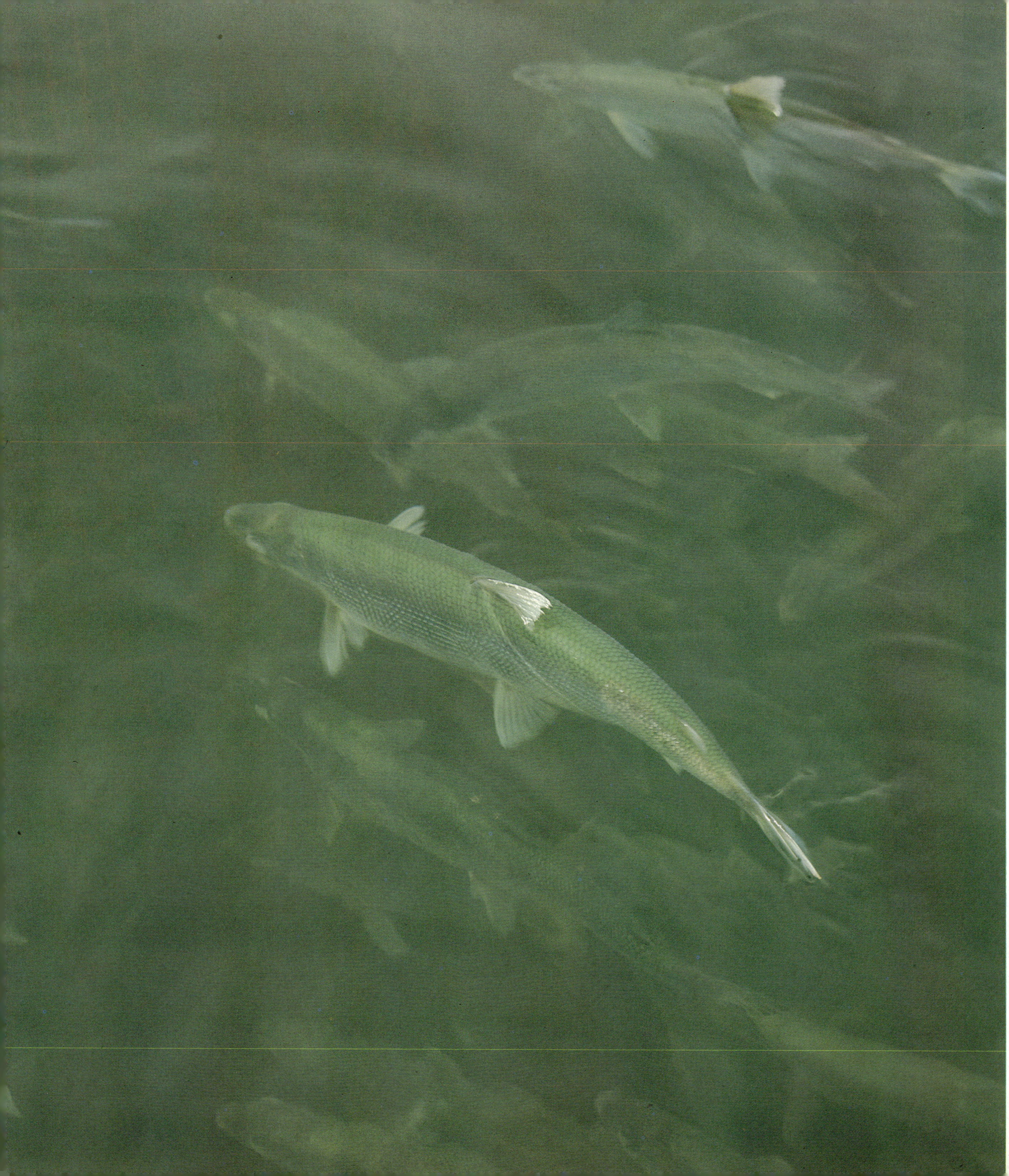

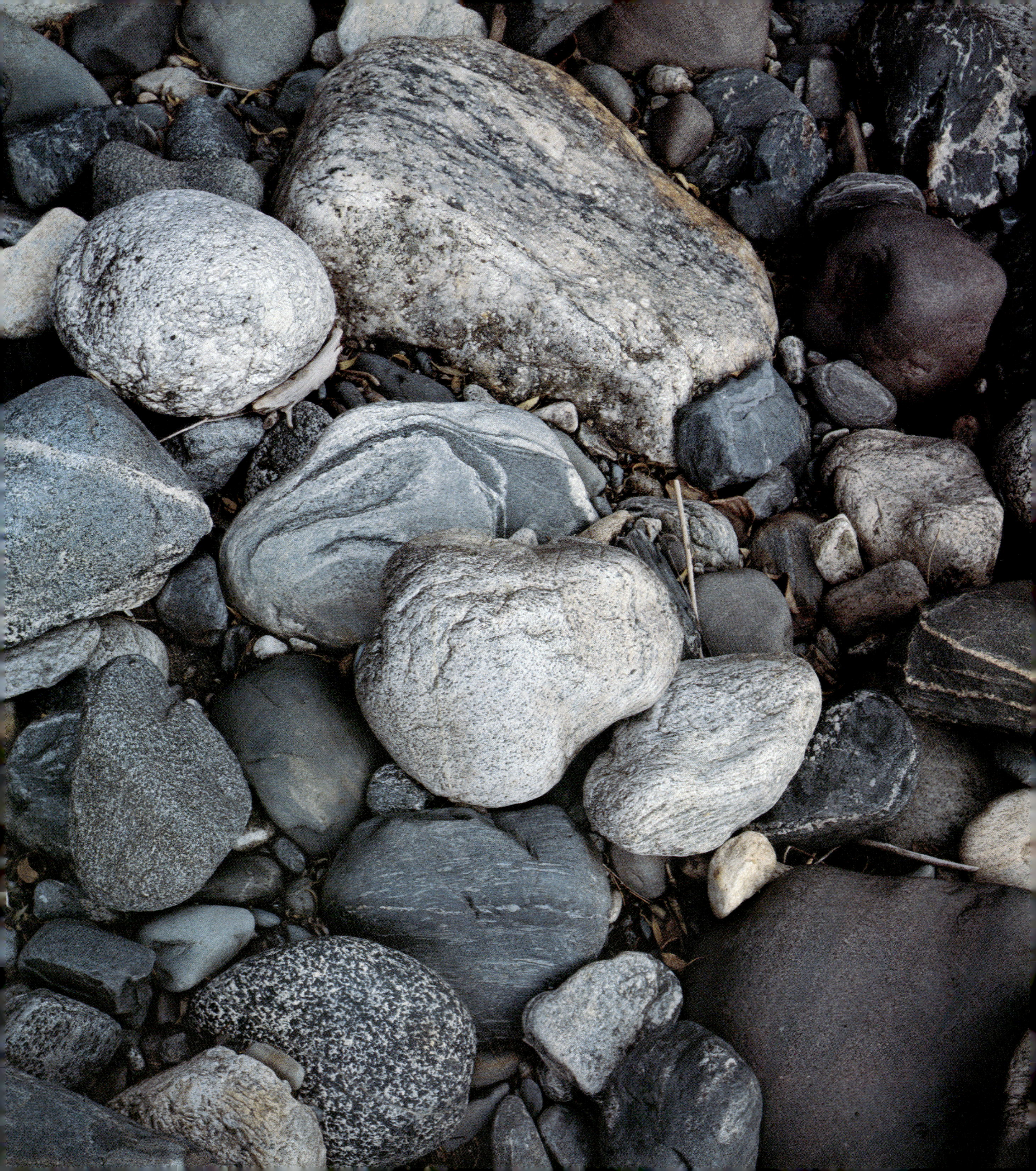

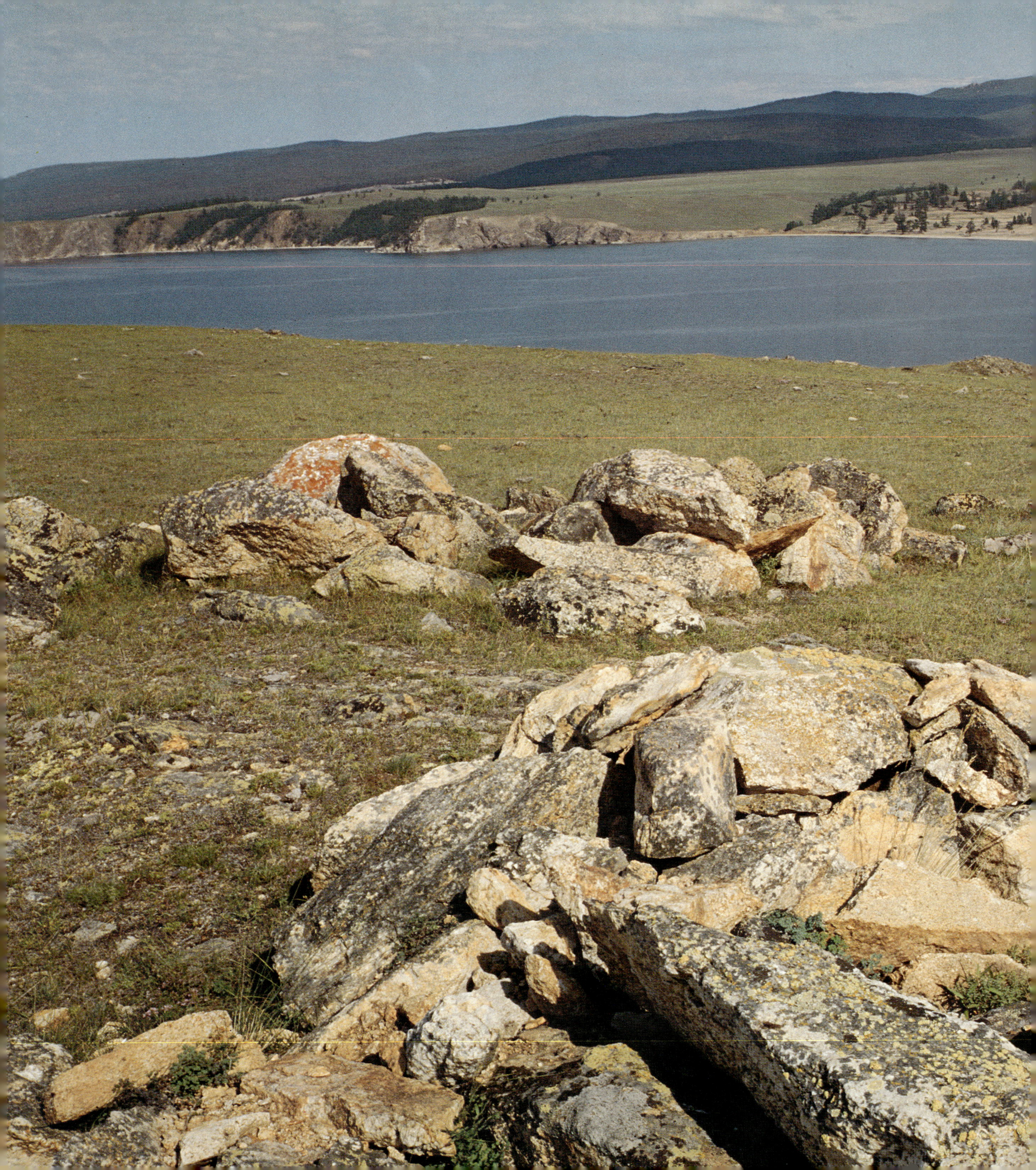

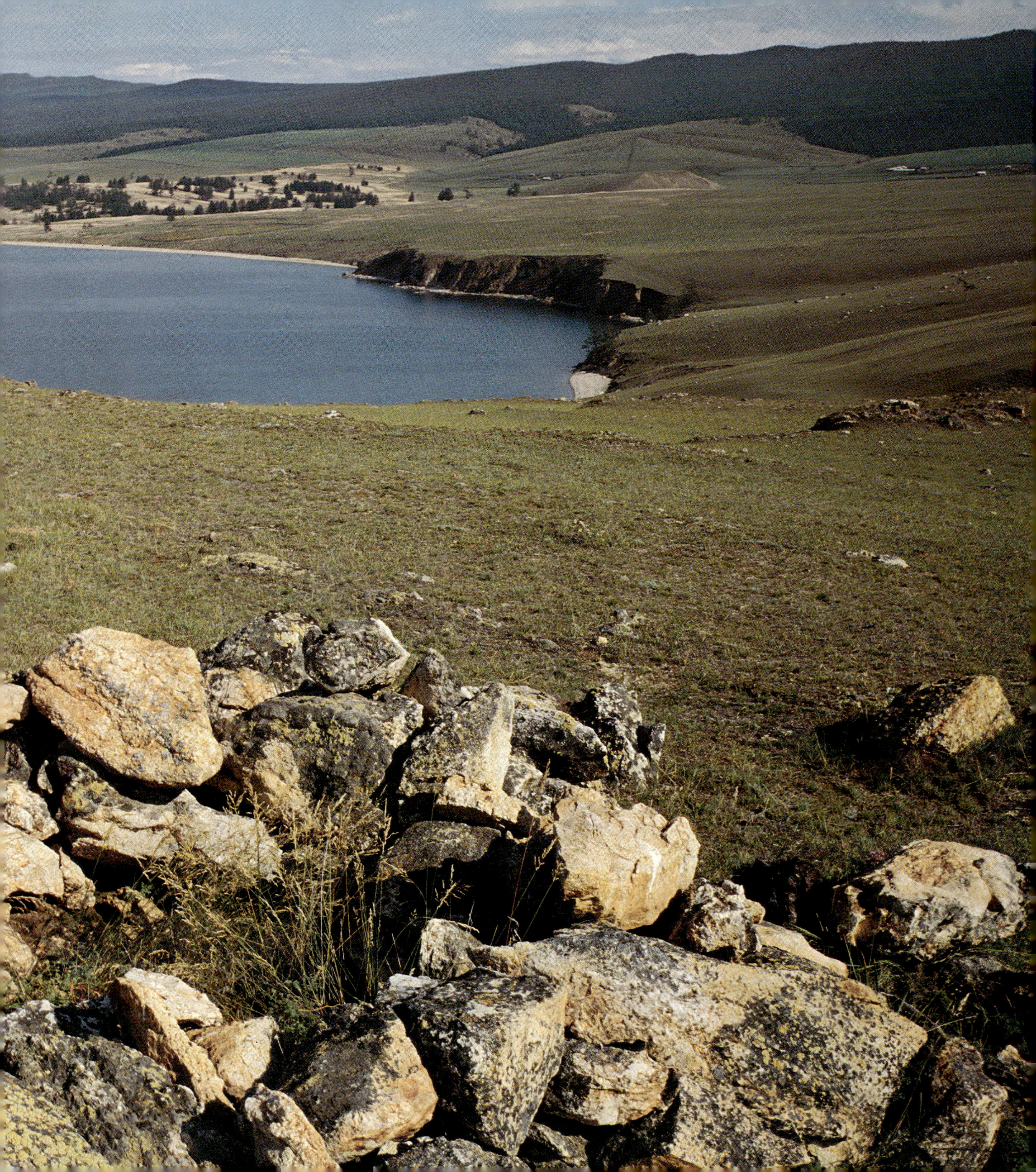

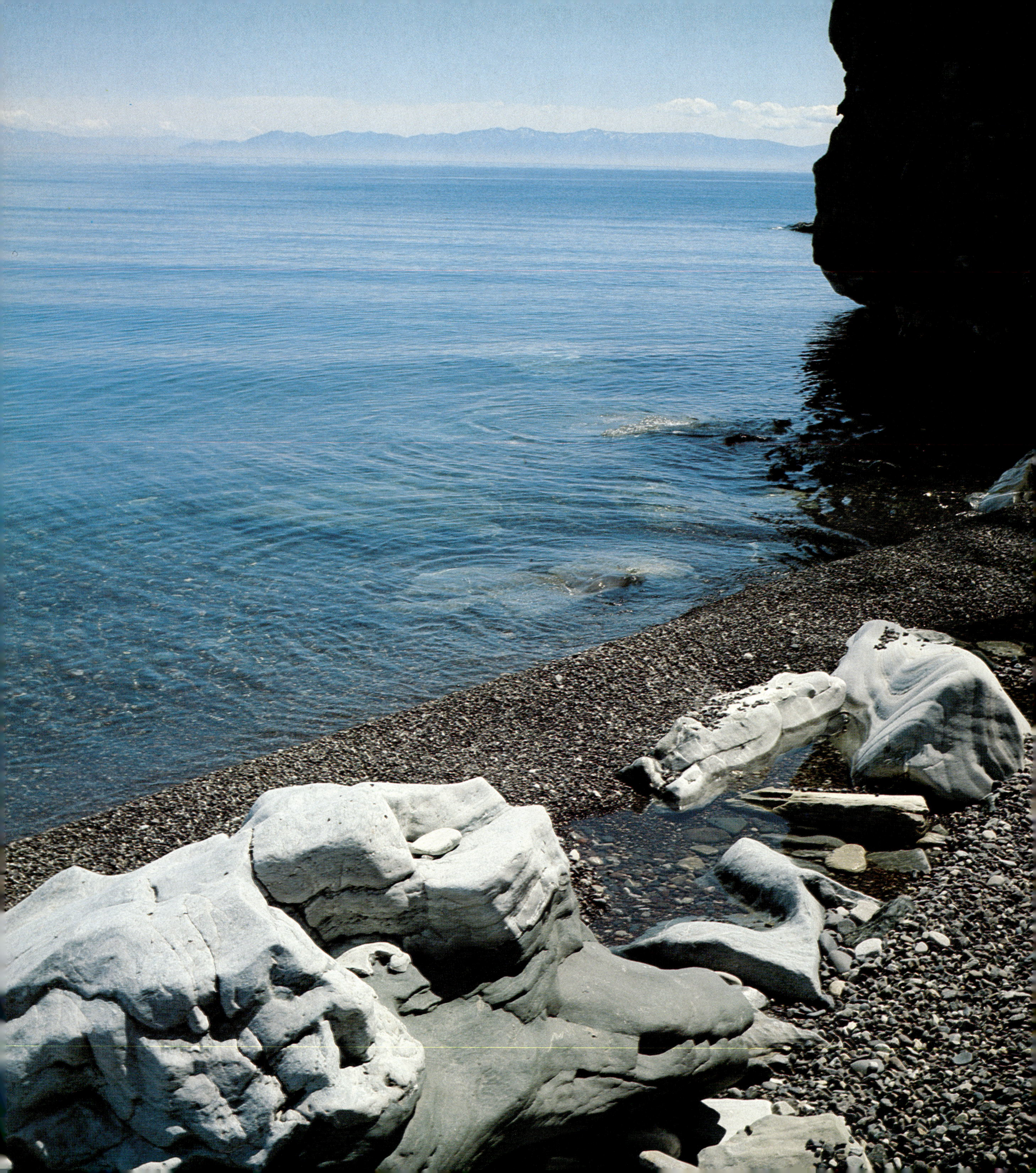

*Не бойтесь бурь! Пускай ударит в грудь
Природы очистительная сила!*

                                       Николай Заболоцкий

*Bangt nicht vor Sturm! Laßt reinigend die Kraft
der Elemente an die Brust euch schlagen!**

                                      Nikolai Sabolozki

* Übersetzung aller Gedichte: Michail Schaiber

В полной тишине начинает вдруг раскачиваться озеро-море, вздымать валы и гнать их к берегу. Потом нахлынет ветер, резкий порыв его выбросит вперед тучи, совьет их пегую пряжу с верхушками волн. Сгустится полумрак... Шторм этот – сарма, – случалось, срывал крыши с домов в прибрежных селениях, переворачивал катера, сбрасывал с обрыва овец в ревущую воду. Если поздней осенью захватит он в плен рыбацкую лодку, то будет носить ее, оледенелую, не подпуская к белой кромке припая. «Напор ветра был до того жестким, – писал в 1879 году естествоиспытатель Карл Риттер, попавший в сарму, – и обладал такою силою, что... даже в течение многих часов не было возможности развиться правильному волнению, так как каждый из возникающих гребней волн разбивался на множество крупночешуйчатых площадок, из которых вода поминутно захватывалась и поднималась кверху в виде столбов белого тумана, – явление, которое можно было видеть во многих местах поверхности пролива».

Сорок и более метров в секунду – такова ураганная скорость сармы.

Воспетый в старинной песне баргузин рыбаки называют ветром смелых. Его характер тоже крут, но до сармы ему далеко. Движется он по долине реки Баргузин, отсюда и название его, дует поперек Байкала в сторону острова Ольхон, но иногда разветвляется, изгибается, стараясь кроме центральной захватить и южную котловину. «Эй, баргузин, пошевеливай вал, молодцу плыть недалечко», – заклинает песня, и он пошевеливает резвые валы, гонит их к берегу.

А вот верховик, или ангара, как называют порой ветер, дующий от Верхней Ангары с севера Байкала, может по свирепости равняться с сармой. Со второй половины лета он, бывает, до полутора недель властвует над водой и сушей при открытом солнечном небе. Байкал делается черным, гребни волн – мертвенно-белыми и открываются глубины в жерлах пенящихся провалов между валами.

Владения верховика обширны, он захватывает в свои жестокие объятия весь Байкал, особенно зимой, когда встречает меньше сопротивления в безлистой тайге.

На юге есть свой ветер – култук. Он влажен, он хлещет дождем, вздымает острые волны, а если, торопясь на север, встретится с верховиком – меряется с ним богатырской силой, сплющивая воду, и она взлетает вверх и словно висит в воздухе.

Харахаиха («Черный ветер») вырывается из долины реки Голоустной, горная – дует с вершин прибрежных хребтов, есть еще ветер бережник, который зимою зовут «холодом», есть теплый, добрый шелонник... Из каждой пади между горами дует свой ветер и у каждого свое имя.

«Ветер вообще здесь называют погодой, – пишет современный натуралист О. Гусев. – Если солнце садится в кроваво-красный угол неба, говорят: будет погода, – и это значит – жди ветра... Байкальцы знают несколько названий для северного и южного ветров, ветра вообще, попутного ветра, ветров с гор, из речных долин, небольших падей и распадков, зимних ветров и даже крошечных ветерков-эфемеров, сроки жизни которых измеряются буквально секундами». Такого количества ветров на озерах обычно не бывает, и эта особенность Байкала роднит его с морем.

In der Stille gerät miteins der See in Bewegung, treibt die Wogen hoch und jagt sie ans Ufer. Dann peitscht der Wind die Wolken vor sich her und schirrt sie mit den Schaumkronen der Wellen ins selbe Gespann. Halbdämmer senkt sich herab ... Dieser Sturm, *Sarma* genannt, vermag die Dächer von den Häusern in den Ufersiedlungen zu reißen, Motorboote umzuwerfen und die Schafe von den steilen Uferfelsen in die heulenden Wasser des Sees zu schleudern. Wenn er im Spätherbst ein Fischerboot in seine Gewalt bekommt, so treibt er es, völlig vereist, vor sich her, daß es den rettenden weißen Streifen des Packeises nicht zu erreichen vermag. 1879 schrieb der Naturforscher Karl Ritter, der in so einen Sturm geraten war: „Die Gewalt des Sturmwindes war so unbarmherzig und von solcher Elementarkraft, daß ... sich sogar im Verlauf vieler Stunden der Wellengang nicht legte, weil jede Woge in eine Vielzahl von großschuppigen Flächen zerfiel, aus denen ständig Wasserhosen wie weiße Nebelschwaden aufstiegen – eine Erscheinung, die sich an vielen Stellen an der Oberfläche des Sundes beobachten ließ."

Die Sturmgeschwindigkeit des *Sarma* beträgt vierzig und mehr Meter in der Sekunde.

Den *Bargusin,* der in einem alten Lied besungen wird, nennen die Fischer auch den Wind der Kühnen. Er ist ebenfalls von schroffem Charakter, jedoch sanfter als der *Sarma*. Er kommt aus dem Bargusin-Flußtal, was ihm auch seinen Namen gab, fegt über den Baikalsee zur Olchon-Insel, teilt sich zuweilen und dreht sich, um außer durch den zentralen, auch durch den südlichen Talkessel zu wirbeln. *He, Bargusin, peitsche die Wellen, hilf dem Recken in seinem Schiffchen.* Wie eine Beschwörung erklingt das uralte Lied und der Wind peitscht die mutwilligen Wellen und jagt sie ans Ufer.

Der *Werchowik, hin und wieder auch Angara genannt, weil er von der Oberen Angara, von Norden her zum Baikal fegt, kann es in seiner Wildheit mit dem Sarma aufnehmen.* Von der zweiten Sommerhälfte an herrscht er bei klarem Himmel und Sonnenschein mitunter bis zu anderthalb Wochen über Wasser und Festland. Dann färbt sich der Baikal schwarz, die Schaumkronen wirken leichenfahl und Abgründe in den schäumenden Schlünden zwischen den Wogen tun sich auf.

Der *Werchowik* gebietet über riesige Ländereien, er preßt den stolzen Baikal in seine Umarmungen, besonders im Winter, wenn er keinen Widerstand in der blattlosen Taiga verspürt.

Im Süden haust ein anderer Wind, der *Kultuk*. Er bringt Feuchtigkeit, peitscht Regengüsse vor sich her, treibt die Wellen des Sees empor und mißt, wenn er nach Norden eilt und auf den *Werchowik* stößt, mit jenem seine reckenhafte Kraft, er zwingt die Wasser nieder, die sich aufbäumen und in der Luft zu schweben scheinen. Der *Charachaicha* – schwarzer Wind – bricht aus dem Goloustnaja-Tal herein. Der *Gornaja*-(Gebirgs-)Wind weht von den Höhen der Uferfelsen. Es gibt den *Bereshnik,* der im Winter der „Kalte" genannt wird, es gibt auch den warmen, gütigen *Schelonnik*. Aus jeder Schlucht weht ein anderer Wind und jeder besitzt einen eigenen Namen.

Unser Zeitgenosse, der Naturforscher O. Gussew schreibt: „Der Wind wird hier überhaupt als Wetter bezeichnet. Wenn die Sonne in einem blutigroten Winkel am Himmel versinkt, pflegt man hier zu sagen: Das gibt Wetter, was bedeutet – Wind kommt auf ... Die Einwohner am Baikalsee haben mehrere Namen für die Nord- und Südwinde, für den Wind überhaupt, für den Rückwind, für Winde aus den Bergen, Winde aus den Flußtälern, aus den schmalen Gebirgsschluchten, für die Winterwinde und selbst für die winzigkleinen ephemerischen Winde, deren Lebenszeit buchstäblich nur wenige Sekunden währt. Eine so große Anzahl von Winden ist ungewöhnlich über den Seen. Diese Besonderheit macht den Baikalsee denn auch einem Meer vergleichbar.

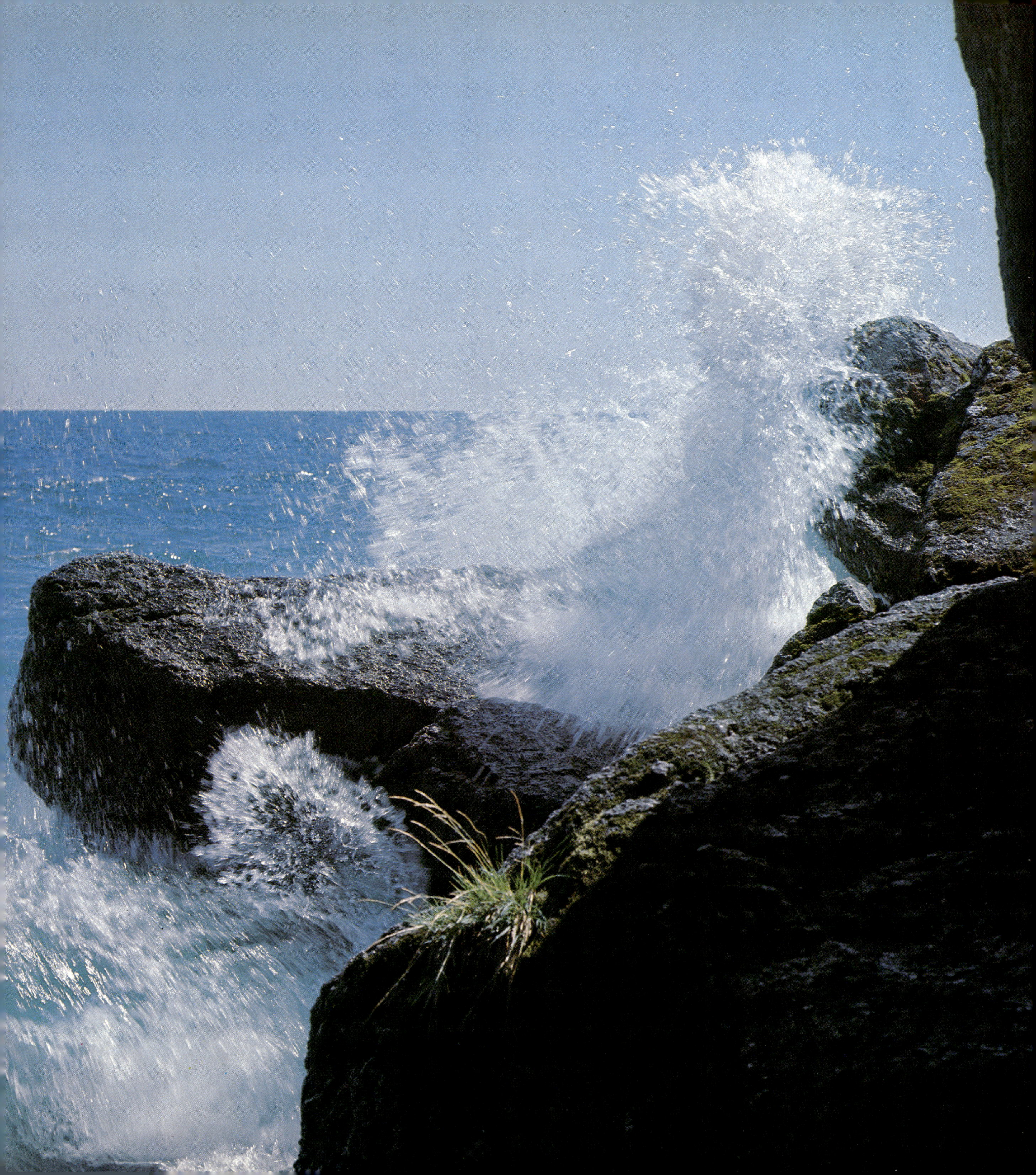

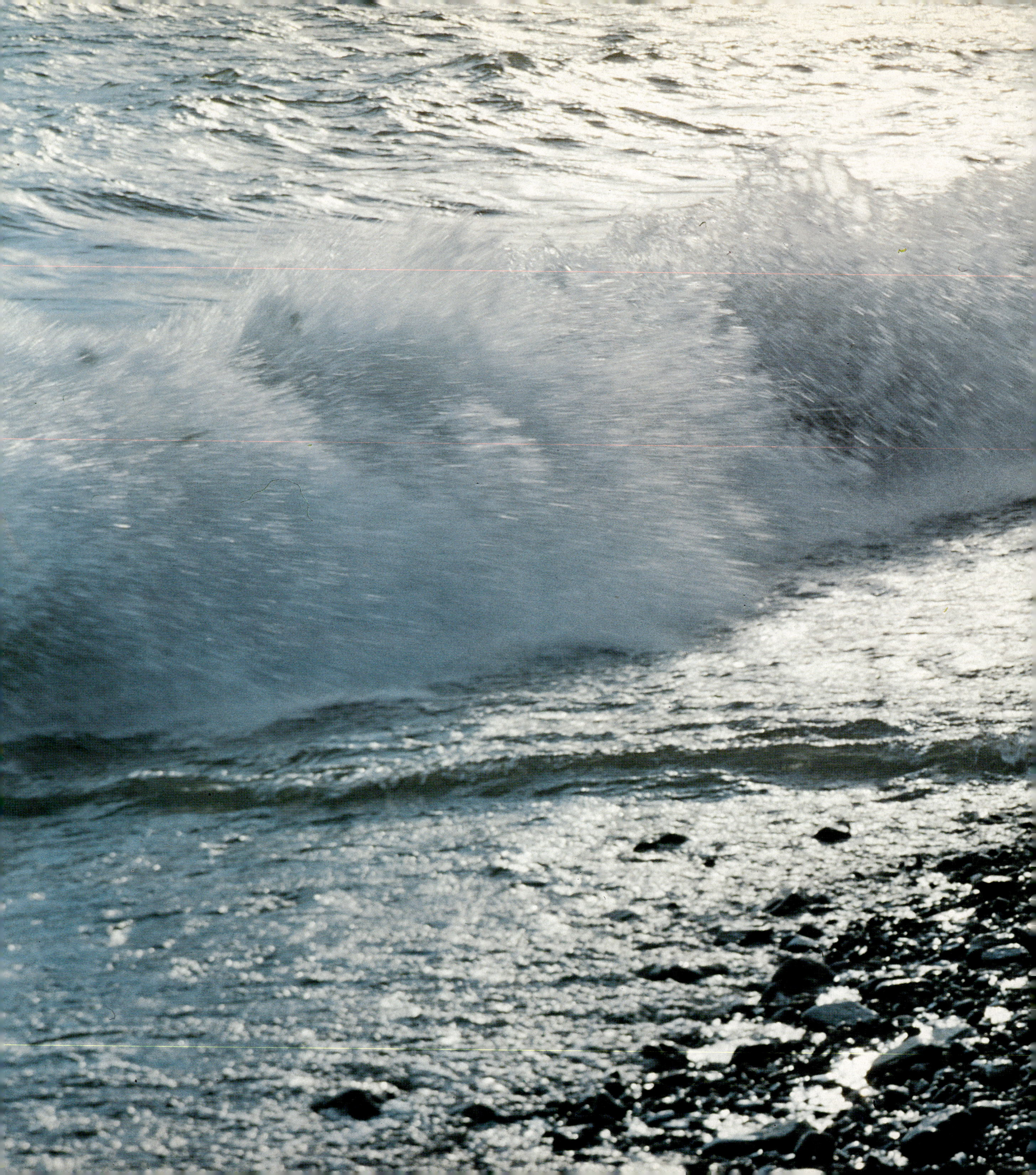

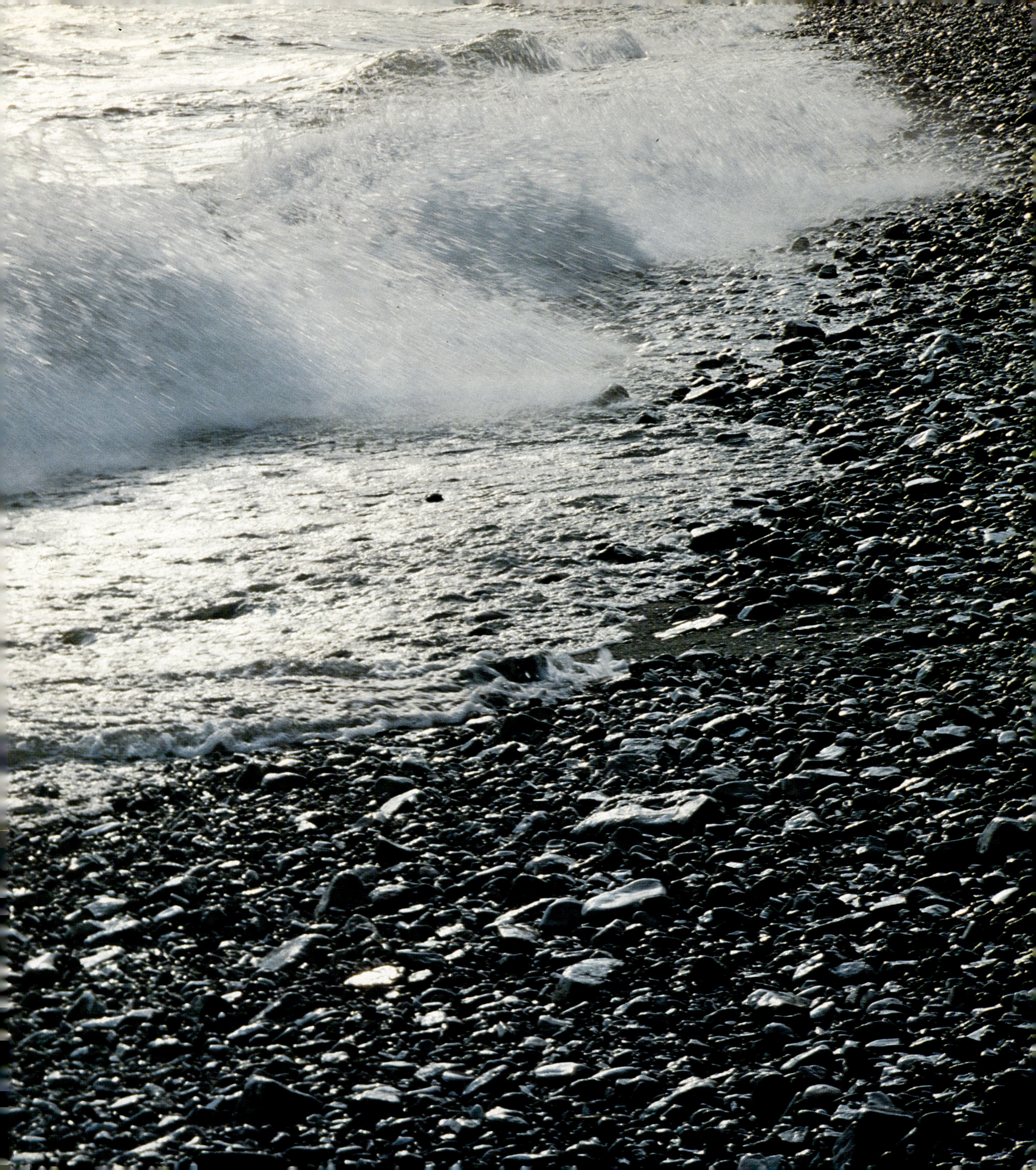

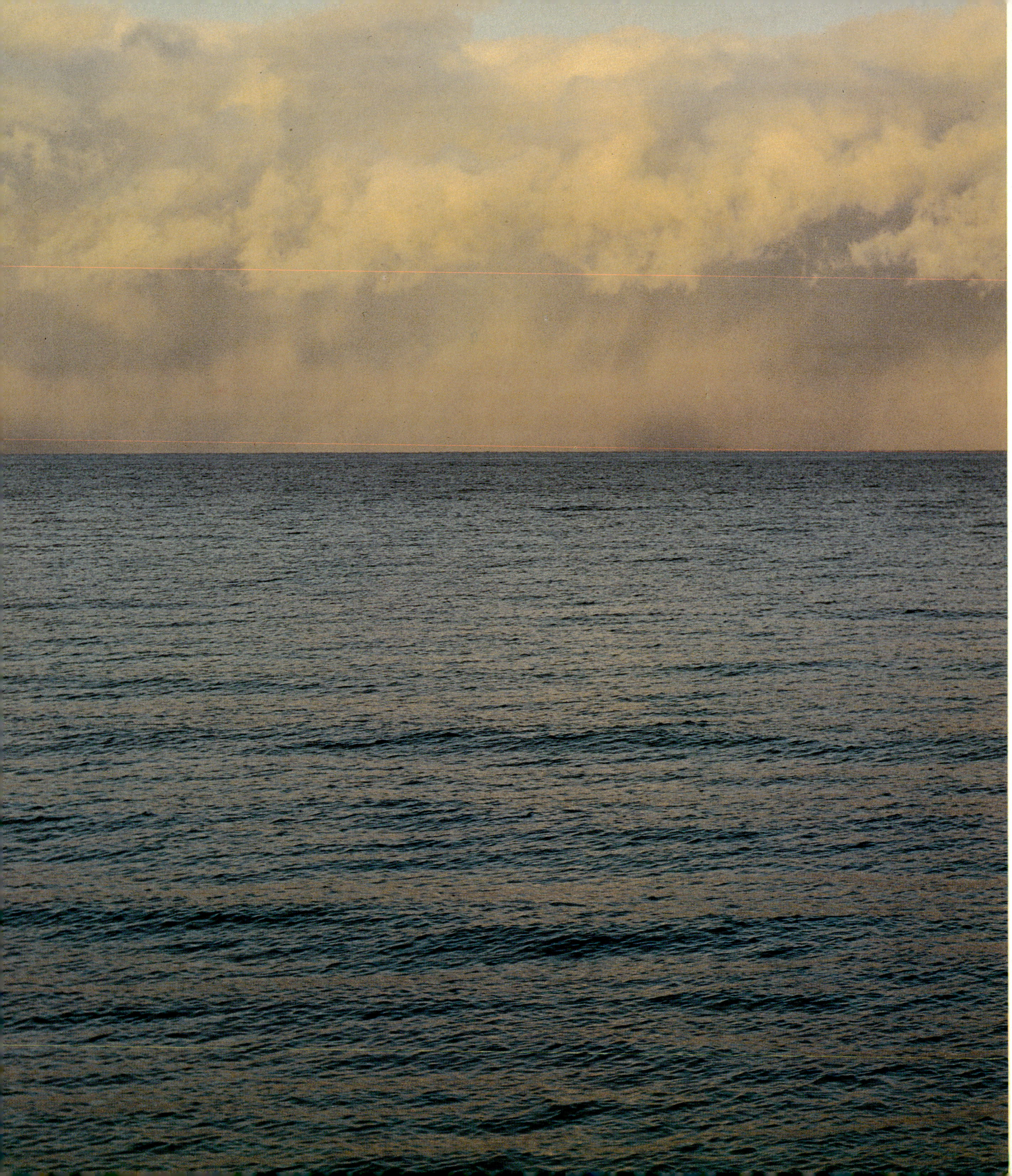

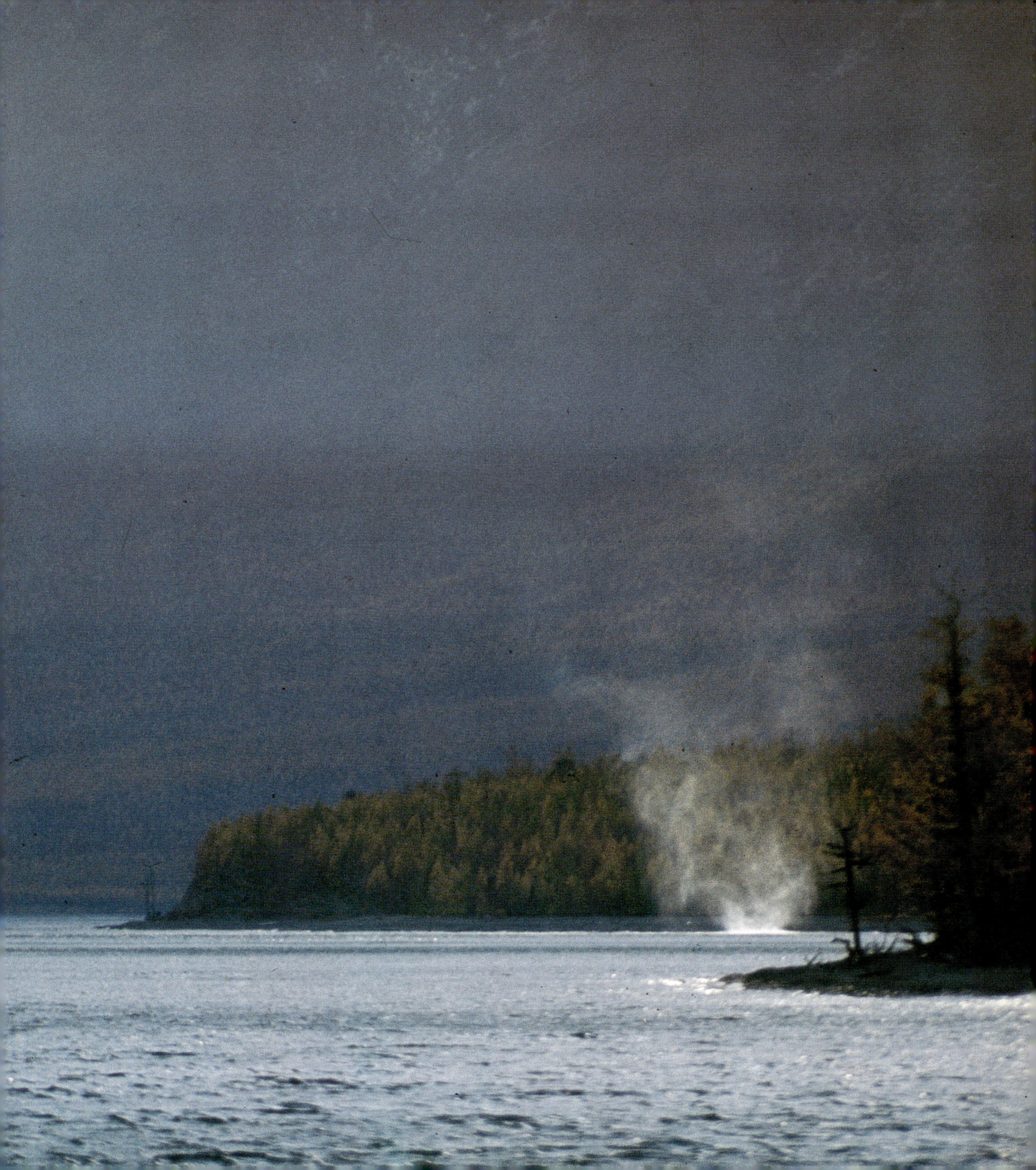

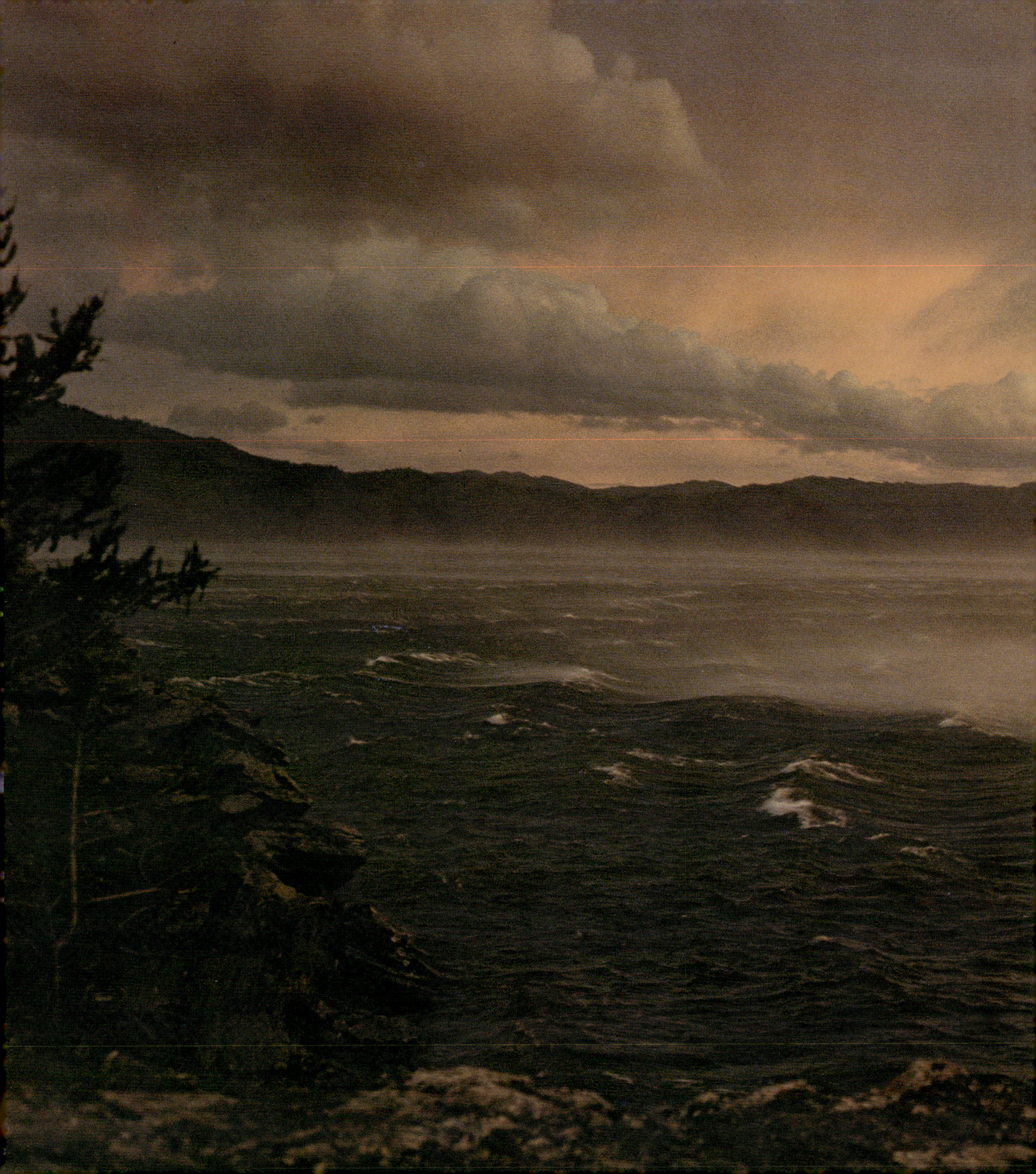

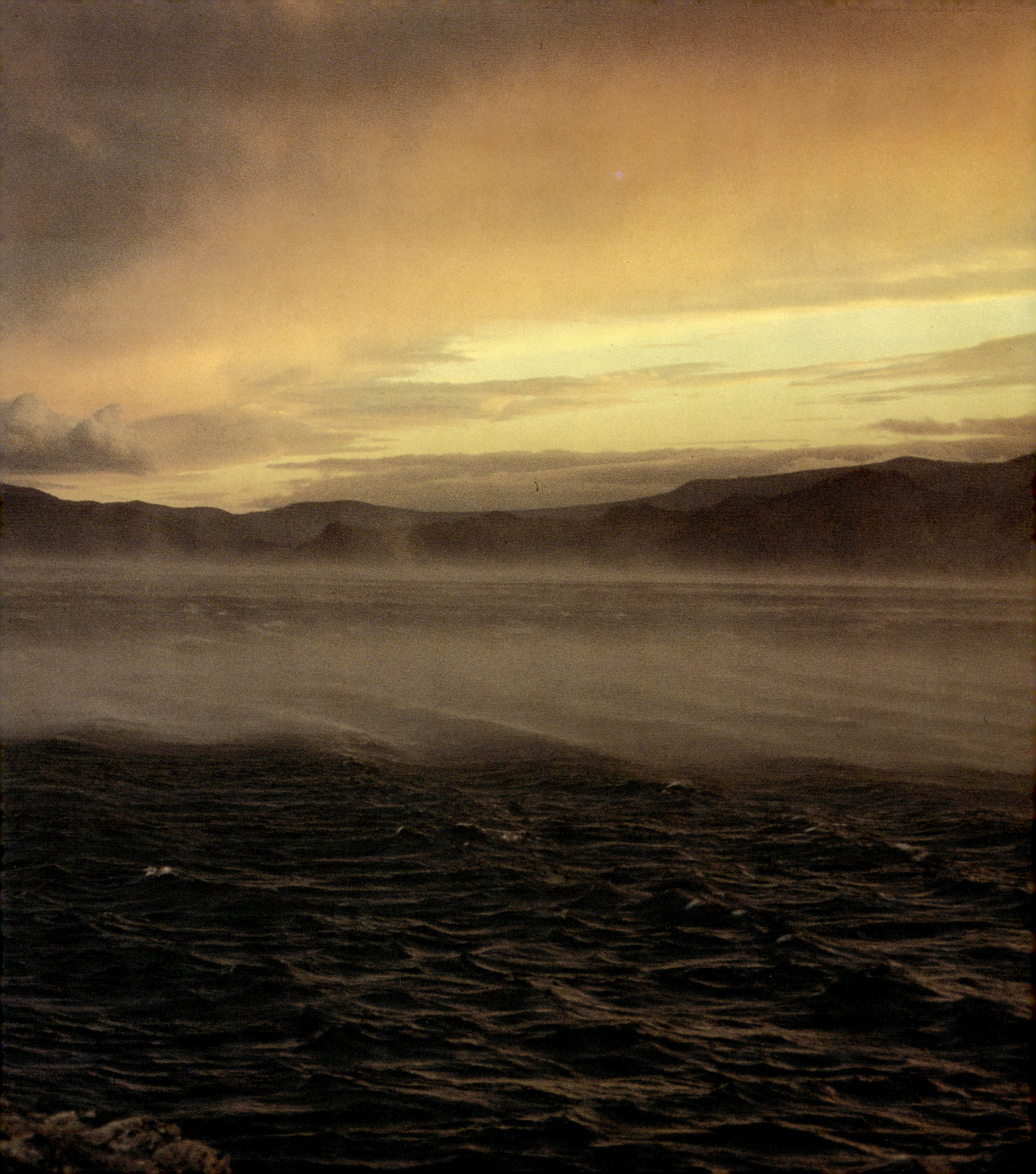

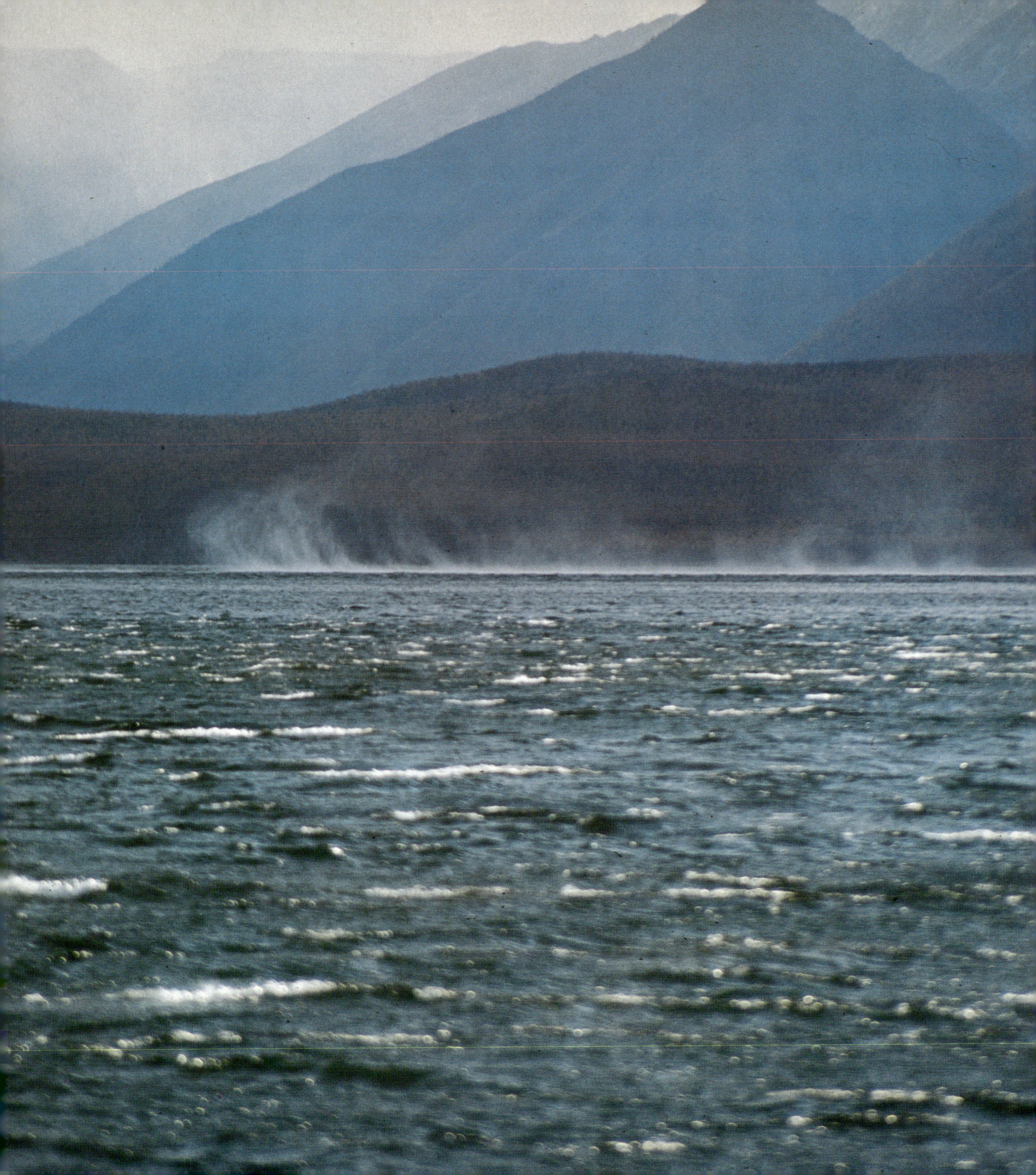

Что наш язык земной пред дивною природой?
С какой небрежною и легкою свободой
Она рассыпала повсюду красоту
И разновидное с единством согласила!

Василий Жуковский

Was gilt das Wort vor der Natur, der Zauberin?
Wie lässig, frei und leicht, mit welchem feinen Sinn
hat sie rings Schönheit in der Welt verstreut,
Verschiedenheit und Einheit ausgeglichen!

Wassili Shukowski

Что в имени твоем, Байкал?

Исследуя созвучия в бурятском, якутском, эвенкийском языках, в наречии древних жителей Прибайкалья – курыканов, ученые ищут разгадку.

Тот, кто, продираясь сквозь таежный бурелом, первым увидел с горы меж деревьев живое свечение воды, мог назвать его «Богатый огонь», отнюдь не считая монгольское сочетание слов «бай» и «гал» метафорой. И все-таки, не слишком ли это красиво и далеко от сущности – простой и практической сущности, чтобы сохраниться на века?

Перевели с бурятского «байгал-далай» – «естественное море». По-якутски «бай» и «кель» – «богатое озеро». И в самом деле обильное, населенное во всей толще – от поверхностных слоев до самой глубины (что отличает Байкал от других глубоких озер мира) животными и растениями, из которых более половины – эндемики, иначе говоря, не встречаются больше нигде на земле. Здесь обитает нерпа – родственница океанского тюленя, здесь водятся и знаменитый нежный омуль, и осетр, и резвый хариус, и живородящая нежно-розовая, нигде более на белом свете не обнаруженная голомянка, состоящая почти наполовину из жира, используемого тибетской медициной, никогда не собирающаяся в стаи, населяющая все слои сибирского моря и вызывающая, кроме того, удивление ихтиологов, ибо выносит давление огромной водной толщи. Многие виды бычков встречаются только здесь. «Птиц зело много, – писал в своем «Житии» одержимый, опальный, изгнанный в XVII веке в Сибирь один из первейших российских писателей протопоп Аввакум, – гусей и лебедей по морю, яко снег, плавают. Рыбы в нем – осетры, и таймени, и стерляди, и омули, и сиги, и прочих родов много. Вода пресная, а нерпы и зайцы великия в нем: во окиане море большом, живучи на Мезени, таких не видал. А рыбы зело густо в нем: осетры и таймени жирны гораздо, – нельзя жарить на сковороде: жир все будет . . .»

И все-таки, может быть, ближе всего к истине перевод имени Байкала с языка древнего, жившего в этих местах в VI–VIII веках нашей эры, высокоразвитого, знавшего письменность народа – курыканов: Байкал – «много воды» . . .

Воды и впрямь «много» – 23 000 кубических километров чистейшей, поразительно вкусной, холодной до ломоты в зубах, предельно насыщенной кислородом животворной воды – 25 процентов мировых ее ресурсов, 86 процентов озерной пресной воды Советского Союза.

Чтобы наполнить байкальскую котловину, разделенную подводными хребтами на три чаши – южную, центральную и северную, – всем рекам мира – Волге и Дону, Днепру и Енисею, Уралу и Оби, Гангу и Ориноко, Амазонке и Темзе, Сене и Одеру, всем их сестрам со всех континентов пришлось бы трудиться почти целый год, а рекам, речкам, речушкам, впадающим сейчас в сибирское море, понадобилось бы для этого четыреста лет. Одна из тайн фантастически чистой байкальской воды в том и заключается, что каждая из капель, попавшая в Байкал из его притоков, отстаивается здесь годами. Другая тайна этой чистоты – чудо природы, малюсенький рачок – эпищура байкальская, улавливающий мельчайшие водоросли, бактерии. Длина эпищуры всего полтора миллиметра, но под одним квадратным метром поверхности Байкала ученые порой насчитывали их до трех миллионов! За год армада ненасытных рачков способна трижды очистить верхний пятидесятиметровый слой воды. А другой рачок – бокоплав макрогектопус, местные жители зовут его – «юр», в двадцать раз больше эпищуры, уничтожает все, что могло бы загрязнить верхние слои озера-моря, а донные бокоплавы съедают снулую рыбу, утонувших насекомых и даже животных, захваченных пучиной. Трудятся маленькие чистильщики, оберегая чистоту своего легендарного озера.

Was hat uns dein Name zu sagen, Baikal? Wissenschaftler, die den Gleichklang im Burjatischen, Jakutischen, Ewenkischen und in den Dialekten der Ureinwohner von Transbaikalien, der Kurykanen, erforschen, suchen seit langem das Geheimnis seines Namens zu enträtseln.

Wer sich einen Pfad durch den Windbruch der Taiga gebahnt und als erster das Leuchten des Wassers erblickt hat, mochte ihn „Reiches Feuer" genannt haben, ohne in der mongolischen Wortverbindung „bai" und „gal" eine Metapher zu sehen. Ist dieser Name aber eigentlich nicht zu poetisch und zu allegorisch, um sich durch die Jahrhunderte zu bewahren?

Im Burjatischen bedeutet „baigal-dalaj" „Natürliches Meer". Im Jakutischen heißt „bai" und „kel" „Reicher See". In der Tat ist er von der obersten bis in die tiefsten Schichten reich mit Flora und Fauna besiedelt, (was den Baikalsee von anderen tiefen Seen der Welt unterscheidet), von denen über die Hälfte endemischen Ursprungs, d. h. sonst nirgendwo auf der Welt anzutreffen sind. Hier lebt die Baikalrobbe, eine Verwandte des Seehundes, hier tummelt sich der berühmte, zarte Omullachs, der Stör, die muntere Äsche und der zartrosa lebendgebärende Spinnenfisch *(Golomjanka)*, fast durchsichtig vor Fett, der sonst nirgendwo auf der Welt aufgefunden worden ist und dessen Fett in der tibetanischen Medizin verwendet wird. Dieser Fisch lebt niemals in Schwärmen und bevölkert alle Schichten des Baikalsees, er setzt darüber hinaus die Ichthyologen in Erstaunen, weil er dem Druck einer enormen Wasserschicht standhält. Viele Kaulkopfarten sind einzig im Baikalsee anzutreffen. Einer der ersten russischen Schriftsteller, der Protopope Awwakum aus dem 17. Jahrhundert, der später in Ungnade fiel und nach Sibirien verbannt wurde, berichtete in seiner Lebensbeschreibung über die Natur des Baikalsees: „Vögel, Wildgänse und Wildschwäne leben hier zuhauf, sie schwimmen wie dichte Schneeflocken auf diesem Meer. Hier gibt es auch viele Fische: Stör und sibirischer Lachs, Sterlet, Omul, Blaufelchen und viele andere Arten. Der Baikal ist ein Süßwassersee, in dem sich Robben und Seehunde tummeln. Im großen Meer, im Ozean, am Mesen habe ich Ähnliches nicht geschaut. Der See ist sehr fischreich – Störe und Lachse sind gar zu fett, um sie auf der Pfanne zu braten . . ."

Vielleicht gab ein uraltes, hochentwickeltes Volk, das eine eigene Schriftsprache besaß und in dieser Gegend im 6.–8. Jahrhundert v.u.Z. siedelte, die Kurykanen, dem See seinen Namen? In ihrer Sprache bedeutet Baikal „viel Wasser".

Der See ist in der Tat sehr wasserreich – 23 000 Kubikkilometer reinstes wunderbar schmackhaftes, mit Sauerstoff angereichertes Wasser, so kalt, daß die Zähne beim Trinken schmerzen; es macht 25 Prozent der Weltwasserressourcen und 86 Prozent der Süßseewasservorräte der Sowjetunion aus.

Um den Kessel des Baikalsees, der von Unterwassergraten in drei Senken unterteilt ist – in die südliche, die mittlere und die nördliche – mit Wasser zu füllen, brauchten alle Flüsse der Erde – Wolga und Don, Dnepr und Jenissej, Ural und Ob, Ganges und Orinoco, Amazonas und Themse, Seine und Oder – und all ihre Schwestern auf allen Kontinenten fast ein Jahr, alle Flüsse und Flüßchen, die gegenwärtig ins sibirische Meer münden, benötigten sogar ganze vierhundert Jahre. Ein Geheimnis des märchenhaft klaren Baikalwassers besteht darin, daß jeder Tropfen, der in den Baikal aus seinen Zuflüssen gelangt, hier jahrelang geklärt wird. Für seine Sauberhaltung sorgt auch ein winziger Krebs, der Baikal-*Epistschura*, der die kleinsten Algen und Bakterien vertilgt. Dieser Krebs ist nur anderthalb Millimeter lang, aber auf einen Quadratmeter Wasserschicht zählen die Wissenschaftler zuweilen bis zu drei Millionen dieser Tierchen! Im Verlauf eines Jahres ist eine Armada der unersättlichen kleinen Krebse in der Lage, dreimal die oberste Fünfzigmeter-Wasserschicht zu säubern. Ein anderer kleiner Krebs, der *Makrohektopus*, der zu den Seitenschwimmern gehört, – die hiesigen Einwohner nennen ihn auch *Jur* – vernichtet zwanzigmal mehr als die *Epistschura*-Krebse alles, was die obersten Wasserschichten dieses Sees verschmutzen könnte. Die Seitenschwimmer vertilgen auf dem Grund tote Fische, ertrunkene Insekten und sogar Tiere, die in den Strudel gerissen worden sind. So bewahren die kleinen Hüter des Baikal die Reinheit und Klarheit dieses legendären Sees.

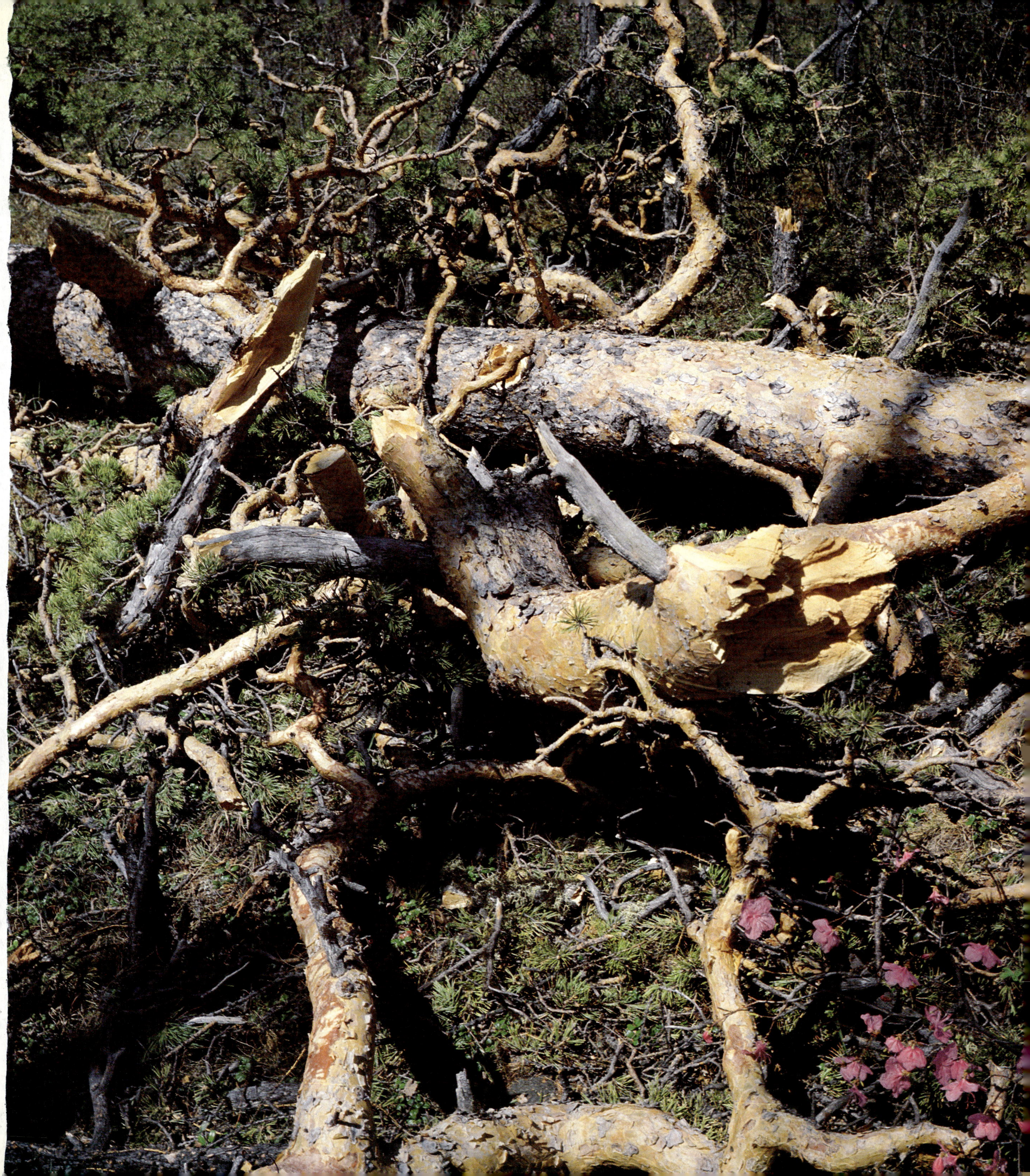

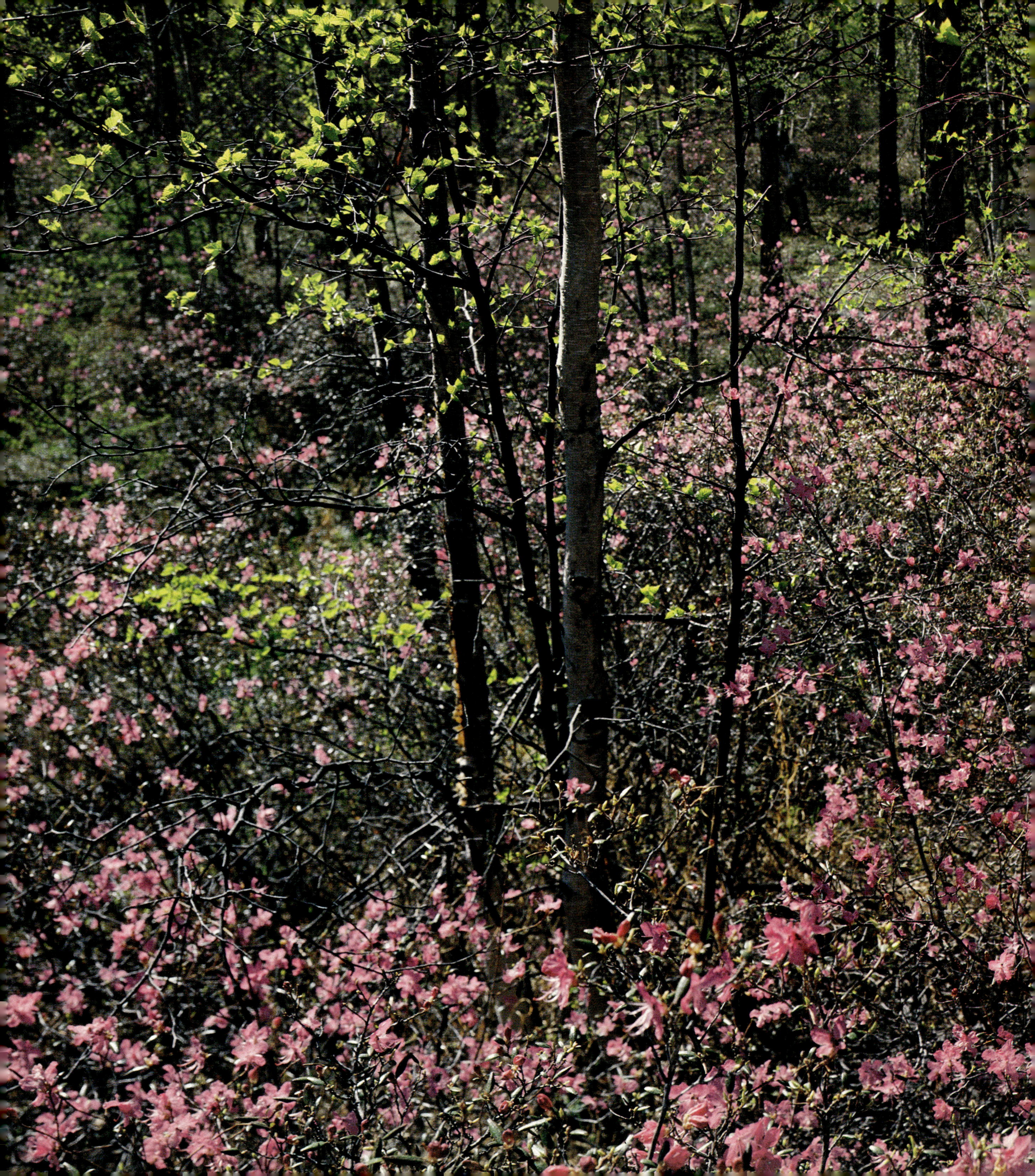

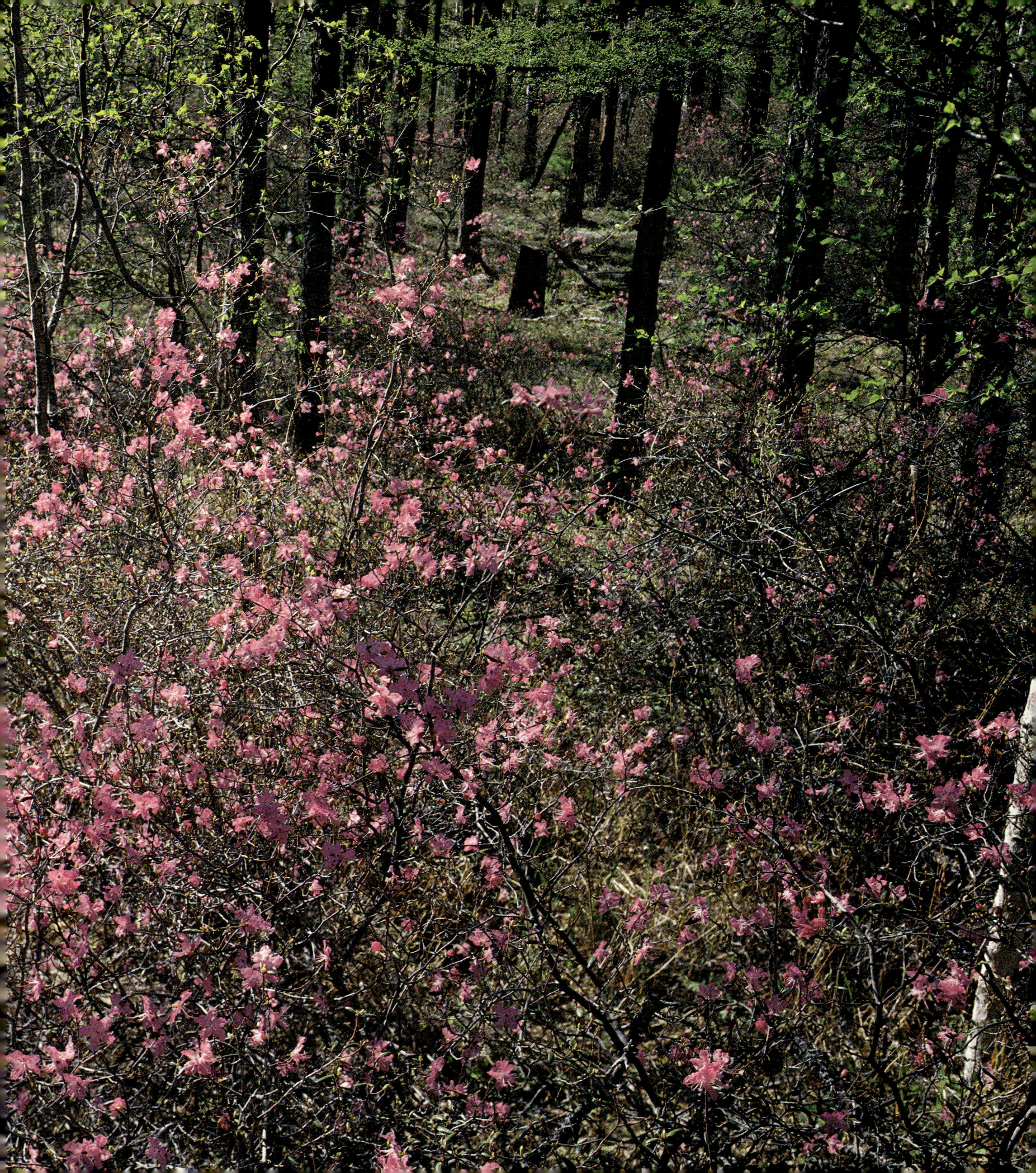

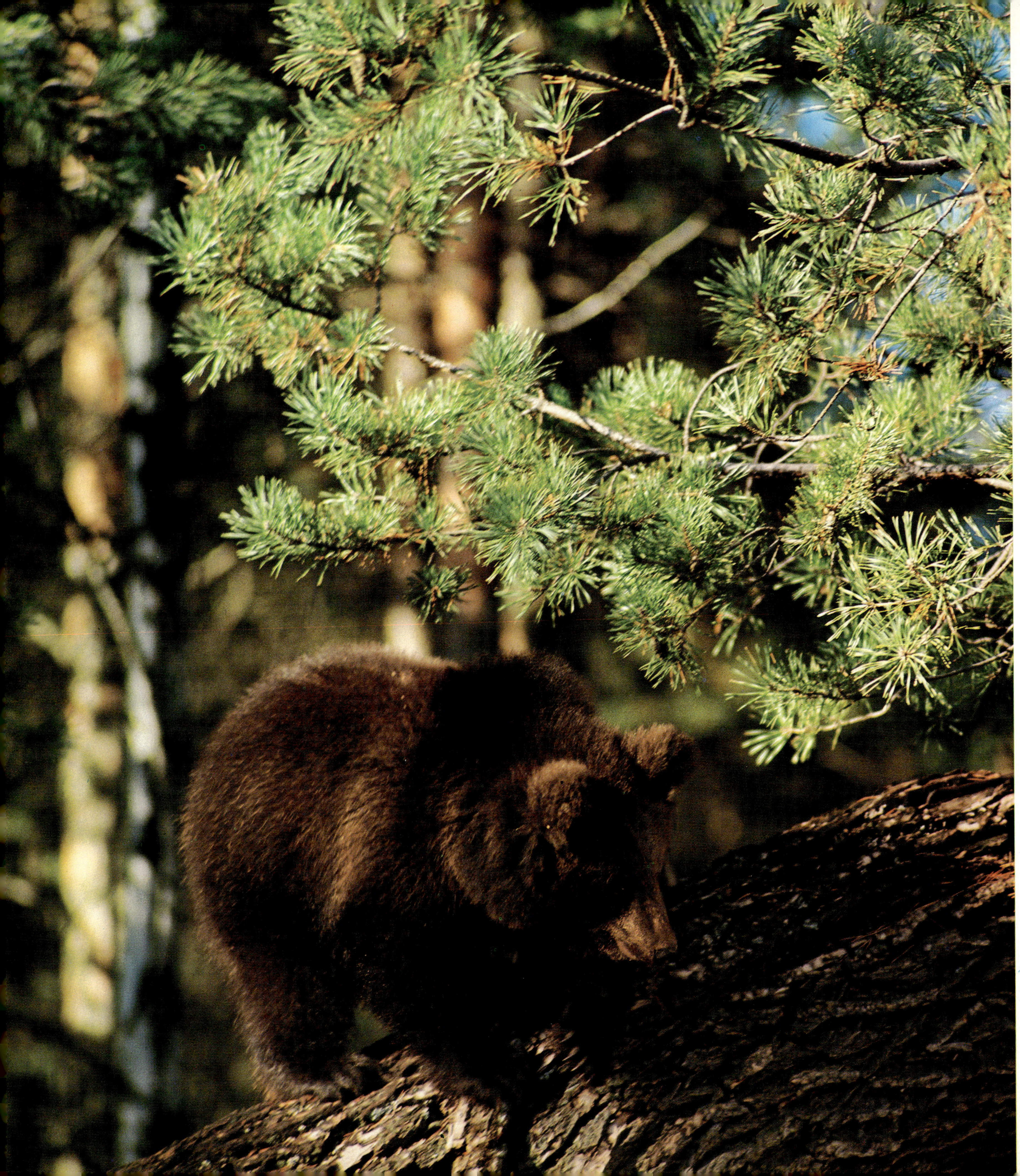

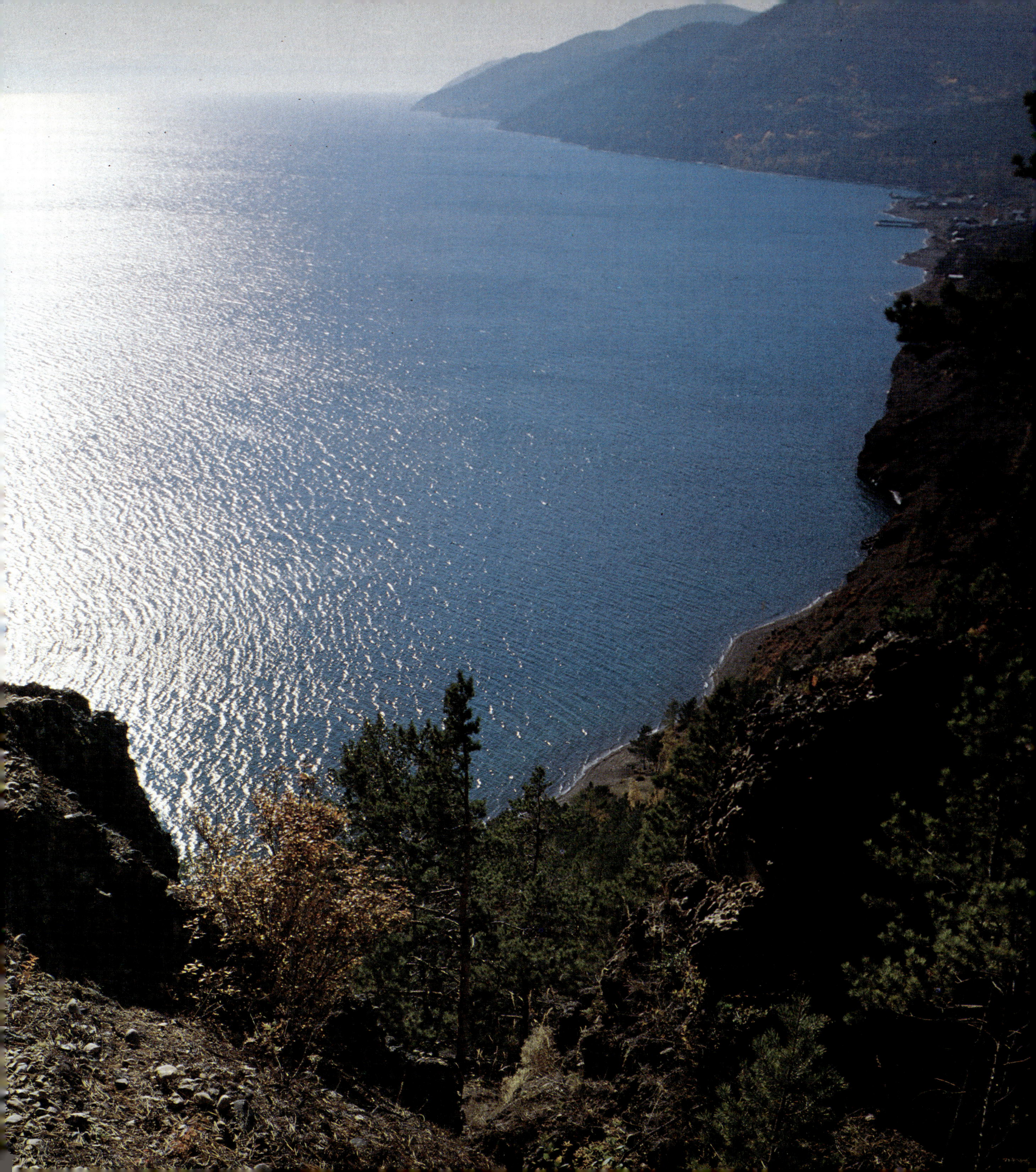

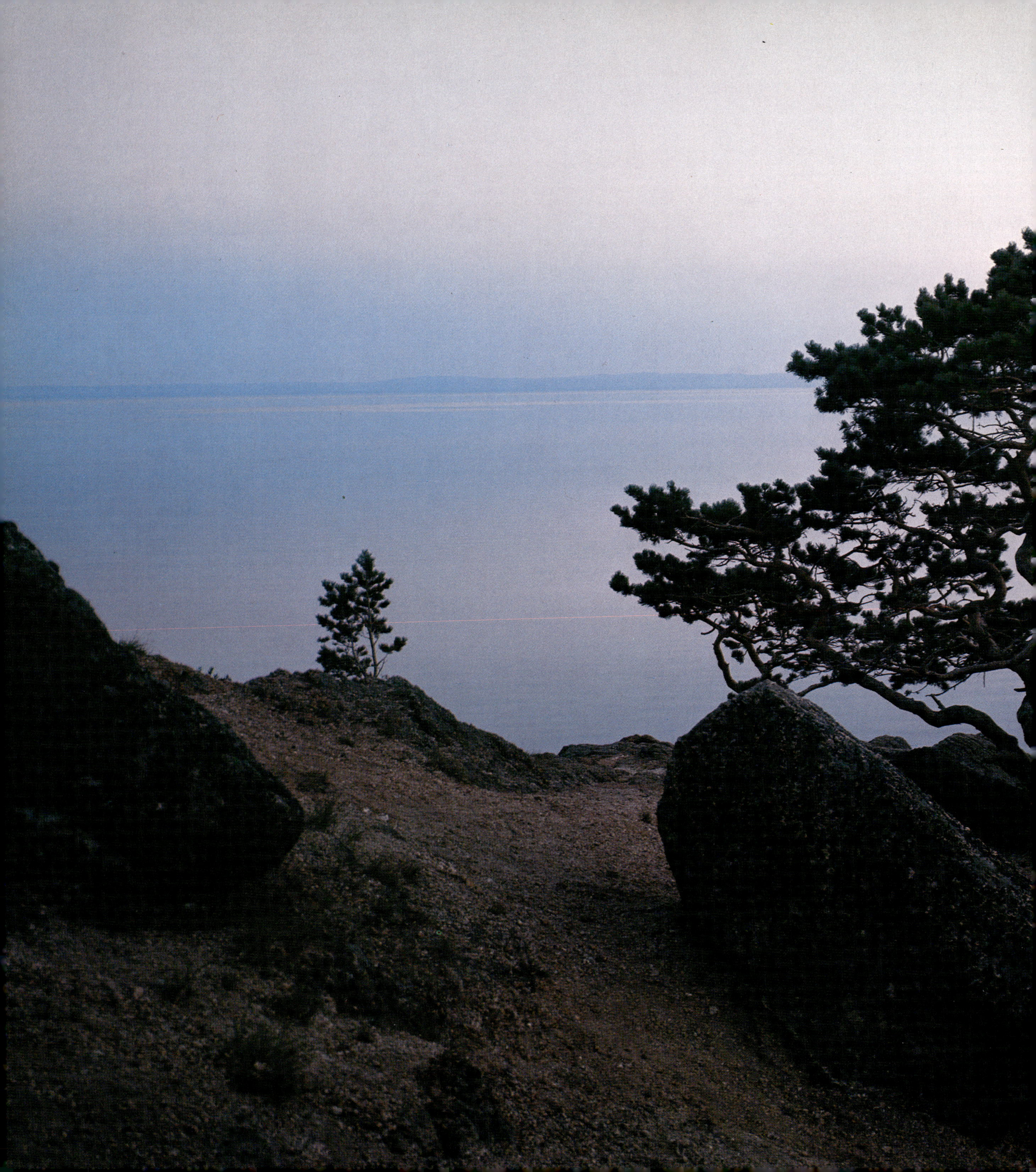

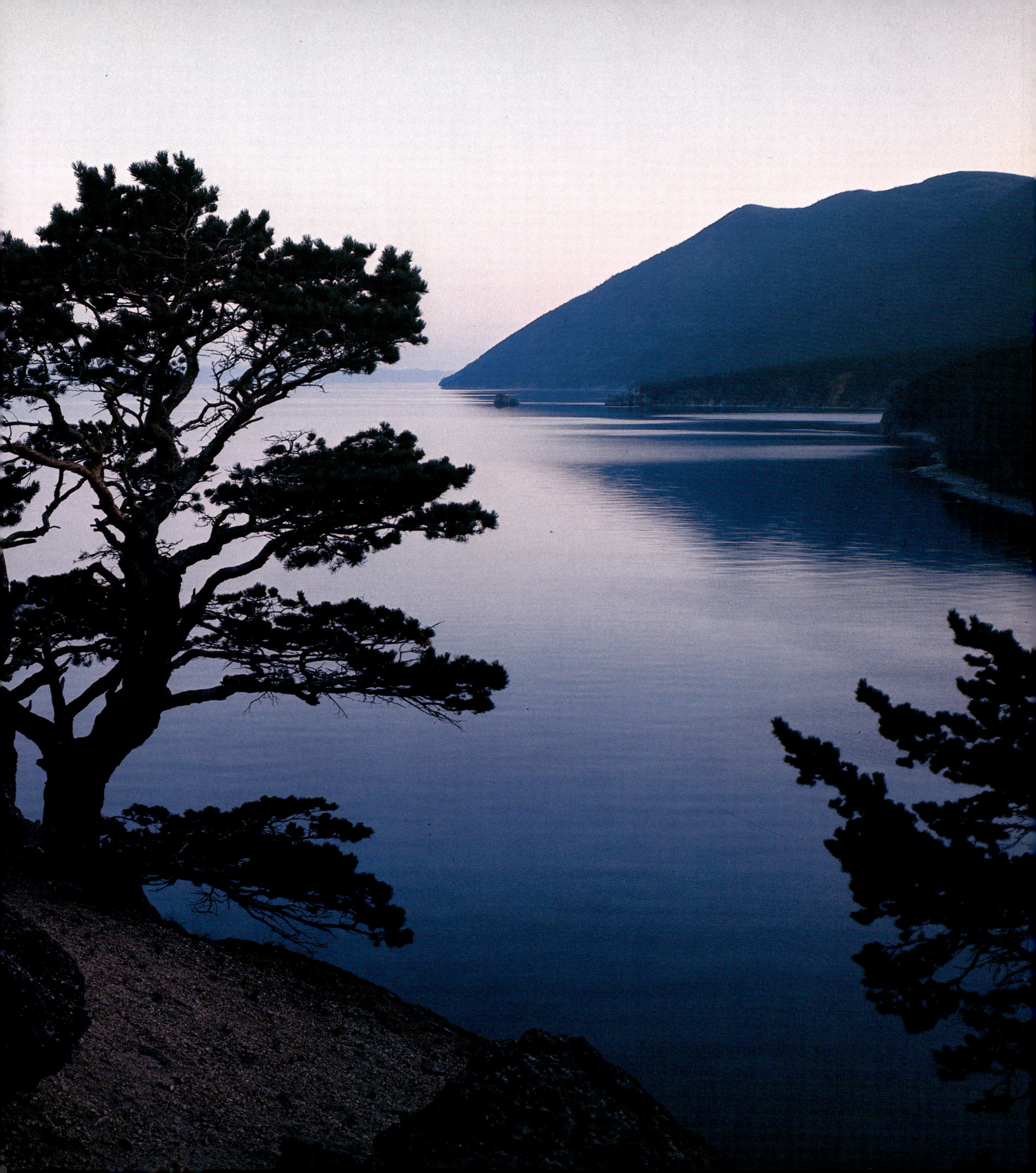

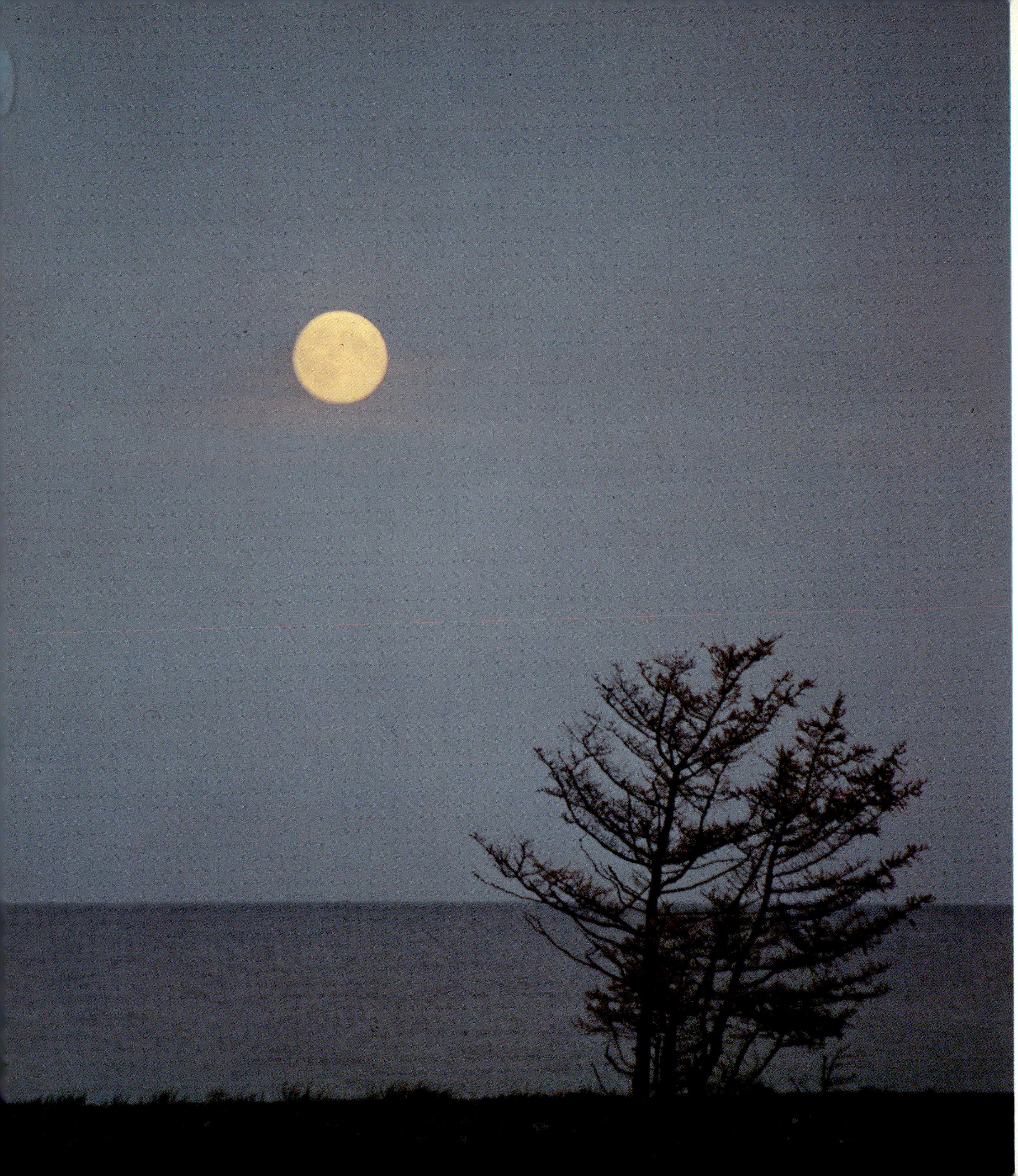

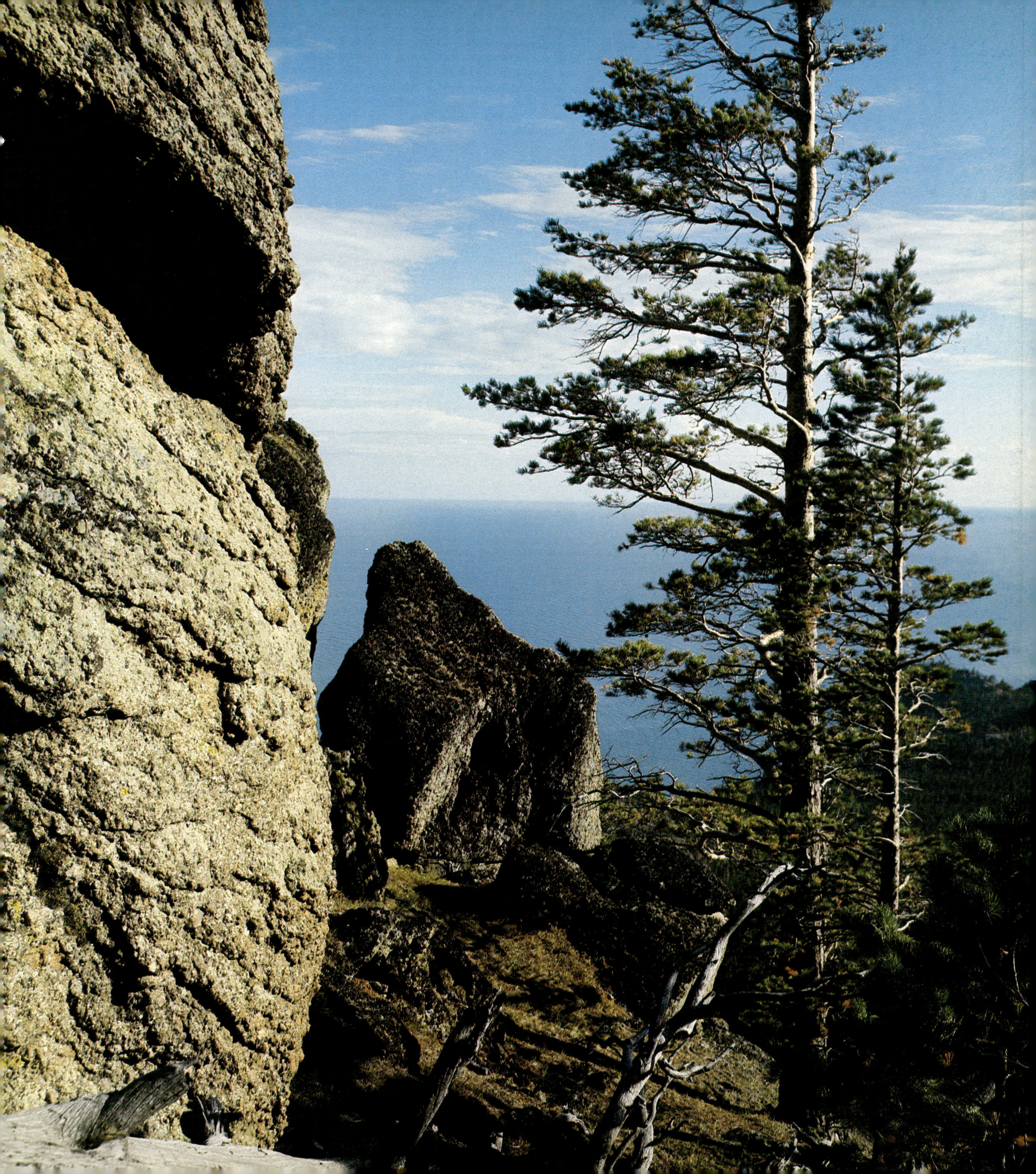

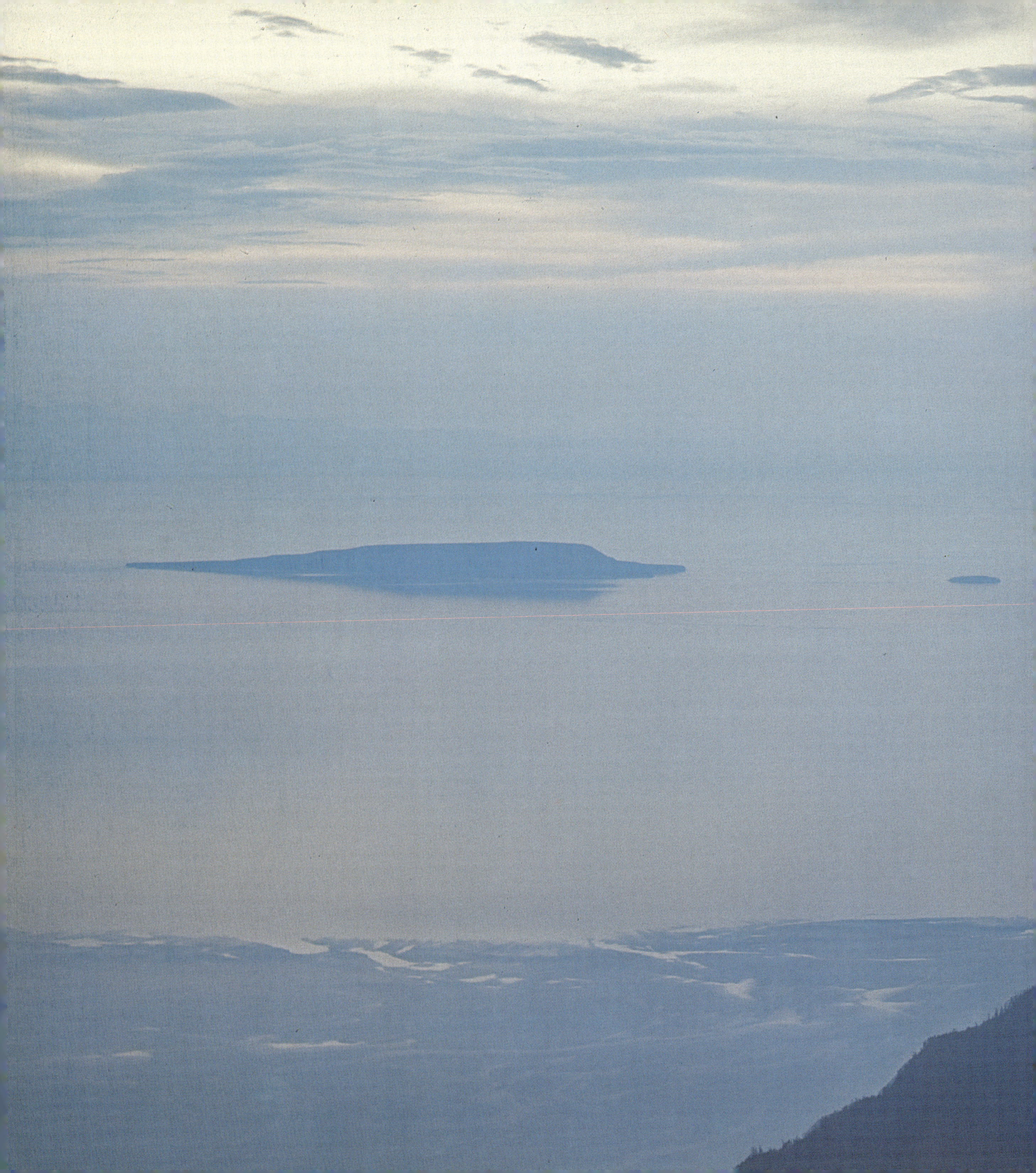

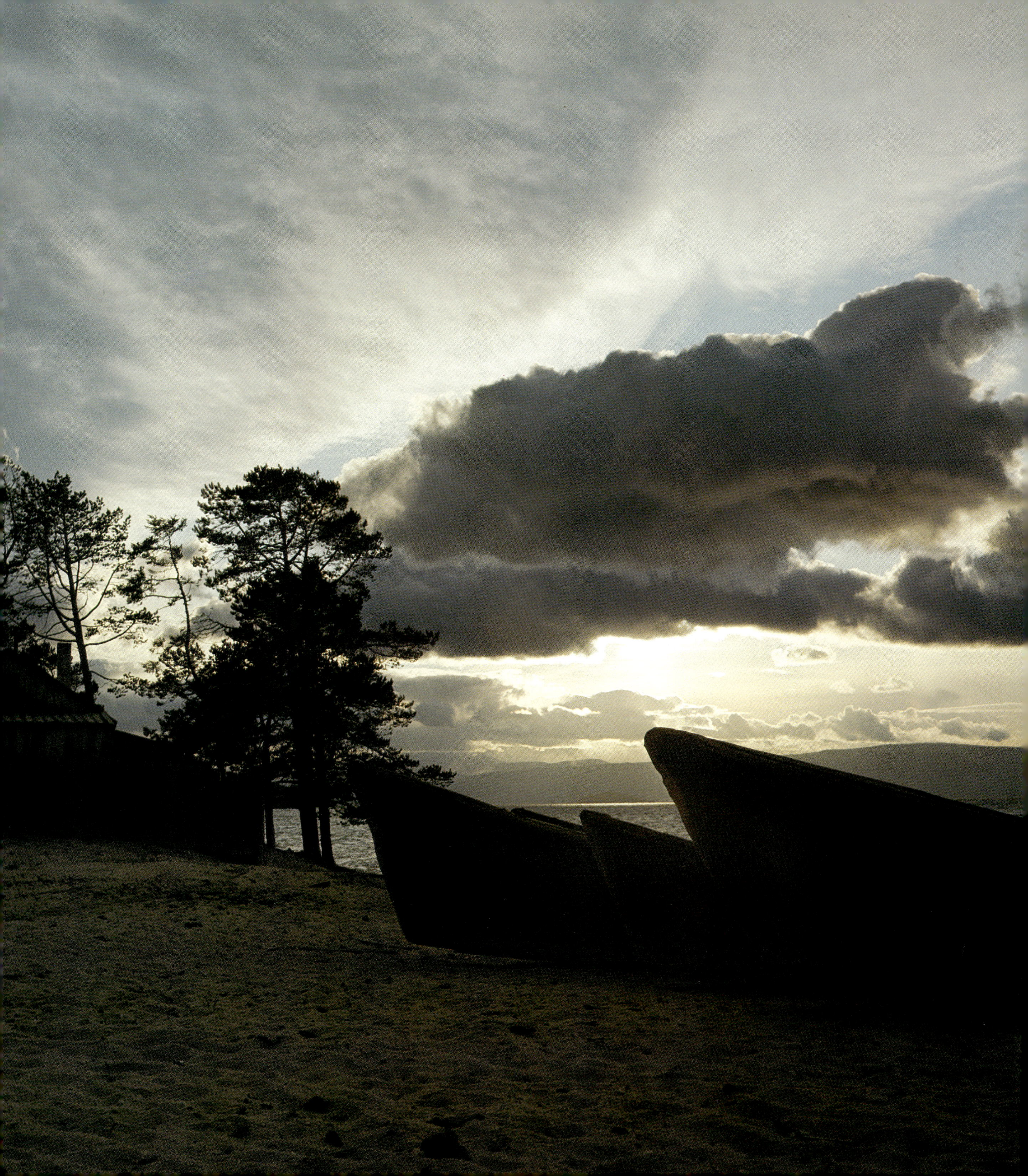

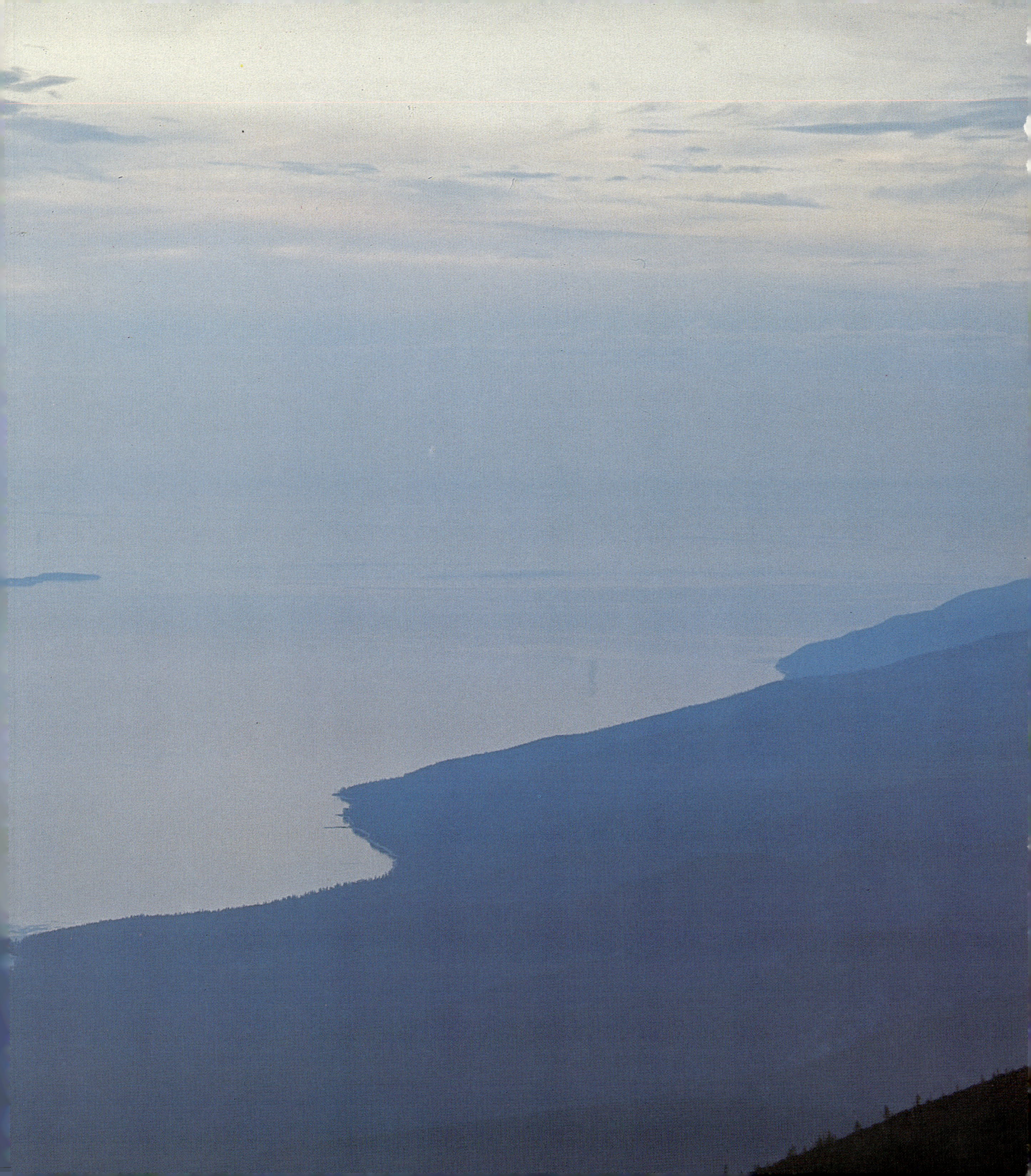

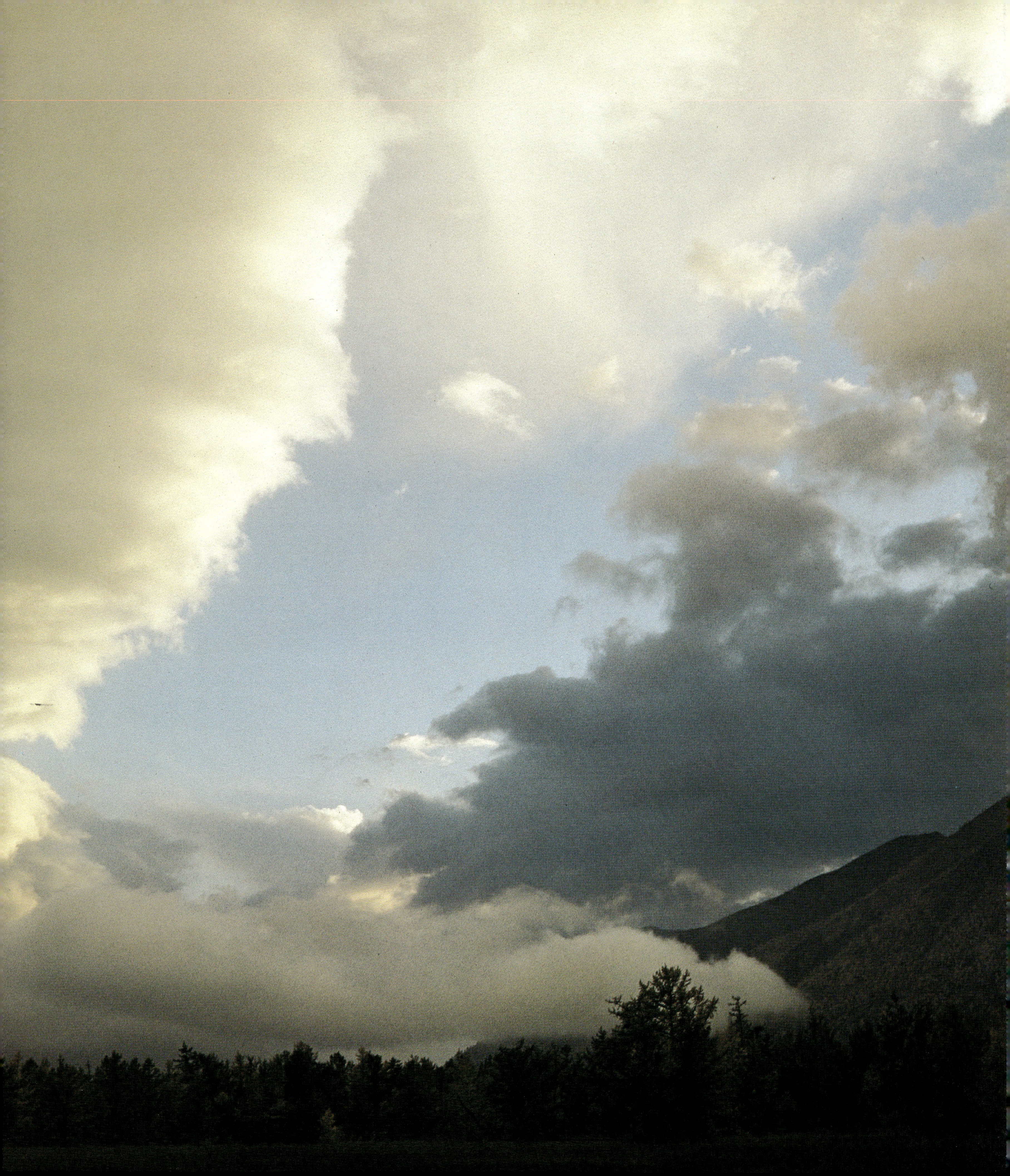

*Не то, что мните вы, природа:
Не слепок, не бездушный лик—
В ней есть душа, в ней есть свобода,
В ней есть любовь, в ней есть язык . . .*

Федор Тютчев

*Natur ist nicht, wie flüchtiger Blick sie sieht:
nicht Form bloß, geistloses Gesicht –
nein, Freiheit hat sie, Seele und Gemüt,
und Liebe kennt sie, und sie spricht!*

Fjodor Tjutschew

Какое же море без островов?

Двадцать девять гор встали на цыпочки в глубинах Байкала, чтобы поглядеть: что там делается на белом свете? Двадцать девять каменных голов, то поросших травами, кустарниками, деревьями, то лысых, бугристых от глыб дикого камня, торчат над ясным зеркалом воды. Когда Байкал разозлится, набухнет необузданным порывом крушить все и вся своими прозрачными кулаками, – чаще всего это бывает осенью, – старик предчувствует долгий зимний плен, сопротивляется изо всей мочи и обрушивает на острова удары силою в сотни, в тысячи тонн, точно хочет заставить их снова нырнуть, спрятаться в спокойной глубине. Но острова стоят, и грозная вода затихает, дробится, опадает и скатывается пенными ручейками, чтобы, накопив силы, вновь обрушиться на берег. Некоторые острова, например Ушканьи на севере сибирского моря, растут и уже подняли над водой не только головы, но и плечи. Это потому, что горная страна вокруг Байкала еще очень молода, конечно, по геологическому отсчету времени, когда одну эпоху составляют порой миллионы лет. Все еще формируется котловина озера-моря, еще часто возникают сдвиги и разломы земной коры, еще проходит по Прибайкалью дрожь землетрясений.

Между трав и кустов, а то и на голом камне на макушках островов гнездятся чайки, выводят своих птенцов, которые до осенних бурь становятся на крыло, налакомившись нежнейшей рыбой . . . На других островах – пары бакланов, колонии других птиц, как густо населен каждый кубометр воды от поверхности до самых глубин, так издавна обжит и каждый клочок суши: остров, полуостров, береговая тайга.

Остров Ольхон не похож на своих братьев. Он разлегся на глади славного моря более чем на семьдесят километров в длину и до двадцати в ширину, на его немалой площади в 730 квадратных километров есть и леса («Ольхон» в переводе с бурятского значит «лесочек»), населенные белками, зайцами, лисицами, наполненные птичьим пересвистом, и степи со стадами овец, и горы, украшенные вершиной Ижимей высотою 1300 метров, и обрывистые скалы, и мелкие бухточки с песчаными пляжами и прогретой водой, и пади, поросшие ягодниками, и даже свой населенный пункт – поселок Хужир, в котором живет почти две тысячи человек.

Острыми боками Ольхон вспарывает вкруг себя живой аквамарин озера-моря, и его мысы, точно персонажи древних сибирских сказок, хранят покой острова. Самый красивый из них носит старинное бурятское шаманское имя Бурхан, его выветренные, прорезанные вертикальными трещинами скалы раскрыты над студеной водой бордово-желтым веером и похожи на оперение окаменевшей птицы. Здесь выбрал себе место для жительства первобытный человек, и многие годы в пещере мыса Бурхан находили ученые следы его труда, его быта. В старину этот мыс считали священным. От него идет полукруг бухты, пляж, усыпанный нежным песком, во втором конце которого еще один мыс – Богатырь, он стоит в каменных доспехах и первым принимает бурю. Узкий пролив между Ольхоном и берегом носит название Малое Море. С противоположного острову берега, из долины речки Сарма, вылетает самый страшный ветер – сарма, и Богатырь подставляет ей свою мужественную грудь. В южной оконечности остров охраняет мыс Кобылья Голова, похожий на лошадь, пьющую воду, на северо-востоке – мыс Хобой, что значит «клык». . . Когда по берегам Байкала хлещут летние ливни, на Ольхоне – сушь, даже климатом отличается он от остального побережья сибирского моря.

Was ist ein Meer ohne Inseln?
Neunundzwanzig Berge haben sich auf dem Grund des Baikalsees auf die Zehenspitzen erhoben, um zu sehen, was dort oben, in der weiten großen Welt vor sich geht. Neunundzwanzig steinere Köpfe, grasüberwuchert, mit Sträuchern und Bäumen bestanden, dann wieder kahl und bucklig als Brocken eines bizarren Steins ragen über dem klaren Wasserspiegel auf. Wenn der Baikal zürnt, ungestüm grollend anschwillt und alles in seine durchsichtigen Fäuste zwingt – am häufigsten ist das im Herbst der Fall – scheint der graubärtige Alte zu spüren, welche lange, winterliche Gefangenschaft ihm bevorsteht. Mit aller Kraft widersetzt er sich und läßt auf die Inseln Schläge von hunderten und tausenden Tonnen Gewicht niedergehen, als wolle er sie gleichsam zwingen, wieder unter Wasser zu tauchen und sich in der ruhigen Tiefe zu verstecken. Doch die Inseln stehen unerschütterlich, das wilde Wasser wird stiller, versprüht sich, fällt in sich zusammen und verrieselt in schaumigen Rinnsalen, um, nachdem es frische Kräfte gesammelt hat, erneut gegen das Ufer zu schlagen. Einige Inseln, beispielsweise die Uschkani-Inseln im Norden des sibirischen Meers, wachsen und haben nicht nur ihre Häupter, sondern schon die Schultern über das Wasser emporgehoben. Das liegt daran, daß das Gebirgsland rund um den Baikalsee noch sehr jung ist – nach geologischer Zeitrechnung natürlich, da eine Epoche Jahrmillionen umfaßt. Noch immer bildet sich der Kessel dieses meerähnlichen Sees heraus, häufig vollziehen sich noch Verschiebungen und Risse in der Erdkruste, noch erschüttern Erdbeben Transbaikalien.

Zwischen Gras und Strauchwerk, aber auch auf kahlem Stein nisten auf den Inseln Möwen, sie brüten ihre Jungen aus, die bis zu Beginn der Herbststürme zu fliegen beginnen, und laben sich an leckeren Fischen ... Auf anderen Inseln nisten Baklanenpaare und andere Vögel. Ebenso dicht, wie jeder Kubikmeter Wasser von der Oberfläche bis in die tiefsten Tiefen von Lebewesen bevölkert ist, ist auch seit uralten Zeiten jedes Fleckchen Festland besiedelt – Insel, Halbinsel und Küstentaiga.

Die Olchon-Insel unterscheidet sich grundlegend von ihren Schwestern. Sie dehnt sich in dem ruhmreichen Meer über siebzig Kilometer in der Länge und bis zu zwanzig Kilometer in der Breite aus. Ihre nicht geringe Fläche von 730 Quadratkilometern ist mit Wäldern bestanden (*Olchon* bedeutet im Burjatischen kleiner Wald), hier tummeln sich Eichhörnchen, Hasen, Füchse, die Luft ist von Vogelgezwitscher erfüllt und in der Steppe weiden Schafe. Die Zierde der Berglandschaft ist der 1300 m hohe Gipfel des Ishimej. Steilfelsen, kleine Buchten mit Sandstränden und warmem Wasser sowie Schluchten, in denen Wildbeeren gedeihen, lassen die Landschaft abwechslungsreich erscheinen. Hier gibt es sogar eine Siedlung – Chushir – mit fast zweitausend Einwohnern.

Die spitzen Flanken der Olchon-Insel sind vom Baikalsee umspült, der hier an einen funkelnden Aquamarin erinnert, und die Kaps scheinen wie die Recken aus uralten sibirischen Sagen die Ruhe der Insel zu schützen. Das schönste Kap trägt den uralten burjatischen Schamanennamen Burchan, seine verwitterten, von vertikalen Rissen durchschnittenen Felsen sind dem eiskalten Wasser wie ein dunkelrot-gelb gemusterter Fächer zugewandt und erinnern an das Gefieder versteinerter Vögel. Diesen Ort wählte sich der Urmensch als Wohnstatt. Viele Jahre lang fanden Wissenschaftler in der Höhle von Kap Burchan noch Spuren seiner Arbeit und Lebensweise. In alten Zeiten galt dieses Kap als heilig. Hier nimmt der Halbkreis einer Bucht mit feinstem Sandstrand seinen Anfang, an dessen anderem Ende sich ebenfalls ein Kap – das Bogatyr-(Riesen) Kap erhebt. Es ragt auf einem steinernen Schild auf und bietet freimütig dem Sturm die Stirn. Der schmale Sund zwischen der Olchon-Insel und dem Ufer trägt den Namen kleines Meer. Von der gegenüberliegenden Seite der Insel fegt aus dem Sarma-Flußtal der wildeste Sturm, der *Sarma*. Ihm bietet das reckenhafte Kap mutig seine breite Brust. An der Südspitze wacht das Stutenkopf-Kap über die Insel. Es gleicht einem Pferd, das sich zum Trinken geneigt hat. Im Nordosten erhebt sich Choboj-Kap, was „Hauer" bedeutet. Wenn sommerliche Regengüsse den Baikalsee peitschen, ist es auf der Olchon-Insel trocken. Selbst das Klima ist hier anders als sonst irgendwo am Ufer des sibirischen Meeres.

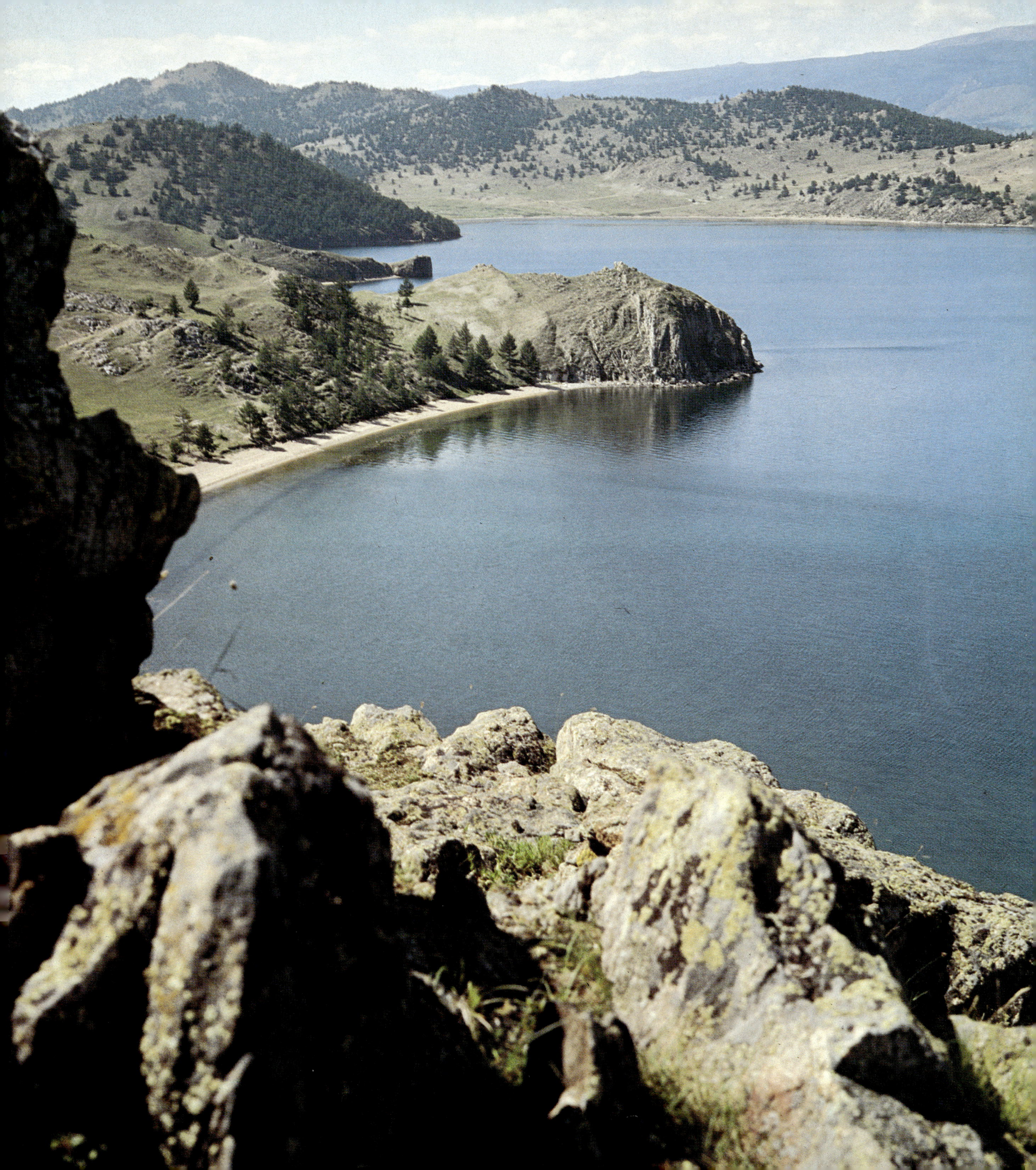

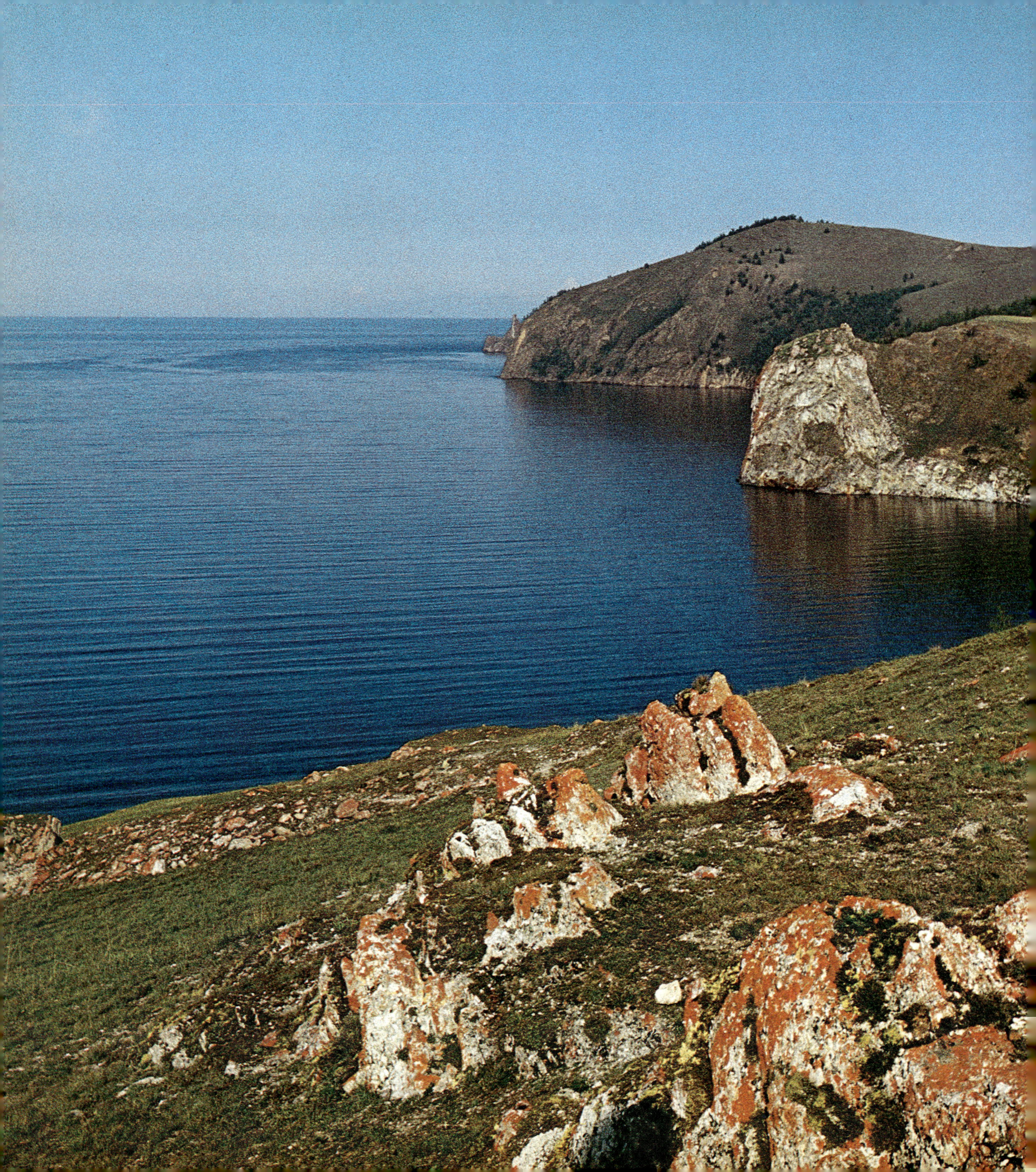

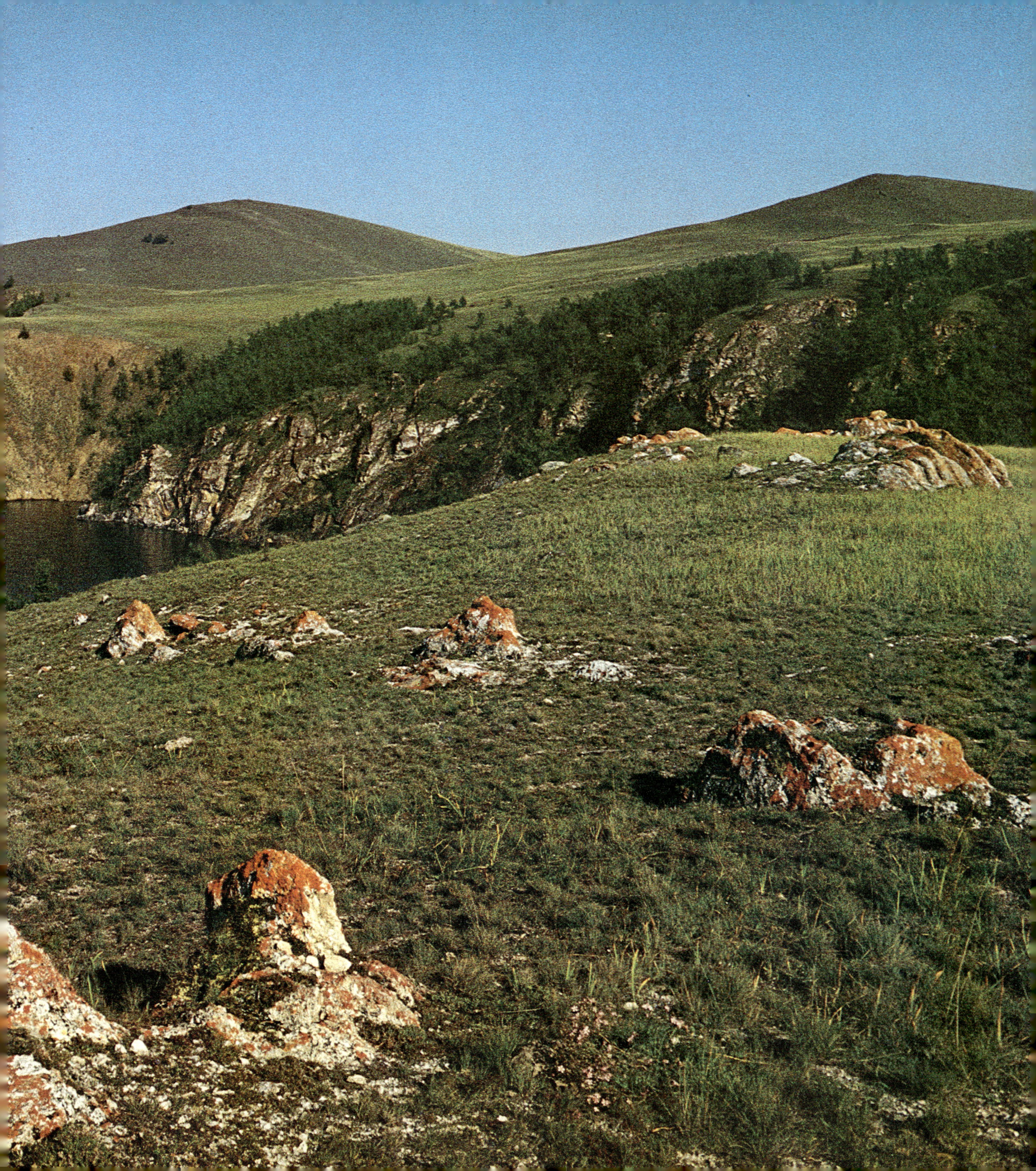

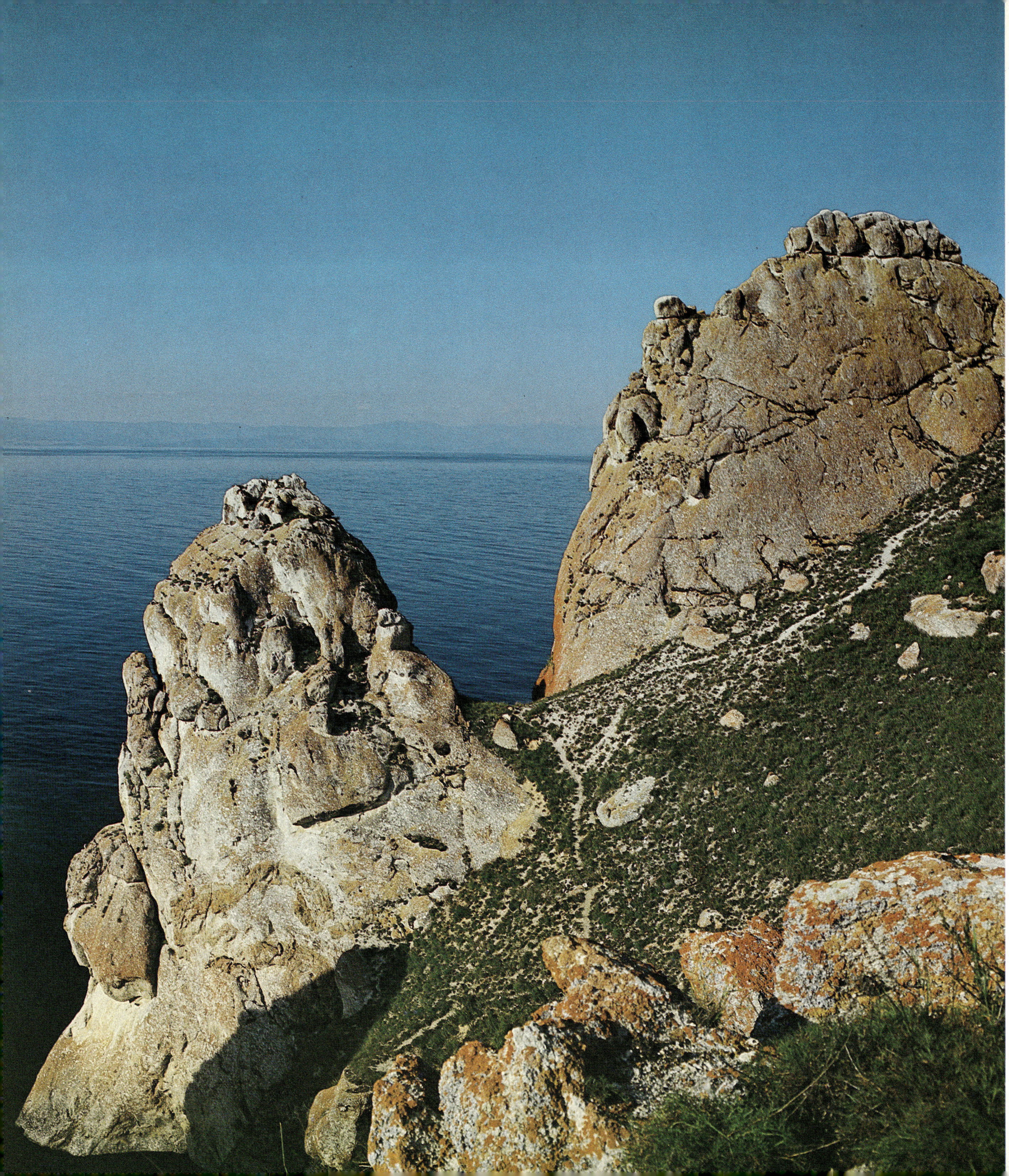

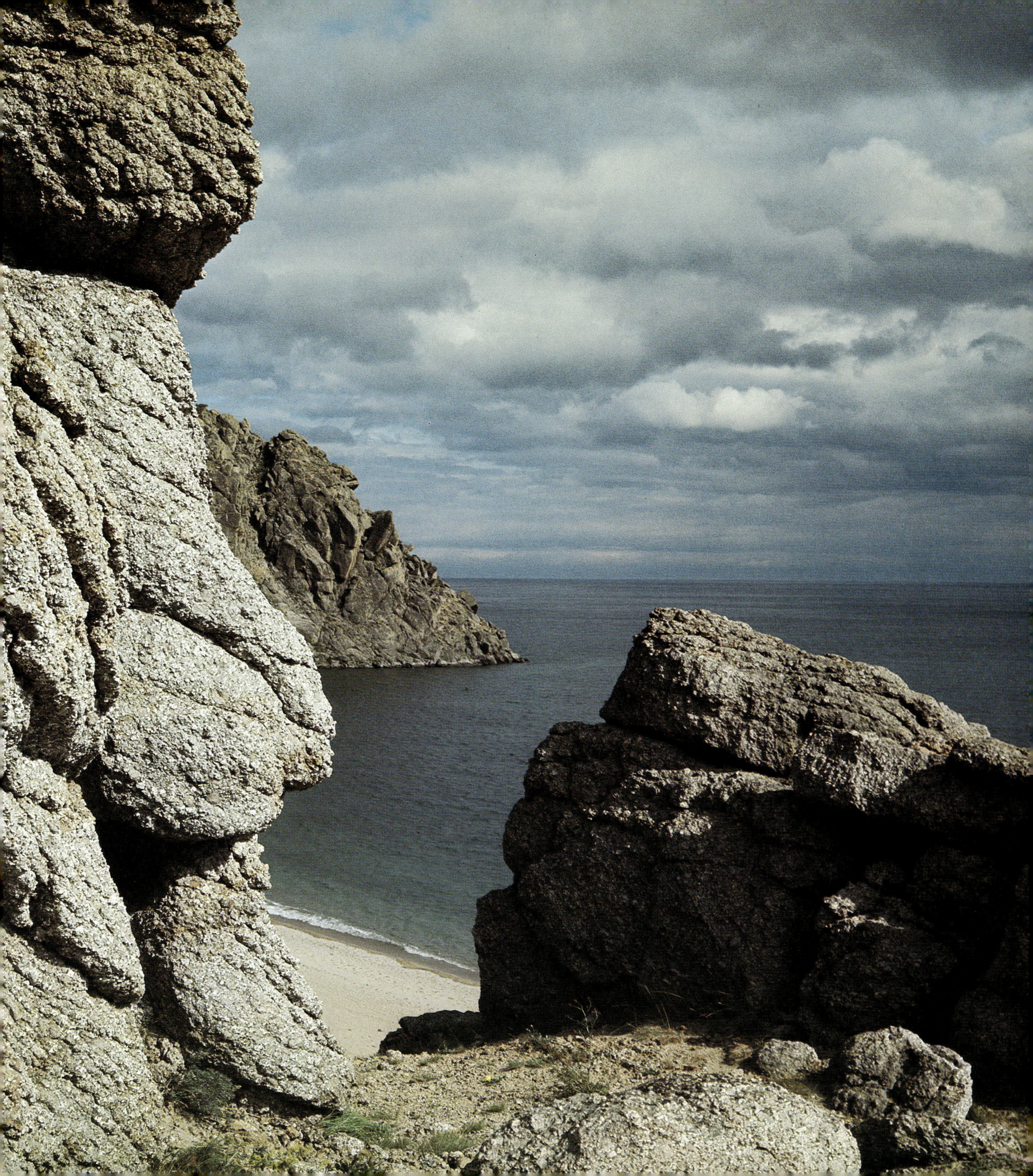

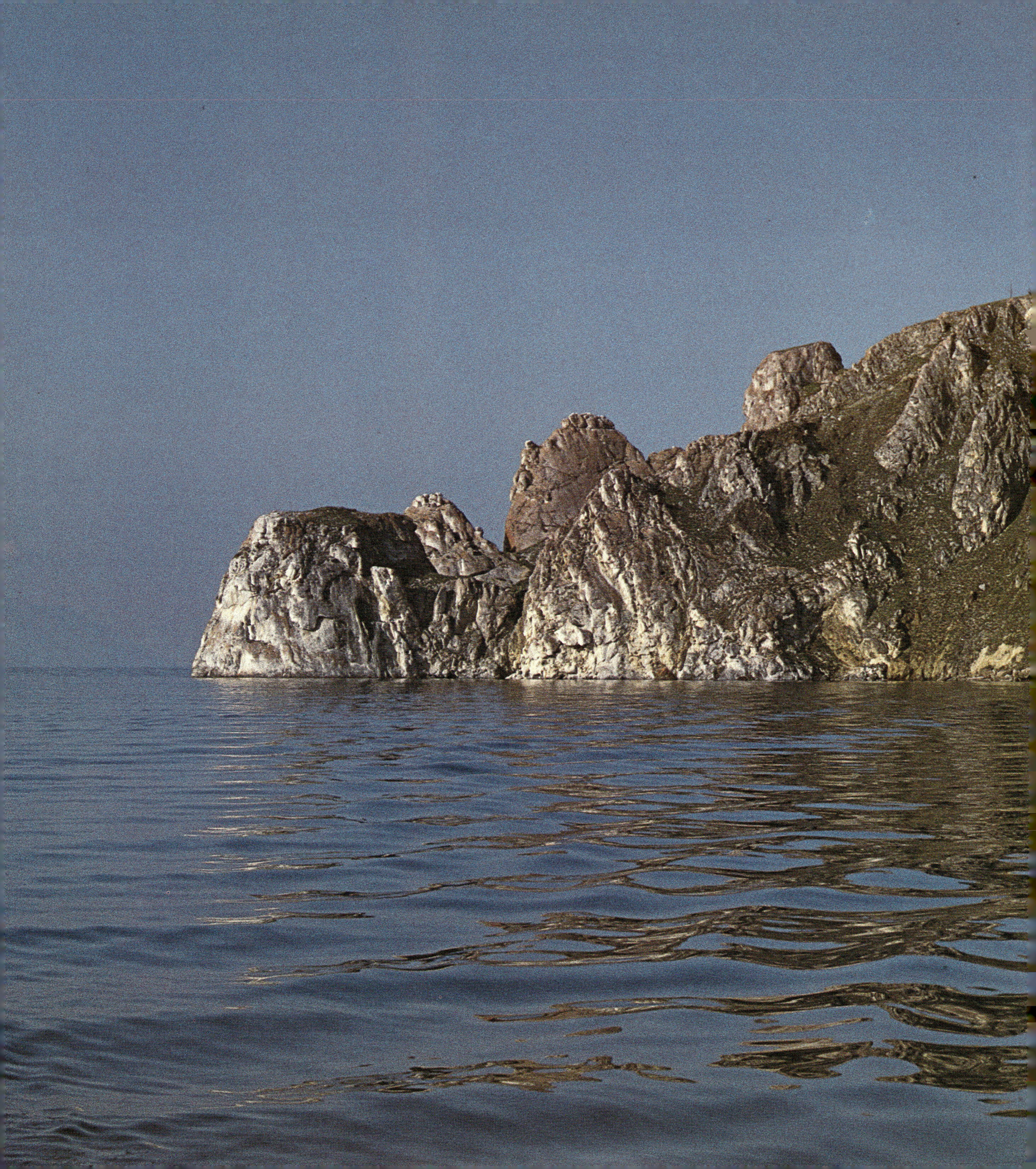

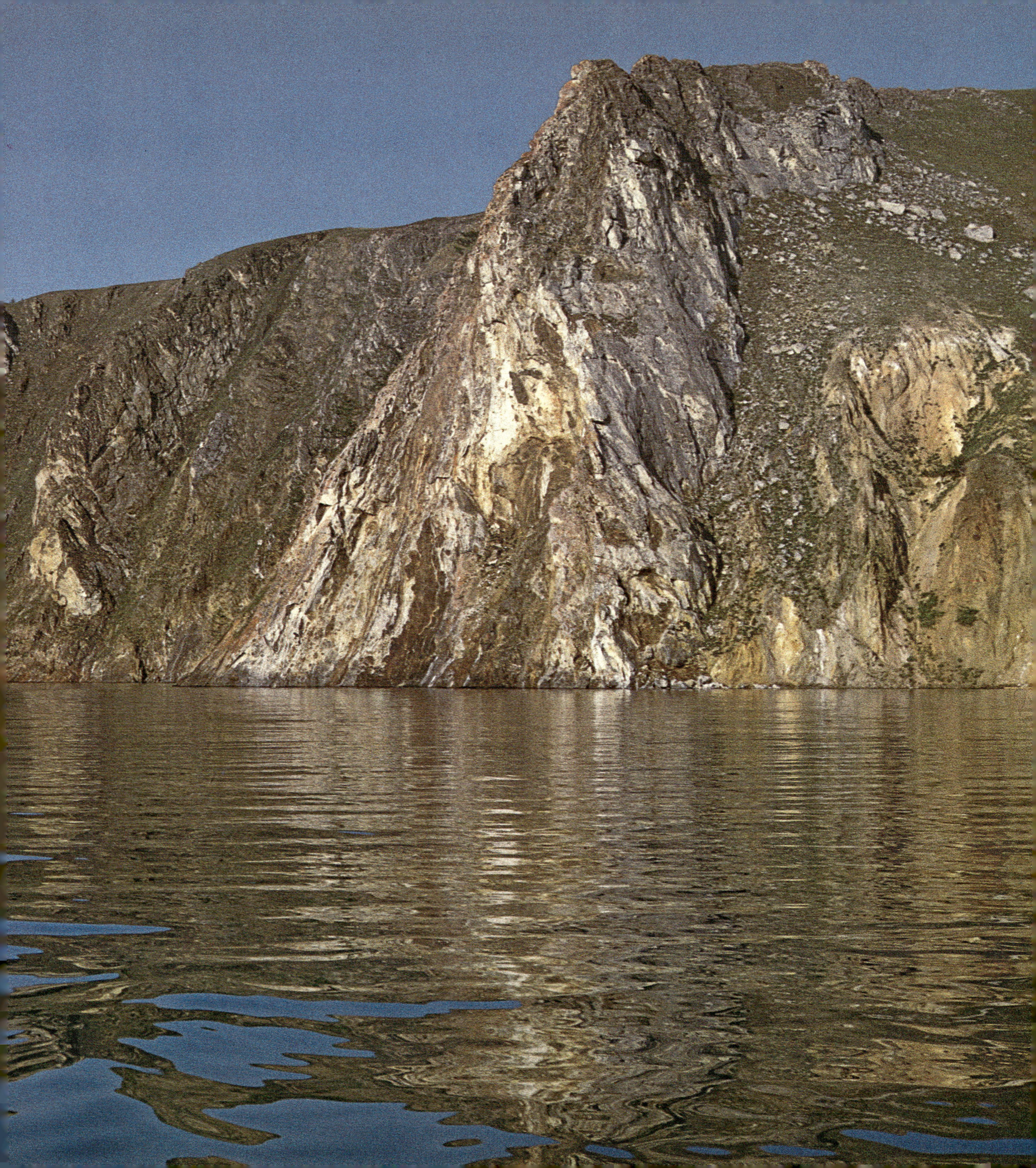

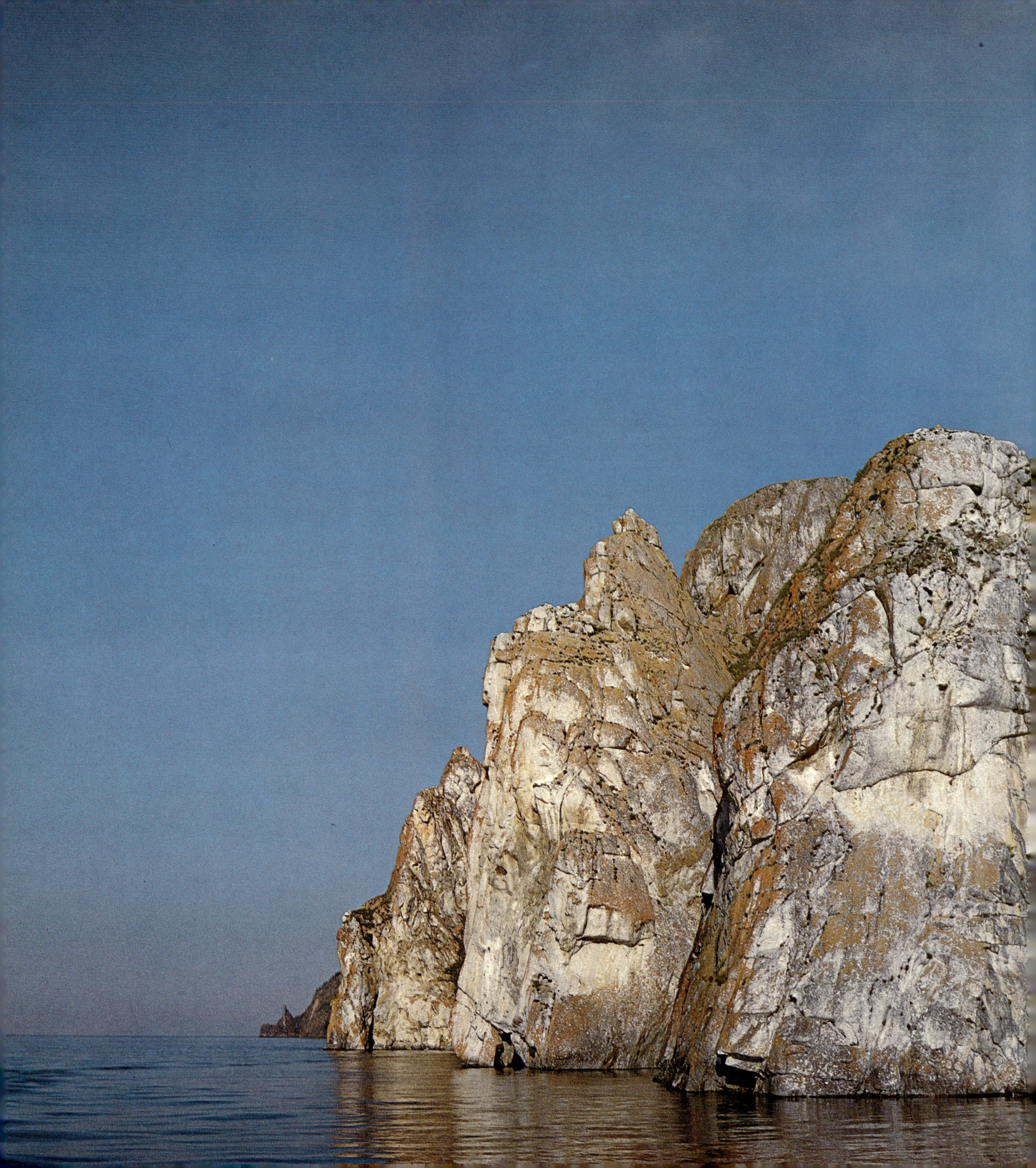

Вы чувствуете связь извечную, неразрывную, скажем, даже таинственную между природой и душой человека, которая есть ведь тоже явление природы и поэтому тесно связана с нею миллионами своих живых ощущений.

Владимир Короленко

Sie fühlen die ewige, ununterbrochene, gar geheimnisvolle Bindung zwischen der Natur und der Seele des Menschen, die ebenfalls eine Erscheinung der Natur ist und deshalb mit ihr durch Millionen ihrer lebendigen Empfindungen verbunden ist.

Wladimir Korolenko

Даже в июне на северной стороне Байкала все еще ютятся льды – арьергард длинной и суровой зимы. Ноздреватые, непрочные, они неохотно оставляют свои позиции. И на каждом белом пятне среди густо-аквамаринового простора – темные нерпы греют на солнцепеке бока, покряхтывая от удовольствия. А на юге в это время уже сверкает вызывающе открытая вода, лиловым огнем обливает склоны гор даурский рододендрон, багульник, как называют его сибиряки, обновляются иголочки лиственниц, окружая каждую ветку нежным чистым сиянием. Тайга становится праздничной. Птицы кричат на разные голоса, звери устремляются к Байкалу, чтобы смыть в его целебной воде зимние страхи.

А вода в славном море все еще холодна – один-два градуса выше нуля. Даже на юге лишь ко второй половине июня она прогреется до 4 градусов, сравнявшись с постоянной температурой глубин, а на севере такая температура наступит на месяц позже. И это при том, что Прибайкалье по годовой сумме часов солнечного сияния занимает второе место на земле после Калифорнии. Например, в байкальском селении Голоустном 2583 часа в год светит солнце, а в южном Пятигорске только 2007.

Байкальские бычки-желтокрылки выметали икру еще весной, в марте, в июне наступает пора бычков-подкаменщиков, – они живут у берегов среди обломков скал, откладывая икру на нижней плоскости камней. Интересно, что у каждого гнезда, у каждого рыбьего родильного дома стоит по рыцарю-защитнику, оберегающему будущее потомство, готовому схватиться с непрошеным гостем, даже родственником, не на жизнь, а на смерть.

У берегов Байкала в середине июня все еще жива память о зиме: ледяная вода студит окружающий воздух. Холодное дыхание озера-моря тормозит рост деревьев и трав, отважно и дерзко подбежавших к самой линии прибоя, но чуть подальше уже набирает силу острый запах ягодных кустарников, на гольцах желтеют цветы кашкары – еще одного сибирского рододендрона, обладающего целебными свойствами, и вдруг вспыхивают оранжевыми огоньками первые жарки, местная разновидность купальницы азиатской – точно комочки раскаленной лавы светятся они на своих упругих длинных стеблях даже в морочные дни. С каждым днем их факельное шествие все больше охватывает склоны гор, открытые поляны, и под каждым лиственным деревом – хоть по одной искорке. Только там, где властвует хвоя, устилающая плотным слоем землю, все еще живет прохладный сумрак и можно встретить потемневшие, прикрытые слоем опавших иголок и чешуйками коры дотлевающие сугробы.

Становится резче граница между смешанной, светлой хвойной и темной хвойной тайгой. Омоложенные нежные лиственницы, березы, выметнувшие к солнцу новенькие, мгновенно крепнущие листья, чозения – ее называют еще и даурской ивой и бальзамическим тополем, это – светлая тайга. Она соединила все оттенки от белесо-голубого, золотистого до чисто-зеленого, ее окраска мягка и весела, точно это и не сибирская тайга вовсе, а южный лес, добрый, открытый. Но вот врезался в идиллическую картину клин темных пихт, а выше видны кедры, ели, аскетические краски темно-хвойной тайги: от густо-зеленого, насыщенного темно-синего до глухого, черного. Но и среди малахитовых волн светлой тайги, взбудораженной байкальским ветром, точно рыбачьи лодки-мореходки покачиваются пятна кедрача, а на темном пространстве, как нефритовые облачка, видны березовые колки. Воздух над Байкалом – слоист: у поверхности воды – самый холодный слой, чем выше – тем теплее. Из прогретой солнцем тайги скатываются в котловину теплые воздушные потоки, они врезаются в стылый простор и сгущается влага, и туман заполняет чашу озера-моря, не смея выступить за ее края. Стоишь на светлом, солнечном берегу, над белым облаком, укрывшим славное море, и слышишь, как там, тревожно окликая друг друга, на ощупь идут суда, окутанные плотной завесой. Пришла пора байкальских туманов – значит, наступил июль.

Selbst im Juni halten sich auf der Nordseite des Baikalsees noch Eisschollen – es ist die Nachhut des langen und rauhen Winters. Porös und aufgeblasen geben sie nur ungern ihre Positionen preis. Und auf jedem dieser weißen Flecke inmitten der aquamarinblauen Weite wärmen die dunklen Baikalrobben in der Sonne ihr Fell und krächzen vor Zufriedenheit. Im Süden hingegen funkelt um diese Zeit bereits herausfordernd das Wasser, in feurigem Lila glühen der daurische Rhododendron, der wilde Rosmarin, wie ihn die Sibirier nennen, auf den Hängen, die Lärchen legen ihr frisches Nadelkleid an und tauchen jedes Zweiglein in einen zarten, reinen Glanz. Die Taiga nimmt ein festliches Aussehen an. Vielstimmig jubilieren die Vögel, die Wildtiere zieht es zum Baikalsee, um ihre Winterangst in seinem heilkräftigen Wasser abzuspülen.

Das Wasser in diesem herrlichen Meer ist um diese Jahreszeit noch kalt – ein bis zwei Grad Celsius über Null. Selbst im Süden erwärmt sich der See erst in der zweiten Junihälfte bis auf vier Grad und gleicht sich somit der ständigen Temperatur in der Tiefe an. Im Norden mißt man solche Temperaturen erst einen Monat später. Dabei steht Transbaikalien mit der Anzahl der jahresdurchschnittlichen Sonnentage an zweiter Stelle nach Kalifornien in der Welt. In dem Baikaldorf Goloustnoje beispielsweise scheint die Sonne 2583 Stunden im Jahr, im südlichen Pjatigorsk hingegen nur 2007 Stunden.

Die Baikalkaulköpfe-*Sheltokrylki* haben bereits im Frühling, im März gelaicht, im Juni kommt dann die Zeit für die Kaulköpfe-*Podkamenstschiki*. Sie leben am Ufer unter Felsbrocken und laichen auf der unteren Steinfläche. Vor jedem Nest, vor jedem Entbindungsheim dieser Fische steht ein Ritter auf Wacht, der die künftige Generation beschützt und bereit ist, mit jedem ungebetenen Gast, selbst mit einem Verwandten, einen Kampf auf Leben und Tod aufzunehmen.

Am Ufer des Baikalsees ist selbst im Juni noch die Erinnerung an den Winter wach: Das eiskalte Wasser kühlt selbst die Luftmassen ab. Der Eiseshauch des Sees hemmt das Wachstum von Bäumen und Gräsern, die mutig und verwegen sich bis an die Brandung wagen, doch schon etwas weiter fort ist die Luft vom würzigen Duft der Beerensträucher erfüllt, auf den kahlen Felsspitzen leuchten gelb die sibirischen Alpenrosen, noch eine Art des sibirischen Rhododendrons, der bekannt ist für seine heilkräftigen Eigenschaften.

Hier und da leuchten in orangenfarbenem Feuer die ersten *Sharki*, eine Art der asiatischen Trollblume. Wie kleine glühende Lavakugeln leuchten sie selbst an trüben Tagen weithin sichtbar auf ihren festen, langen Stengeln. Mit jedem Tag breiten sich ihre Fackelzüge weiter aus über Berghänge und Wiesen. Unter jedem Nadelbaum leuchtet für gewöhnlich so eine funkelnde Blüte. Nur in den Nadelwäldern, wo Kiefernnadeln in dicker Schicht den Erdboden bedecken, hält sich die kühle Dämmerung, und man kann in dunkle, allmählich schmelzende Schneewehen geraten, die unter der dichten Schicht abgefallener Tannennadeln und Baumrinde verborgen liegen.

Deutlicher zeichnet sich die Grenze zwischen der Mischwald-, der hellen Nadelwald- und der dunklen Nadelwaldtaiga ab. Die wie verjüngt wirkenden, zarten Lärchenbäume, die Birken, die ihre jungen kräftigen Blätter der Sonne entgegenstrecken, und die *Thosenija* – sie wird auch daurische Weide oder Balsampappel genannt – bilden die lichte Taiga. Sie vereinigt in sich alle Farben von Weißlichhellblau, Goldfarben bis zu klarem Grün, es sind zarte und fröhliche Farben – eigentlich kaum sibirische Taiga, eher ein südlicher Wald, gütig und licht. Doch in diese idyllische Landschaft schiebt sich ein Keil dunkler Fichten, etwas höher erblickt man Zedern und Tannen, es sind die asketischen Farben der dunklen Nadelwaldtaiga: dunkles Grün, sattes Dunkelblau und Pechschwarz. Aber selbst zwischen den malachitfarbenen Streifen der lichten Taiga, die von den Baikalwinden derb geschüttelt wird wie Fischerboote, wiegen sich Zedernflecken, und in der dunklen Weite zeichnen sich wie Jadewölkchen die Wipfel der Birken ab. Auch die Luft am Baikalsee ist geschichtet: unmittelbar an der Wasseroberfläche lagert die kühlste Schicht, sie erwärmt sich in den höheren Lagen. Aus der sonnendurchwärmten Taiga wallen warme Luftströme in den Talkessel, sie dringen vor in die kalte Weite und verdichten die Feuchtigkeit. Dann breitet sich Nebel aus überm See, erdreistet sich jedoch nicht, über die Ufer zu treten. Man steht am lichten sonnigen Gestade, zu den Füßen wallen weiße Wolken, sie haben den herrlichen See eingehüllt, und man hört, wie dort, auf dem Wasser unruhig einander anrufend, die Schiffe sich durch den dichten Vorhang des Nebels vorantasten. Die Zeit der Baikalnebel ist angebrochen – man schreibt den Monat Juli.

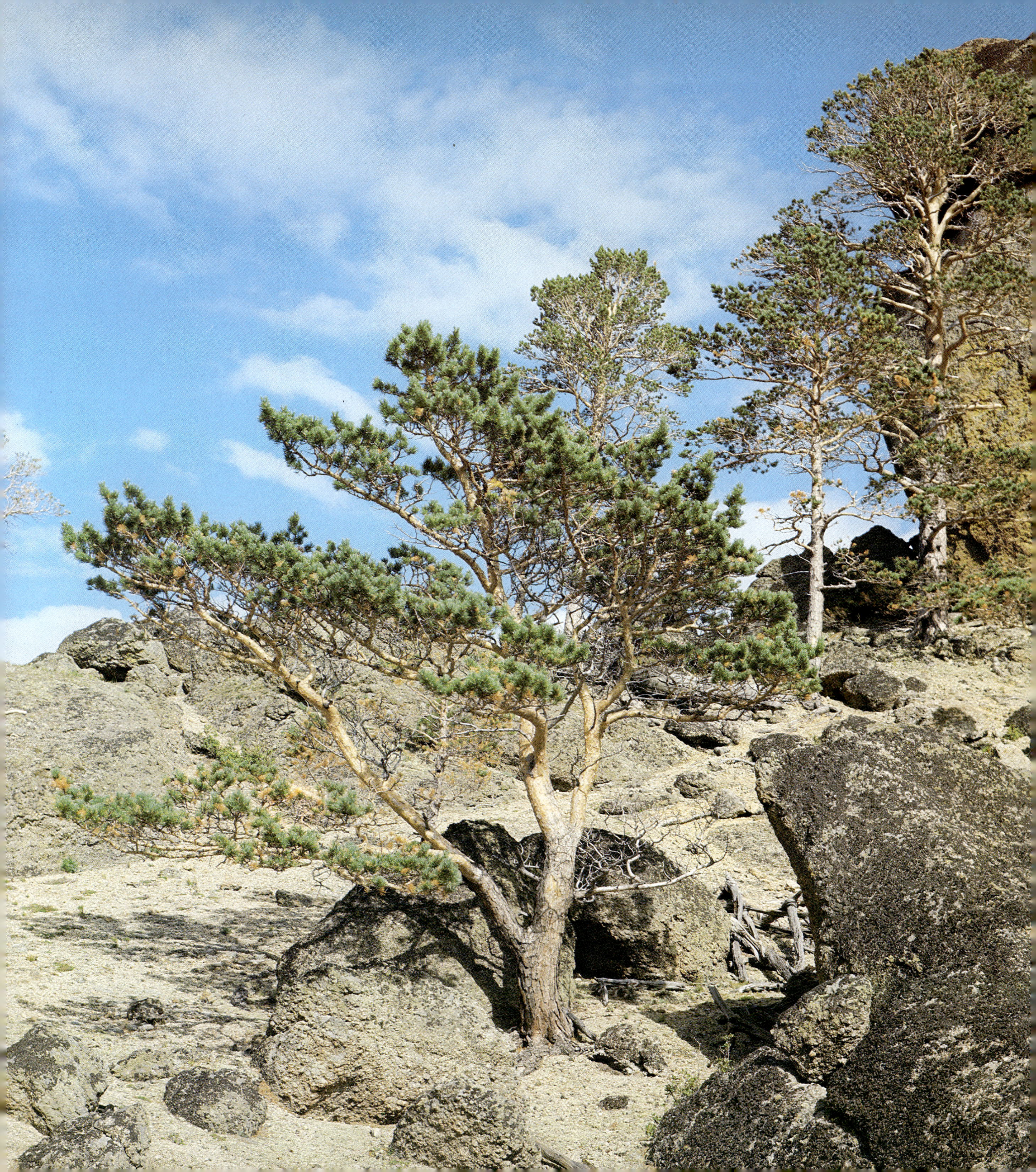

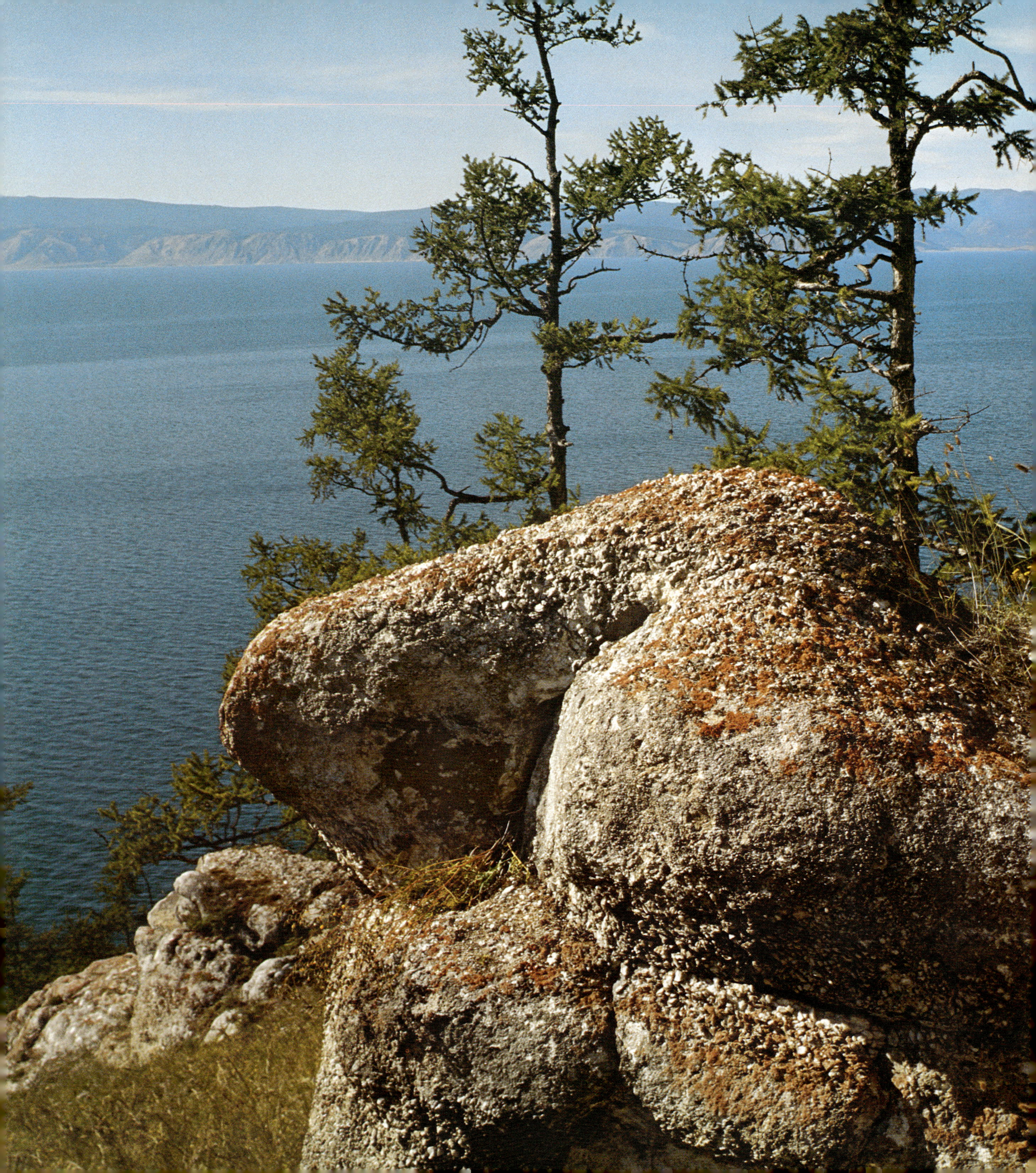

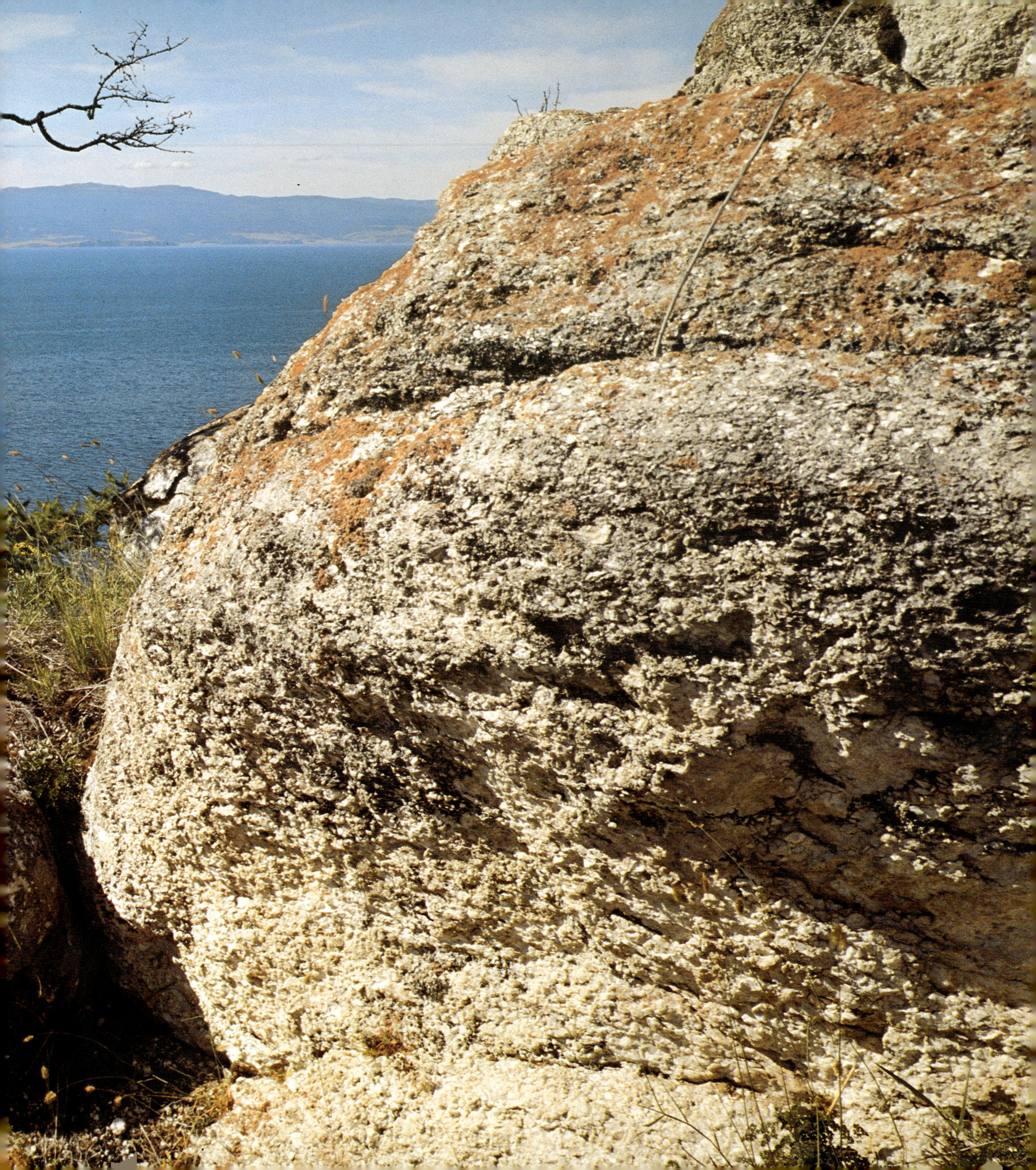

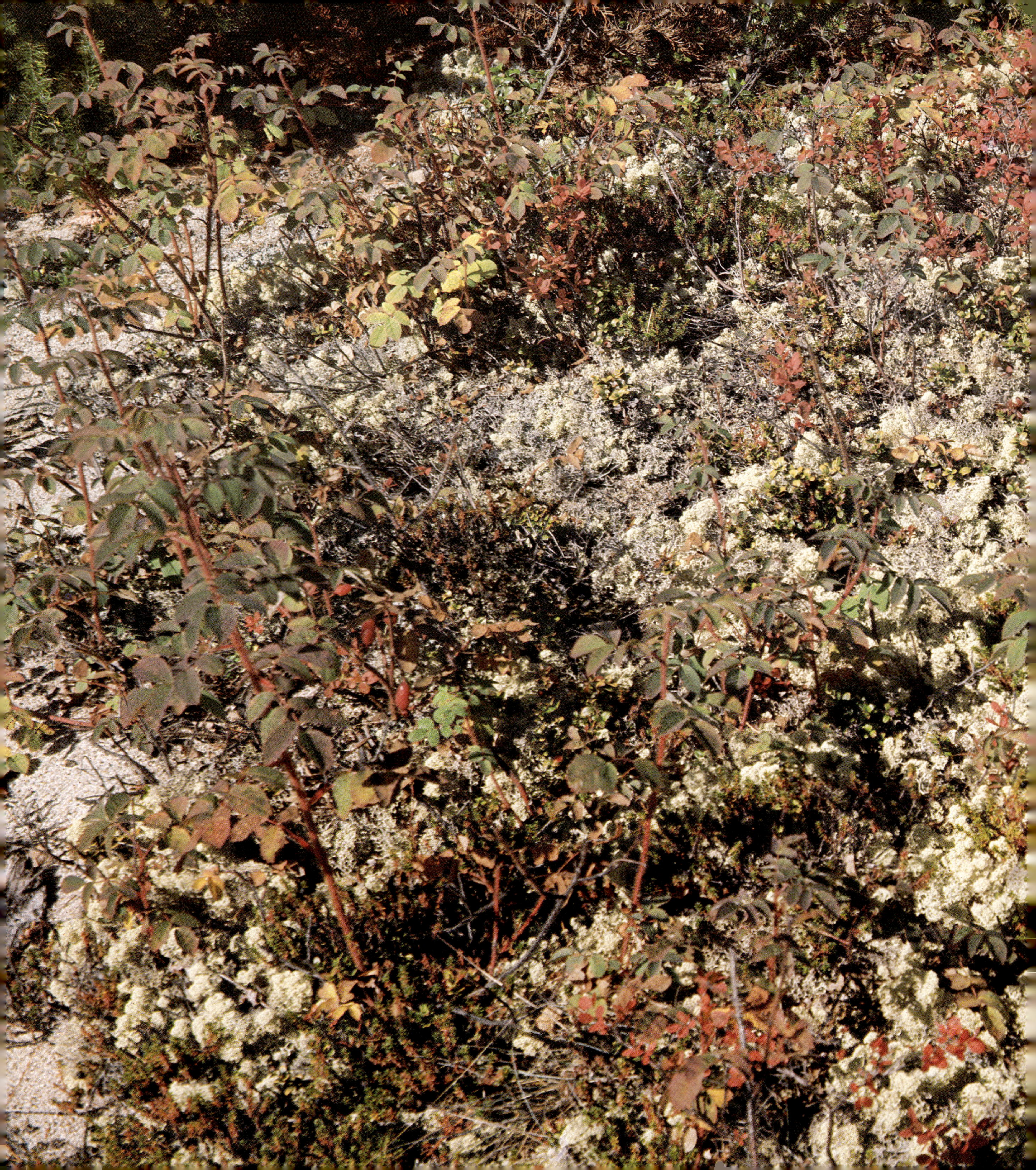

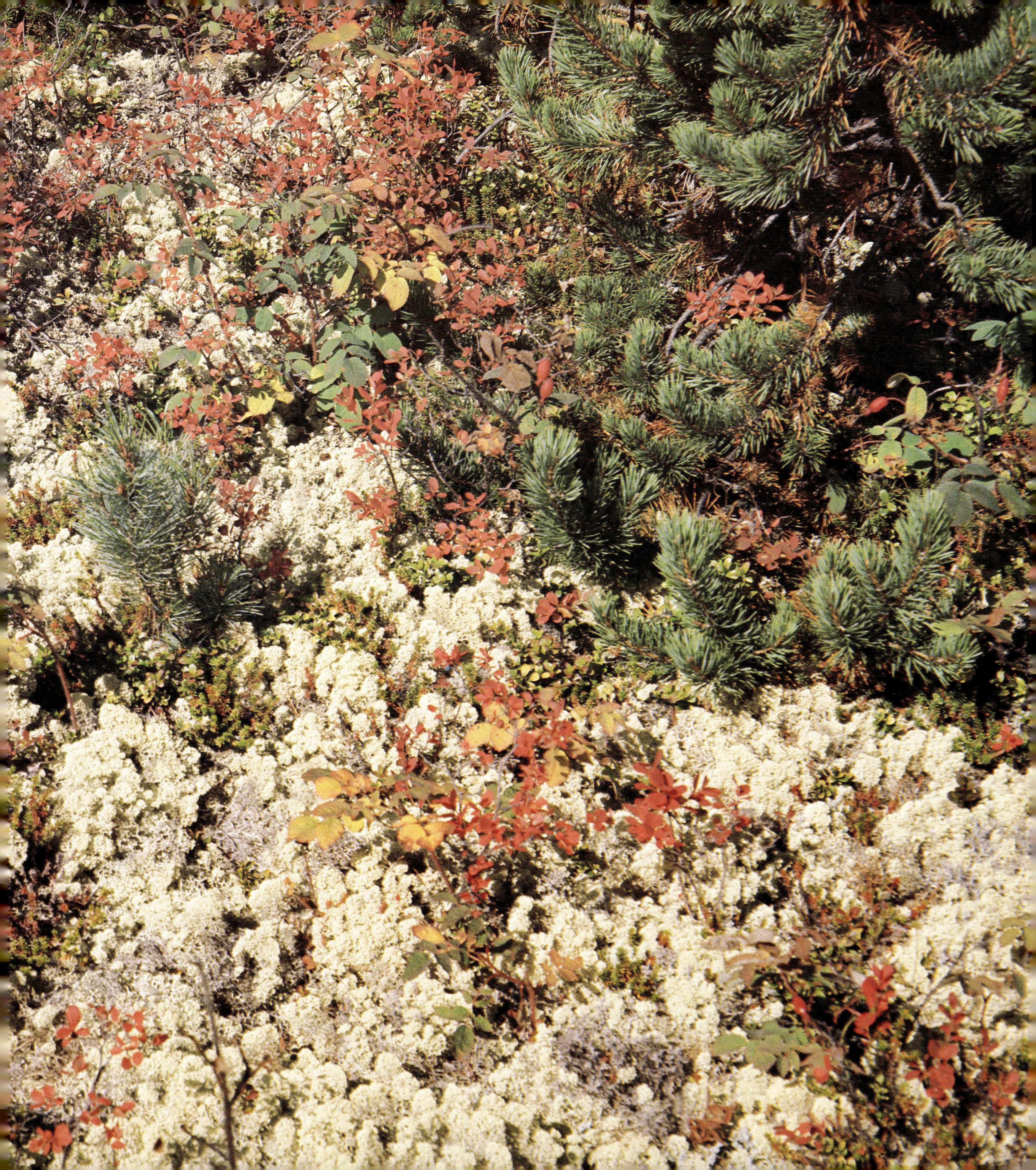

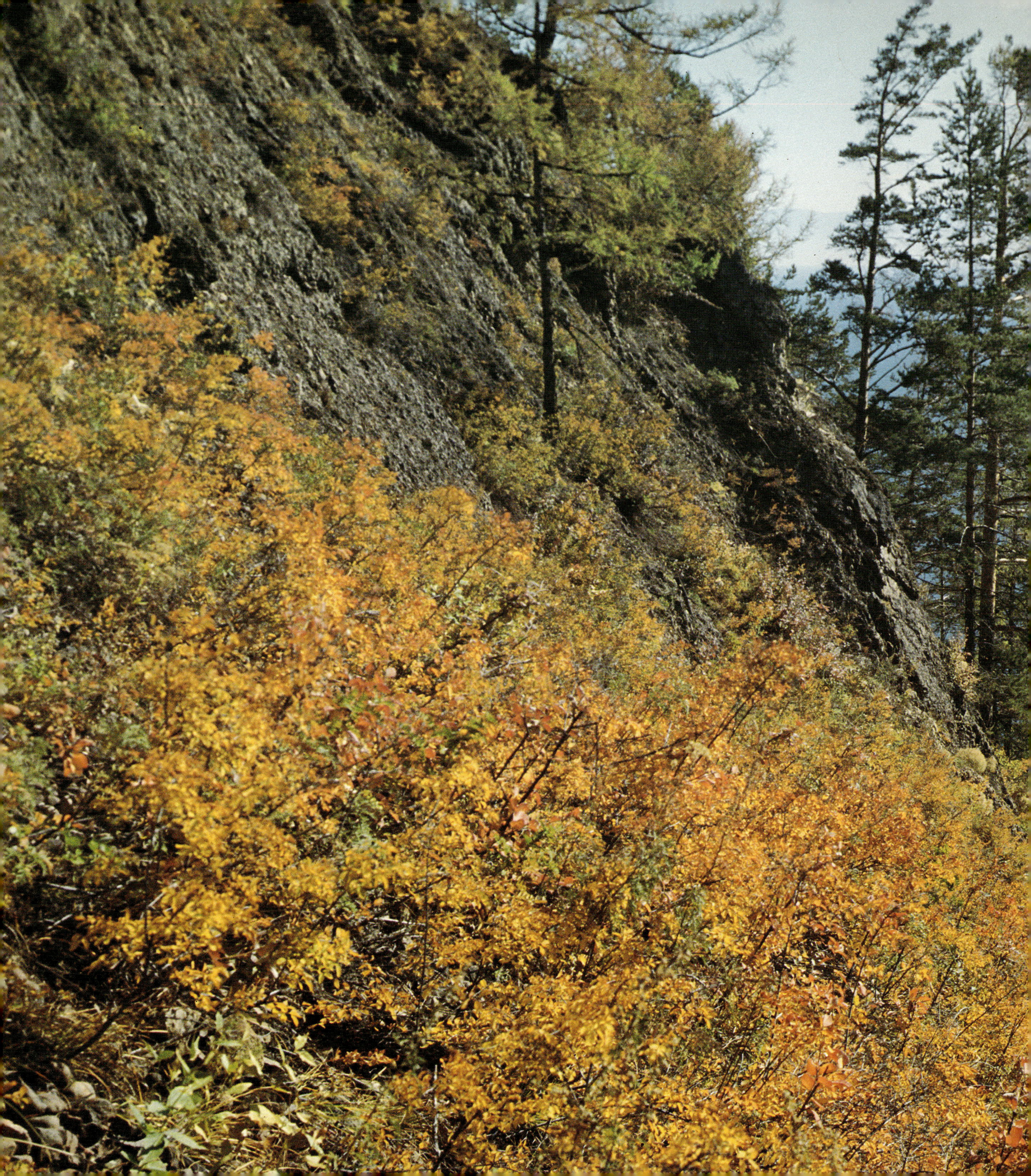

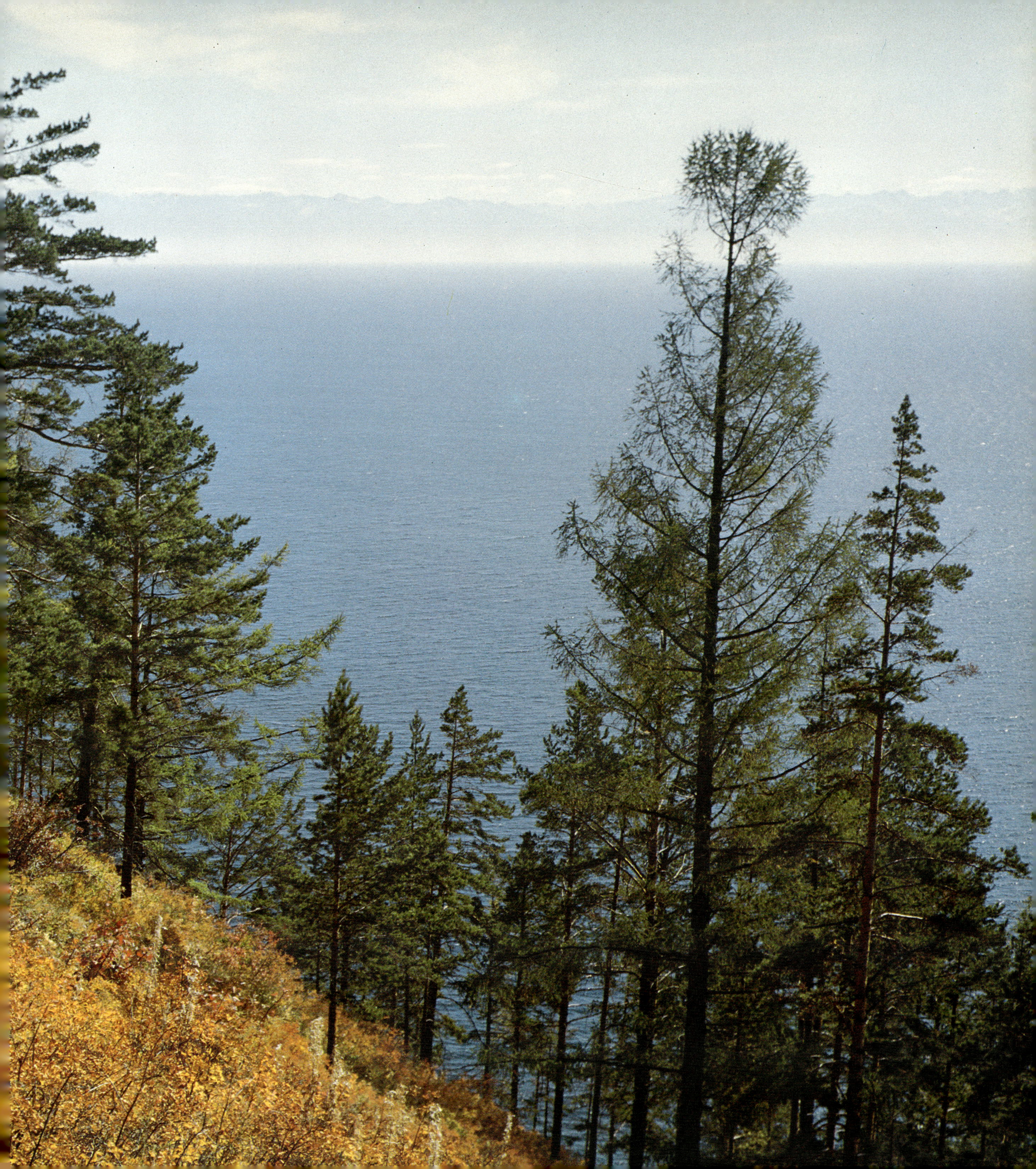

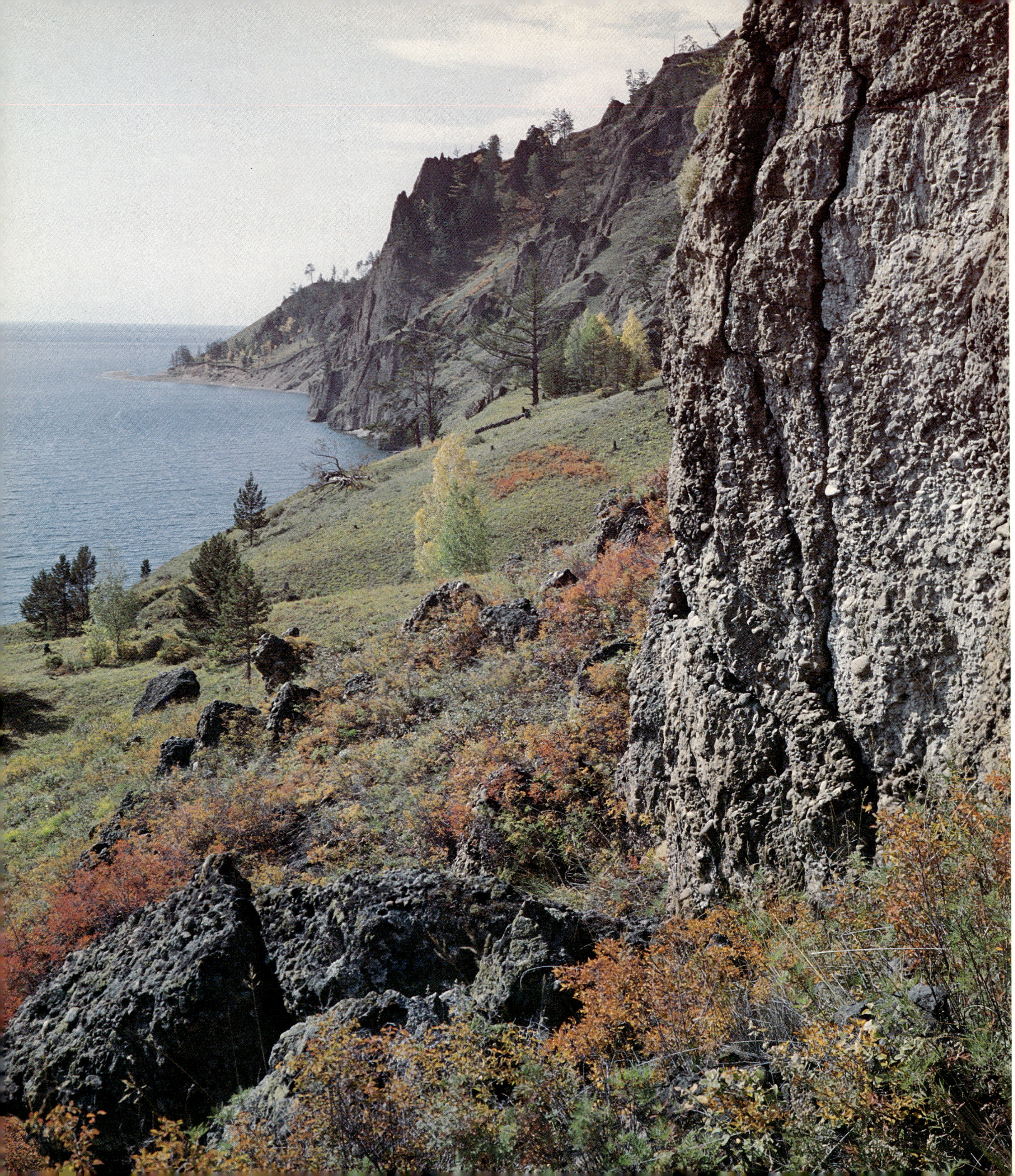

. . .мысль, соприкасаясь с природой, вспыхивает, оживает; сам человек встает весь – происходит какое-то восстановление нарушенной гармонии.

Михаил Пришвин

. . . ein Gedanke, der mit der Natur in Berührung kommt, flammt auf und wird lebendig; der Mensch richtet sich auf zu voller Größe und die gestörte Harmonie triumphiert.

Michail Prischwin

В конце июня, июле и августе, точно гнезда небывалых птиц, возникают в прибрежных кустах и на диких скалах разноцветные палатки. Тысячи туристов приходят к Байкалу, чтобы испить его воды, чтобы сохранить в душе его одухотворенный облик – солнечную рябь, зеленоватую, точно настоянную на травах, таинственно мерцающую влагу, песок, промытый за двадцать пять миллионов лет жизни Байкала, камни, обточенные временем, сосны, взобравшиеся на крутизну, пушистые пепельные ковры лишайников, многоцветные волны тайги – светло-хвойной, темно-хвойной, скалы, поросшие кедровым стлаником, перепутанные цепкие ветви которого готовы содрать одежду с любого, кто попытается преодолеть их заросли.

Очарованному путнику Байкал приоткроет свои чертоги, распахнет свои укромные бухты, столь разные, столь несхожие, точно собрала их мать-природа из разных морей – Белого и Черного, Северного и Средиземного, да и врезала в двухтысячекилометровую береговую линию Байкала.

Бухта Песчаная создана по всем правилам гармонии: с чистой дугой берега, с двумя каменными мысами, похожими на сигнальные башни, – Большим Колокольным и Малым Колокольным, с невиданными лиственницами, бегущими на ходулях по бархатному песку. От ветров укрыли ее каменные ладони скал, вставших за ее спиной. Фантазия отыскала среди них и Будду, и Жандарма, поименовала каждую гору и горушку. Если подняться на Скалу обзора, видны бухточки поменьше – Бабушка, Дедушка, Внучка – целый мир добрых человеческих отношений, вписанный в топонимику славного моря.

После суровой красоты Песчаной бухта Посольская, расположенная напротив, покажется по-южному открытой, просторной, совсем крымской: с длинными, уходящими далеко в море косами, которые здесь называются каргами, со старинным храмом, поставленным два века назад на месте гибели русского посольства, потому-то бухта носит такое название. Когда-то через Байкал на парусных судах переправляли сюда декабристов, следовавших на Нерчинскую каторгу, и в их записках сохранились воспоминания о жестоких бурях, от которых спасала их тишина бухты, где естественными преградами для необузданных валов становились те самые косы-карги. Таков Посольский залив, или, как здесь говорят, – сор. Этим словом в Сибири обозначают хорошо прогреваемые прибрежные закрытые заливы со своим микроклиматом, своими водорослями, своими рыбами.

На восточном берегу Северного Байкала находится поселок Давше: несколько домиков на обширной поляне, загороженной с трех сторон лесом, а с четвертой – озером. Здесь начинаются заповедные места, где зверь и птица не слышат выстрелов, рыба не знает сетей – девственный уголок планеты, сохраняющий мир таким, каким он был тысячи лет до нас. Баргузинский заповедник сохранил в тайге соболя и медведя, и малюсенькую мышку-бурозубку весом в два грамма, и тяжелого, но легконогого лося, и шуструю белку, и вкрадчивую рысь. Весь мир Байкала от камешка, обточенного валом, до внесенных в Красную книгу альпийских маков, уникален. И так боязно нарушить его ранимую душу, что все время говоришь себе: осторожно – Байкал.

Ende Juni, im Juli und August leuchten zwischen den Sträuchern und auf den wilden Felsen bunte Zelte wie die Nester von Märchenvögeln. Tausende Touristen kommen zum Baikalsee, um sein Wasser zu trinken, um sich an seinem Anblick zu erfreuen – die irrisierenden Sonnenstrahlen, die grünliche geheimnisvoll flimmernde Feuchtigkeit, die an ein lebenspendendes Elixier aus Gräsern erinnert, der Sand, der in fünfundzwanzig Jahrmillionen vom Baikalsee überspült wurde, die von der Zeit geschliffenen Steine, die Kiefern, die die Steilhänge erklettern, die flaumigen, aschfarbenen Teppiche der Flechten, die Farbschattierungen der Taiga in Hellgrün und Dunkelgrün, die Felsen, bewachsen mit dem Krummholz der Zedern, deren bizarre Zweige bereit sind, sich überall festzuklammern und jedem die Kleider zu zerreißen, der es wagt, durch ihr Dickicht zu streifen.

Dem verzauberten Wanderer bietet der Baikal seine idyllischsten Stellen, seine anheimelnden Buchten, die so unterschiedlich und verschiedenartig sind, als habe Mutter Natur sie von allen Meeren zusammengeholt – vom Weißen Meer und vom Schwarzen Meer, vom Nordmeer und vom Mittelmeer – und sie in den zweitausend Kilometer langen Uferstreifen des Baikalsees gesetzt.

Die Pestschannaja-(Sand-) Bucht scheint nach allen Regeln der Harmonie erschaffen: mit dem klaren Uferbogen, mit den zwei steinernen Kaps, die an Signaltürme erinnern – dem Großen Glockenkap und dem Kleinen Glockenkap – mit den herrlichen Lärchen auf dem sammetweichen Sand. Die steinernen Arme der Felsen schützen die Bucht vor Winden. Die menschliche Phantasie hat in ihnen die Gestalt eines Buddhas und eines Gendarmen entdeckt und hat jedem Berg und Hügel einen Namen verliehen. Wenn man die Aussichtsplattform des Felsens besteigt, so bieten sich dem Betrachter auch die kleineren Buchten dar – Großmutter, Großvater und Enkelin – eine ganze gütige Menschenwelt, die in die Toponymik des herrlichen Sees geschrieben wurde.

Nach der rauhen Schönheit der Pestschannaja-Bucht erscheint die Posolskaja-(Gesandten-) Bucht gegenüber südlich offen und weit und erinnert an die Krimküste: Mit ihren langen, weit ins Meer hinausragenden Landzungen, die hier *Kargen* genannt werden, mit dem altertümlichen Gotteshaus, das vor zwei Jahrhunderten an der Stelle der vernichteten russischen Gesandtschaft errichtet wurde, was auch den Namen dieser Bucht erklärt. Einstmals schwammen die Dekabristen auf ihrem Weg zur Zwangsarbeit nach Nertschinsk auf Segelschiffen über den Baikalsee hierher. In ihren Aufzeichnungen blieben Erinnerungen an jene wilden Stürme erhalten, vor denen sie die Stille der Bucht rettete, in der eben jene Landzungen als natürliche Schranken gegen die ungezähmten Wogen dienten. Das ist der Gesandten-Sund, oder wie man hier auch sagt *Sor*. Mit diesem Wort werden in Sibirien gut erwärmte, geschlossene Sunde in Ufernähe bezeichnet, die ein eigenes Mikroklima, eine eigene Algen- und Fischwelt besitzen.

Am Ostufer des Nördlichen Baikalsee liegt die Siedlung Dawsche: Sie besteht aus mehreren Häuschen auf einer großen Waldwiese, die von drei Seiten von Wald geschützt ist und mit der vierten Seite dem See zugewandt ist. Hier beginnt das Naturschutzgebiet, wo Wildtiere und Vögel keine Schüsse erschrecken, wo die Fische nicht ahnen, was Fischernetze sind – es ist ein unberührter Erdenwinkel, in dem alles so erhalten geblieben ist, wie vor Jahrtausenden. Im Bargusinski-Naturschutzgebiet leben in der Taiga Zobel und Bär und die winzig kleine Maus *Burosubka,* die nur zwei Gramm wiegt, der schwere hochbeinige Elch, das muntere Eichhörnchen und der schlaue wachsame Luchs. Die Welt am Baikalsee mit den von den Wellen geschliffenen Steinen bis zu dem ins Rote Buch eingetragene Alpenmohn ist einmalig. Und so leicht verletzbar erscheint seine Seele, daß man auf Schritt und Tritt unwillkürlich denkt: Hab acht auf den Baikalsee.

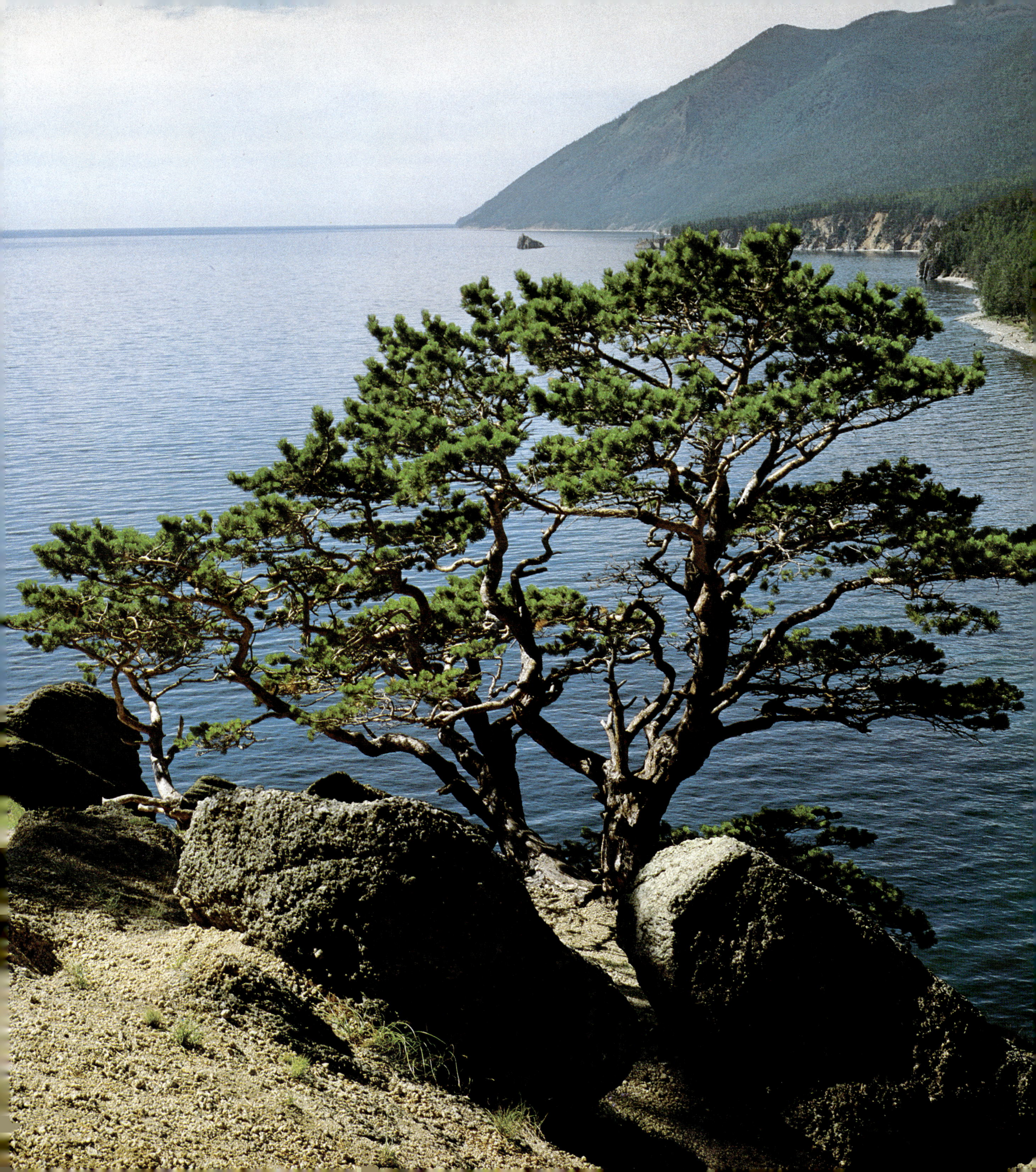

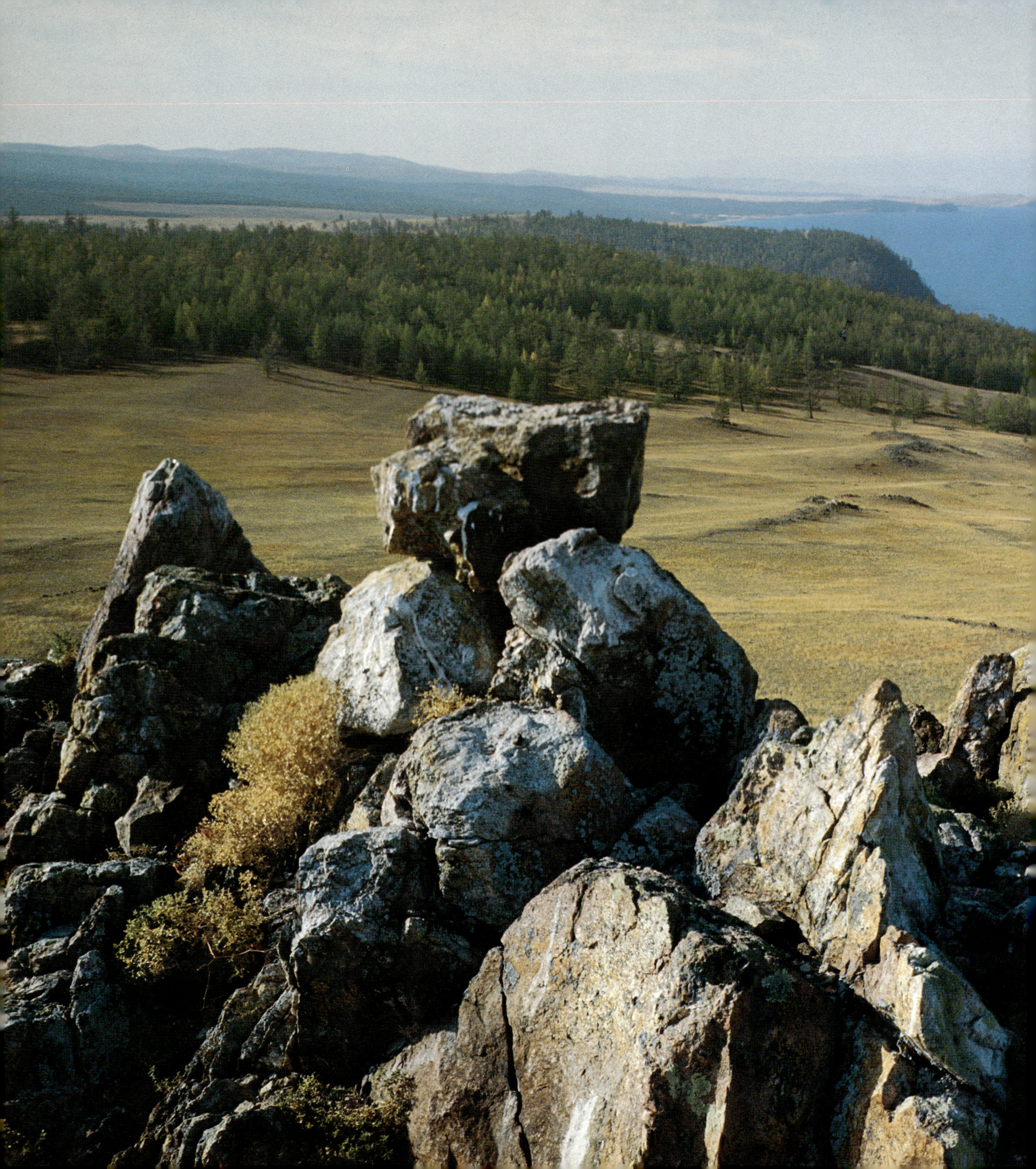

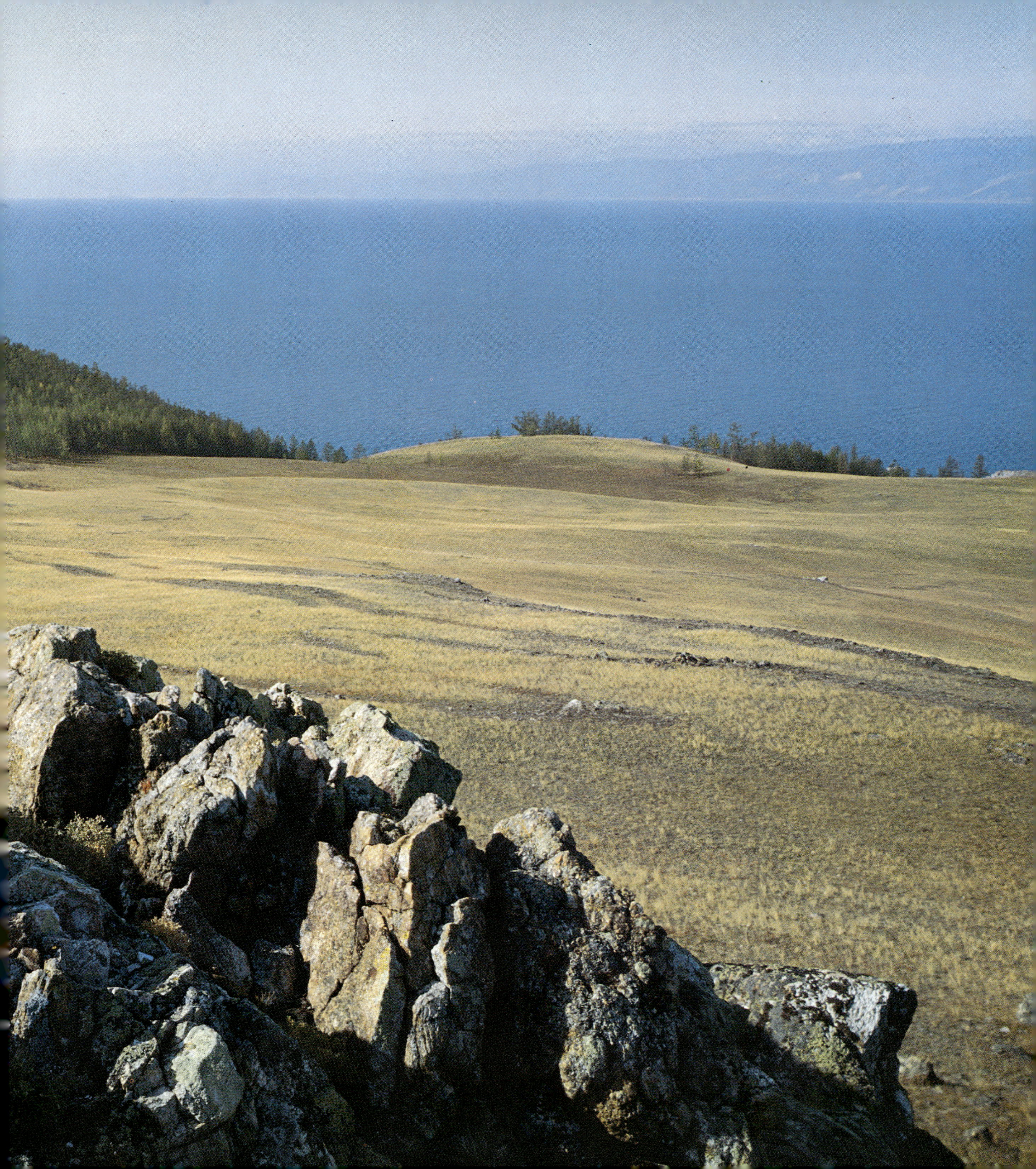

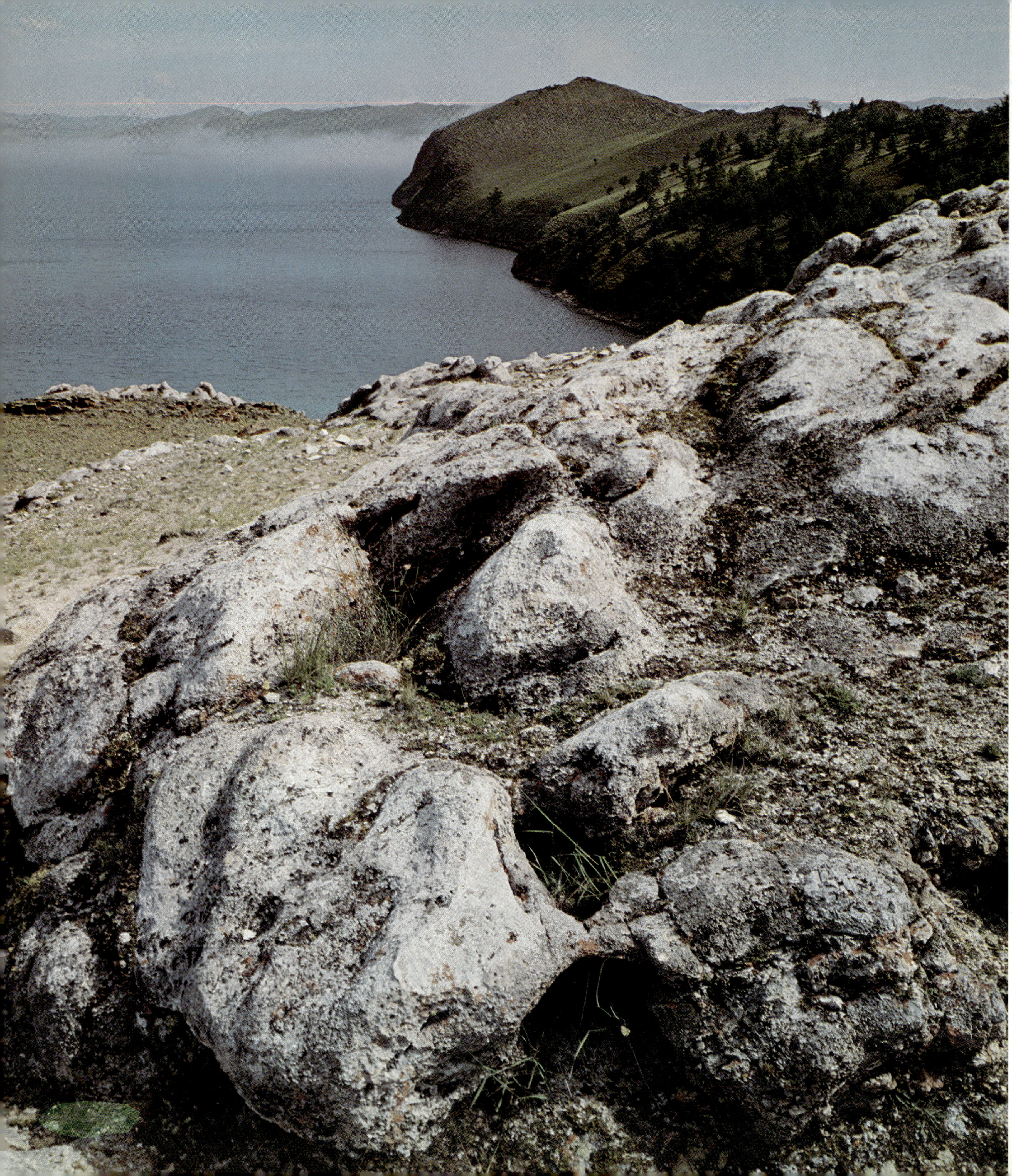

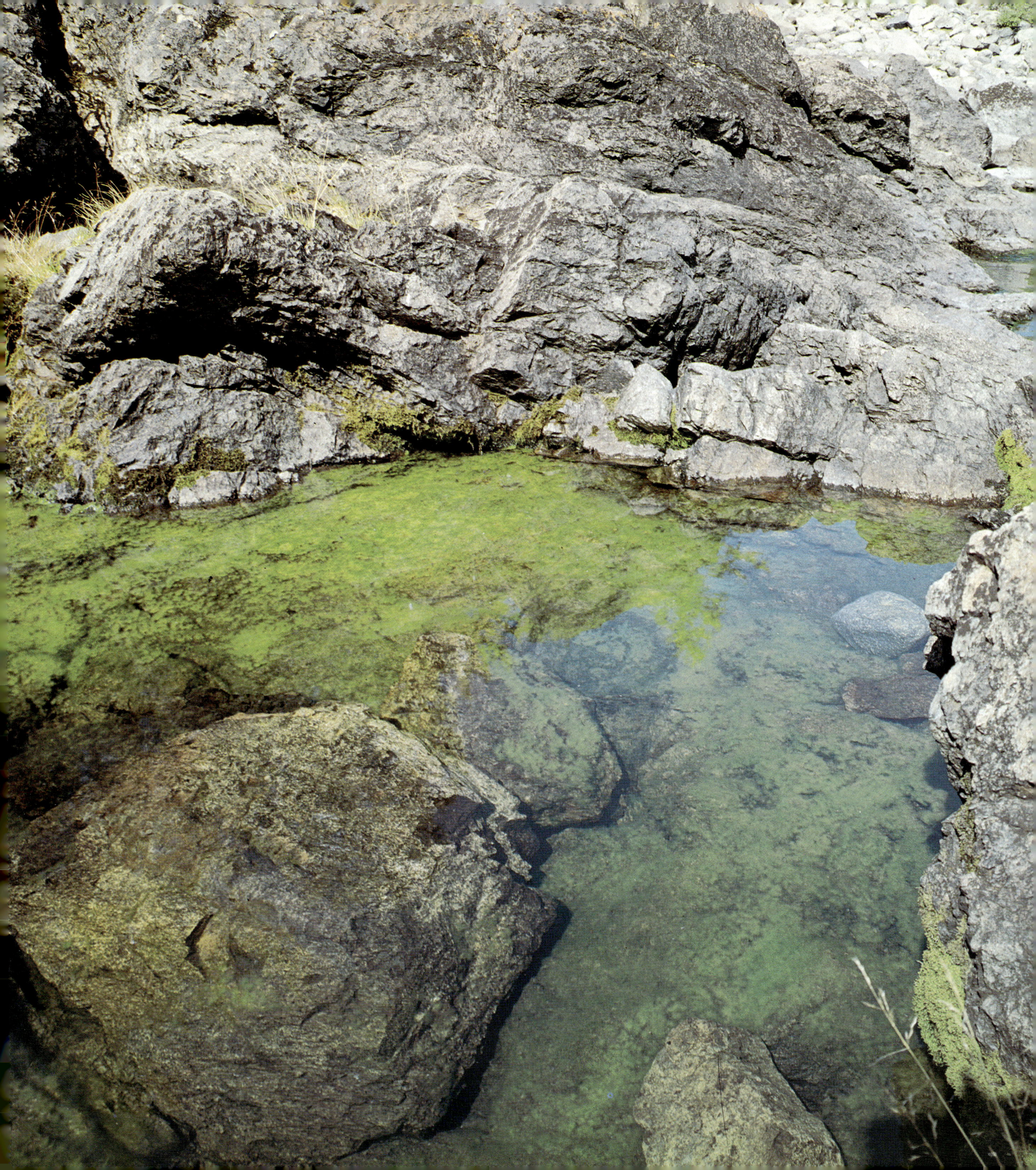

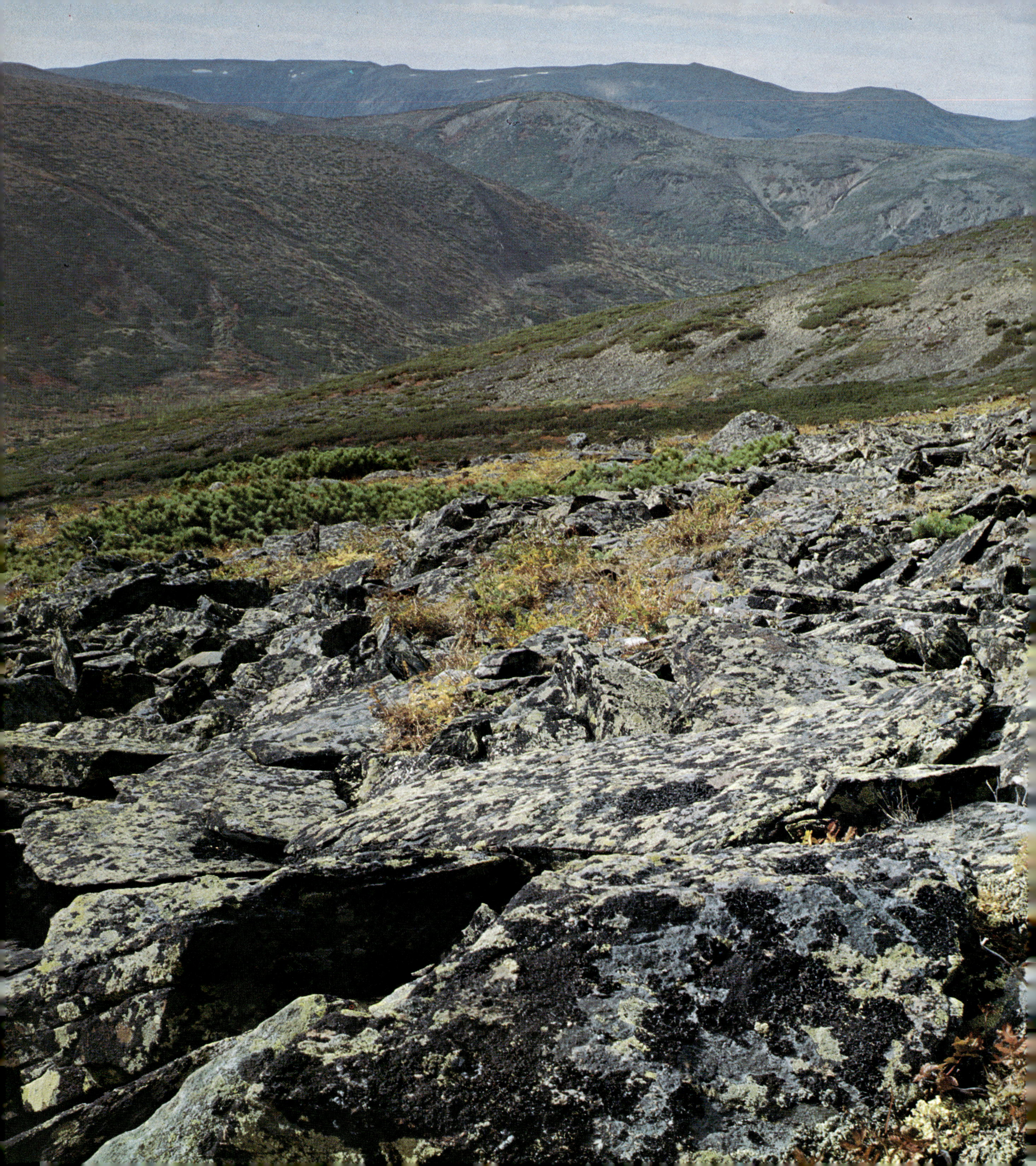

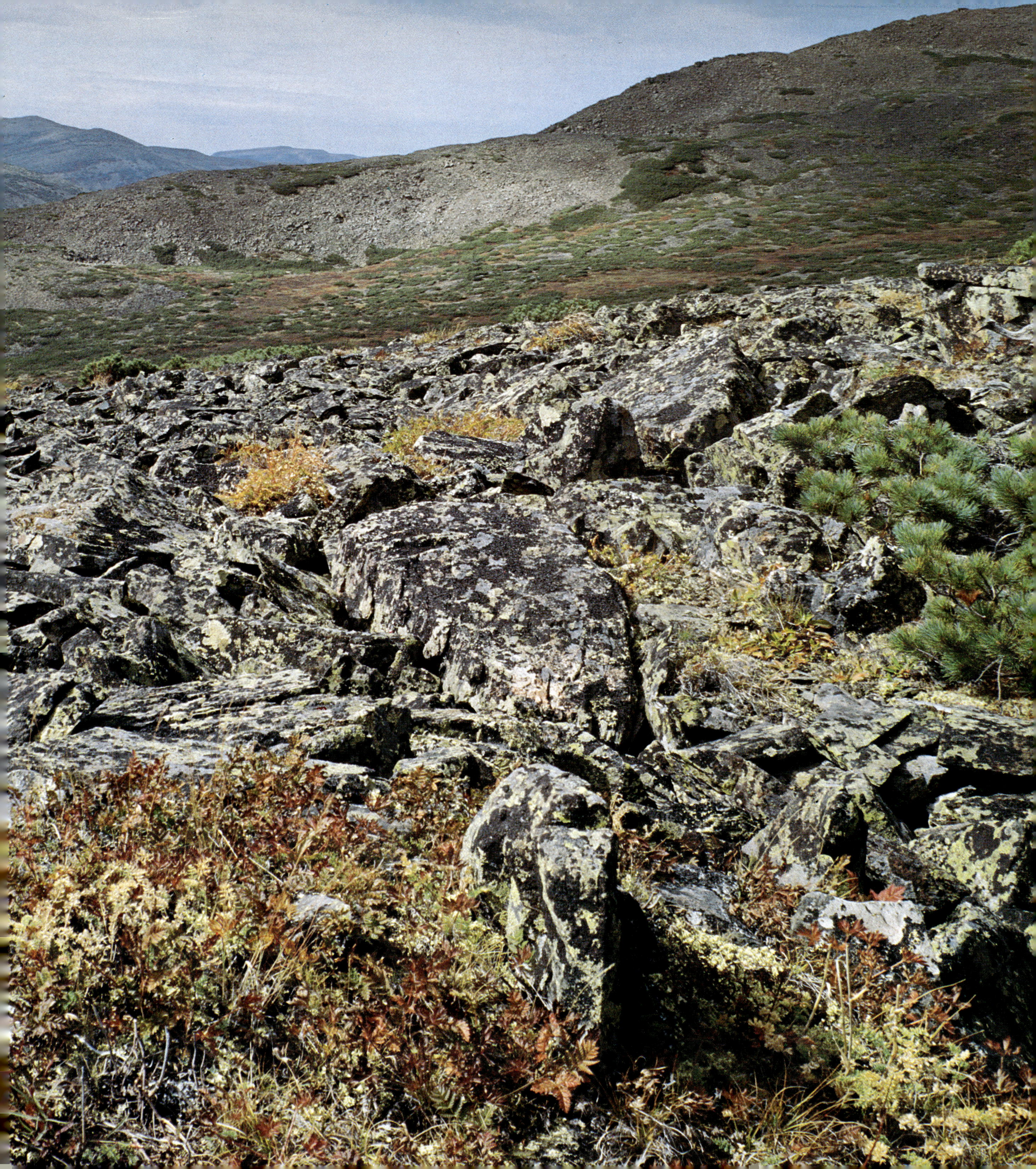

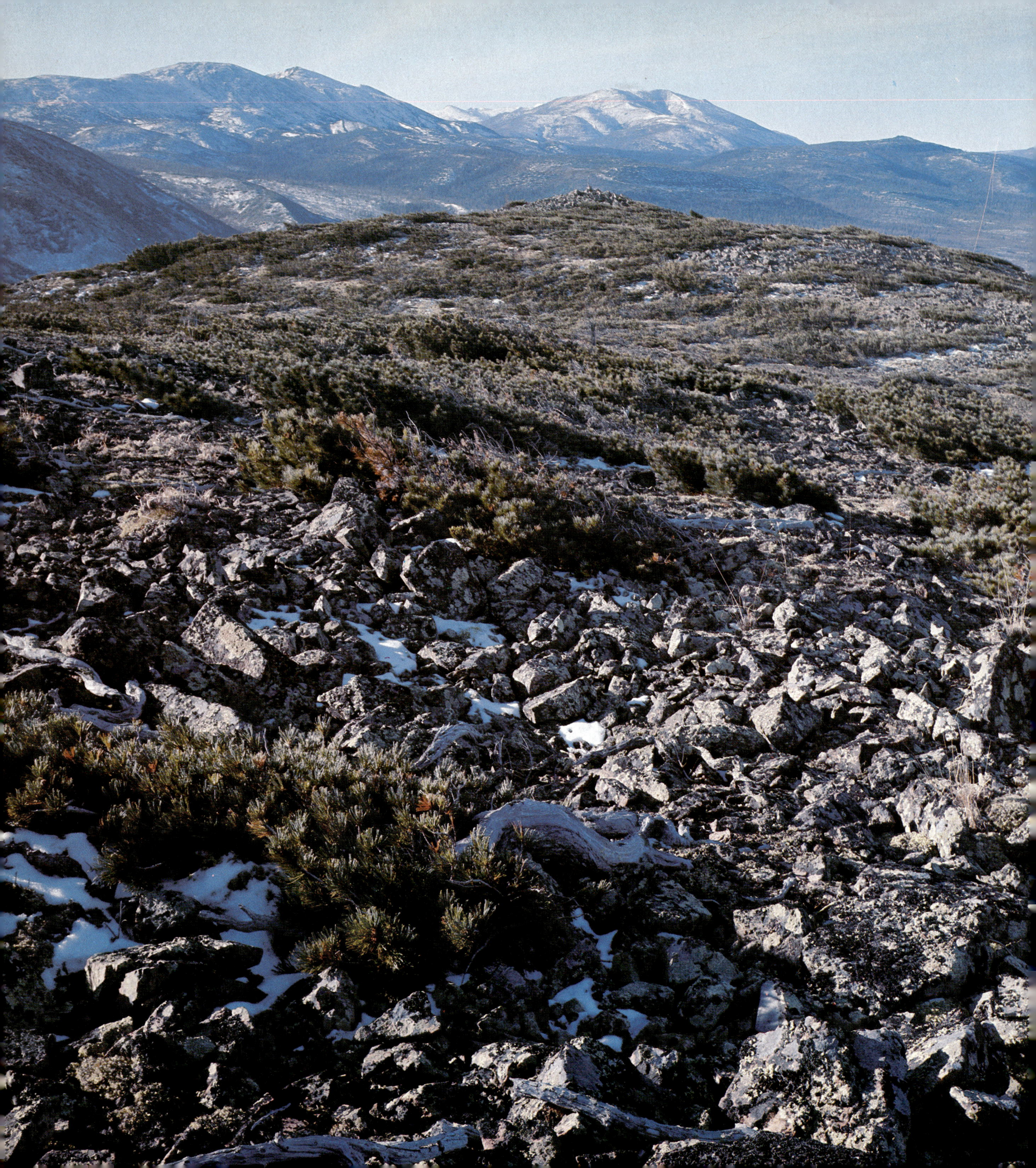

Природа слишком сильна и своеобразна... Она позволяет приблизиться к ней только путем творческой фантазии.

Иван Гончаров

Die Natur ist zu stark und originell... Man kann sich ihr nur mit schöpferischer Phantasie nähern.

Iwan Gontscharow

Пространство, которое Байкал облагает водной данью, сравнительно невелико – 557 тысяч квадратных километров, чуть больше Испании или Франции. Речушки, такие маленькие, что пересыхают от июльского зноя и останавливаются первым морозом, торопясь по крутизне, несут старику ясак. Побольше воды несут речки, тоже не слишком-то мощные, но каждая из них чем-то знаменита: из долины одной вылетает злой ветер сарма, носящий ее название, в долине другой – Турки – бьют горячие минеральные источники и сюда в небольшой курорт Горячинск приезжают лечиться. В старину каждый исцеленный оставлял в дар камень, и из камней этих складывали целые пирамиды. Скромная Похабиха, названная так в честь первопроходца Якова Похабова и его брата Ивана, вдруг набухнет селем: смесью воды, серой грязи и камней – и несет его вниз, разрушая все на своем пути. Эти реки тихи и немноговодны до поры до времени. Но стоит затянуться августовским дождям, бушуют, рвутся из берегов, летят они на бешеной скорости – в Байкал.

Давно уже спорят: сколько у сибирского моря сыновей-притоков. В середине нашего века ученые насчитывали 336, теперь – меньше: около 300. Три четверти годового сбора (а он равен 58,8 км^3 воды) приносят всего три притока – Селенга, Верхняя Ангара и Баргузин, остальную четверть доставляют Байкалу эти небольшие реки.

Русло Баргузина вытянулось на 387 километров (7 процентов годичного стока в Байкал). Севернее Баргузина и его притоков у самого озера лежит заповедная, охраняемая земля. На ней буйствуют нетоптаные травы, ее застилают реликтовые папоротники, и егери скашивают здесь зеленые покровы лишь для того, чтобы зимой, когда глубокий снег станет грозить звериному народу голодом, наполнить духмяным сеном высокие клинообразные кормушки, чтобы снизу мог схватить клок зайчишка, повыше – косуля или кабарга (маленький мускусный олень), а с самого верху – длинноногий лось. Баргузинский заповедник – один из старейших не только в Сибири, но и в стране. Когда исчез соболь в богатых дичью и зверем угодьях бескрайней тайги, решено было сберечь знаменитого на весь мир соболя баргузинского кряжа, отличающегося очень темным и красивым мехом. Огромный кусок земной поверхности с горами и реками, с нетронутой тайгой был объявлен Баргузинским заповедником. Его площадь – более 260 000 га. Заповедной стала и трехкилометровая полоса Байкальского берега, где запрещена рыбная ловля на акватории в 15 000 га – целое Подлеморское государство (эти места местные жители называют Подлеморьем) со своими законами. Созданное когда-то лишь для сохранения соболя, декретом Советской власти оно взяло под защиту и зверя, и птицу, и деревья, и траву.

В 1970 году на территории Бурятии, прилегающей к славному морю, создан еще один заповедник – Байкальский, площадью 165 000 га.

В два раза больше воды, чем Баргузин, приносит озеру Верхняя Ангара – самая северная река Байкала, но и она, дающая 14 процентов годового притока рек, кажется маленькой по сравнению с Селенгой. Родившись на просторах Монголии ручейком, Селенга набирается силы, крепнет, вбирая попутно воду небольших рек и речек, полнеет и, одолев расстояние в 1590 километров, мощным потоком входит в Байкал и веером растекается по озеру-морю, не сразу смешивая свою желтоватую струю с его голубизной.

В большие и малые реки приходят на нерест и омуль, и сибирская форель – хариус, и сиг, и осетр. Вал за валом идет рыба в свой срок через быстрины, выметывает икру и опустошенная, ослабевшая скатывается в Байкал, чтобы здесь в тишине, в зеленом подводном покое вернуться к жизни.

Die Fläche, die der Baikalsee einnimmt, ist verhältnismäßig gering – 557 000 Quadratkilometer, etwas größer als Spanien oder Frankreich. Flüsse, so klein, daß sie in der Julihitze versiegen und beim ersten Frost zufrieren, eilen die Hänge hinab und zollen dem ehrwürdigen Baikal ihren Tribut. Ebenso tragen auch andere kleine Flüsse ihr Wasser in den Baikal, zwar sind es keine machtvollen Ströme, doch sind sie aus verschiedenen anderen Gründen berühmt. Aus dem Tal des einen stürmt der böse *Sarma*, der dem gleichnamigen Flüßchen den Namen gab, im Tal eines anderen, des Turka, sprudeln Mineralquellen aus dem Boden und Heilsuchende kommen hierher in den kleinen Kurort Gorjatschinsk zur Behandlung. In alten Zeiten hinterließ jeder Geheilte an dieser Stätte einen Stein. Aus ihnen wurden ganze Pyramiden errichtet. Der bescheidene Pochabicha, so benannt zu Ehren der Entdecker, der Gebrüder Jakow und Iwan Pochabow schwillt unerwartet an: Er trägt eine Mischung aus Wasser, grauem Schlamm und Geröll ins Tal hinab und reißt alles auf seinem Weg nieder. Diese Flüsse sind nur vorübergehend wasserarm und harmlos. Wenn der Augustregen einsetzt, treten sie ungestüm über ihre Ufer und strömen mit irrsinniger Geschwindigkeit talabwärts zum Baikalsee.

Seit langem streiten sich die Gemüter darüber, wie viele Söhne der altehrwürdige Baikalsee besitzt. In der Mitte unseres Jahrhunderts zählten Wissenschaftler 336 Zuflüsse, heute sind es etwas weniger – ungefähr 300. Dreiviertel der jährlichen Wassermenge, das sind 58,8 Kubikkilometer Wasser, bringen allein drei Flüsse auf – Selenga, Obere Angara und Bargusin, das restliche Viertel wird von den eben erwähnten kleinen Flüssen bestritten.

Das Flußbett des Bargusin erstreckt sich über 387 Kilometer (7 Prozent des Jahreszustroms in den Baikalsee). Nördlich vom Bargusin und seinen Nebenarmen erstreckt sich unmittelbar am See ein unter Naturschutz stehendes Gelände. Hier gedeihen Gräser, die keines Menschen Fuß niederstapft und Reliktefarnkraut. Die Waldhüter mähen hier die grünen Teppiche lediglich, um im Winter, wenn die Wildtiere im tiefverschneiten Wald von Hunger bedroht sind, die Futterkrippen mit Heu zu füllen. Moschustier und der hochbeinige Elch stillen dann ihren Hunger. Das Bargusin-Naturschutzgebiet ist eines der ältesten nicht nur in Sibirien, sondern überhaupt in der Sowjetunion. Als der Zobel aus der vogel- und tierreichen, schier endlosen Taiga verschwand, wurde beschlossen, aus den Bargusinländereien den weltberühmten Zobel, der sich durch ein besonders dunkles, schönes Fell unterschied, unter Naturschutz zu stellen. So wurde ein riesiges Gebiet mit seinen Bergen und Flüssen, mit der jungfräulichen Taiga zum Bargusin-Naturschutzgebiet erklärt. Seine Fläche umfaßt etwa 260 000 Hektar. Auch der drei Kilometer breite Uferstreifen am Baikalsee wurde unter Naturschutz gestellt. Hier ist der Fischfang auf einem Aquatorium von 15 000 Hektar verboten. Das ist ein „Staat" für sich, mit eigenen Gesetzen. Die Einwohner nennen dieses Gebiet Podlemorje – am Meer gelegen. Einstmals zur Erhaltung des Zobels auf Grund eines Dekrets der Sowjetmacht gegründet, sind in diesem Gebiet längst auch Wildtiere und Vögel, Bäume und Gräser unter Naturschutz gestellt.

Doppelt soviel Wasser wie der Bargusin führt die Obere Angara dem Baikalsee zu. Es ist der nördlichste Fluß des Baikal, doch sie, die 14 Prozent des gesamten Jahreszuflusses aufbringt, scheint klein im Vergleich zum Selenga. In den Weiten der Mongolei als Bach entsprungen, gewinnt der Selenga an Kraft, nimmt auf seinem Weg das Wasser von kleinen Flüssen und Bächen in sich auf und mündet nach 1590 Kilometern als mächtiger Strom in den Baikalsee, er ergießt sich fächerförmig in ihn, ohne sofort seinen gelblichen Strahl mit den blauen Wassern des Sees zu vermischen.

In große und kleine Flüsse ziehen Omul, sibirische Forelle – die Äsche, Blaufellchen und Stör zum Laichen. Die Fische schwärmen, wenn ihre Zeit gekommen ist, über die Stromschnellen, laichen und gleiten ausgehöhlt und geschwächt in den Baikalsee, um hier in der Stille der grünen Unterwasserwelt neue Kräfte zu sammeln.

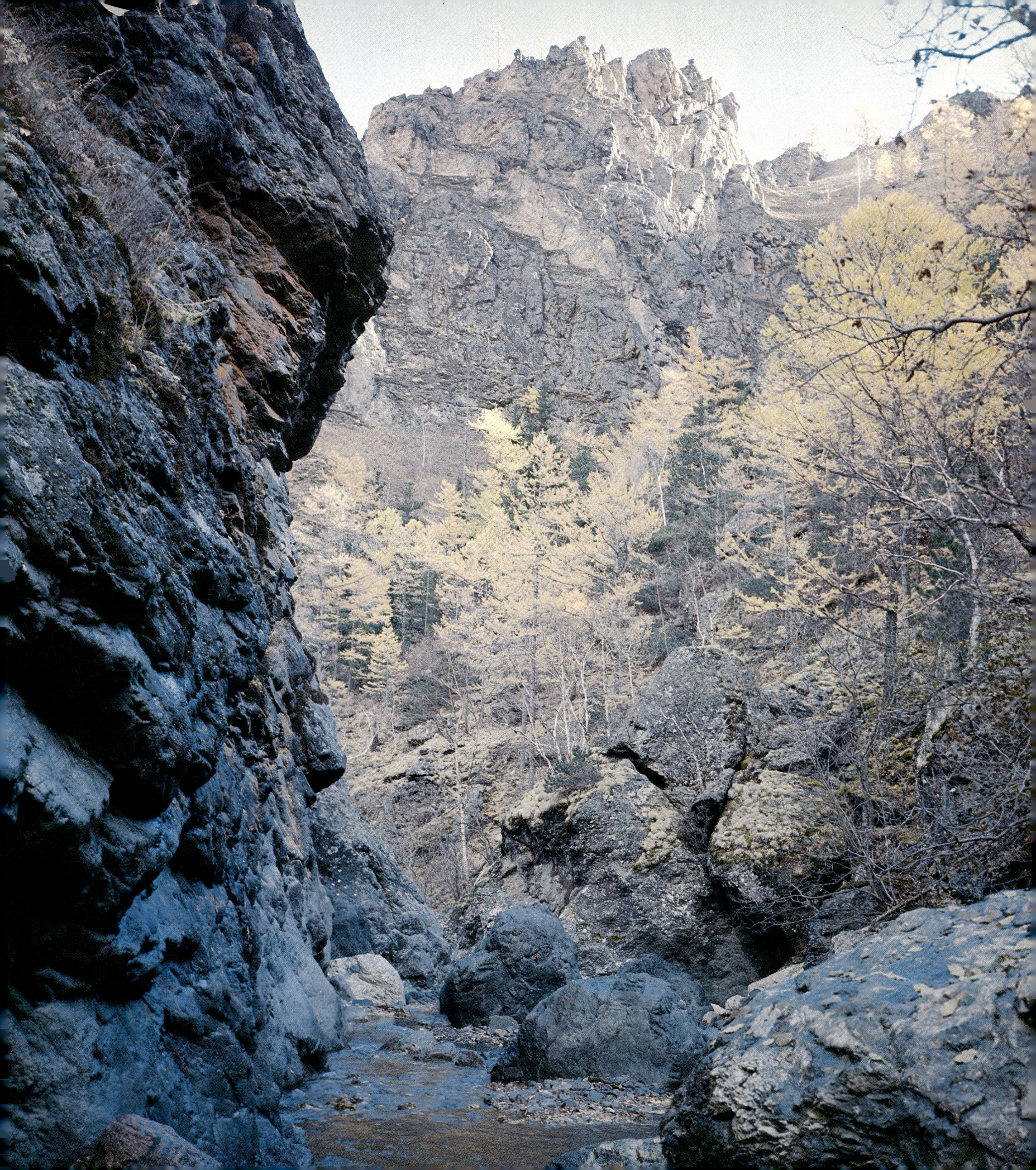

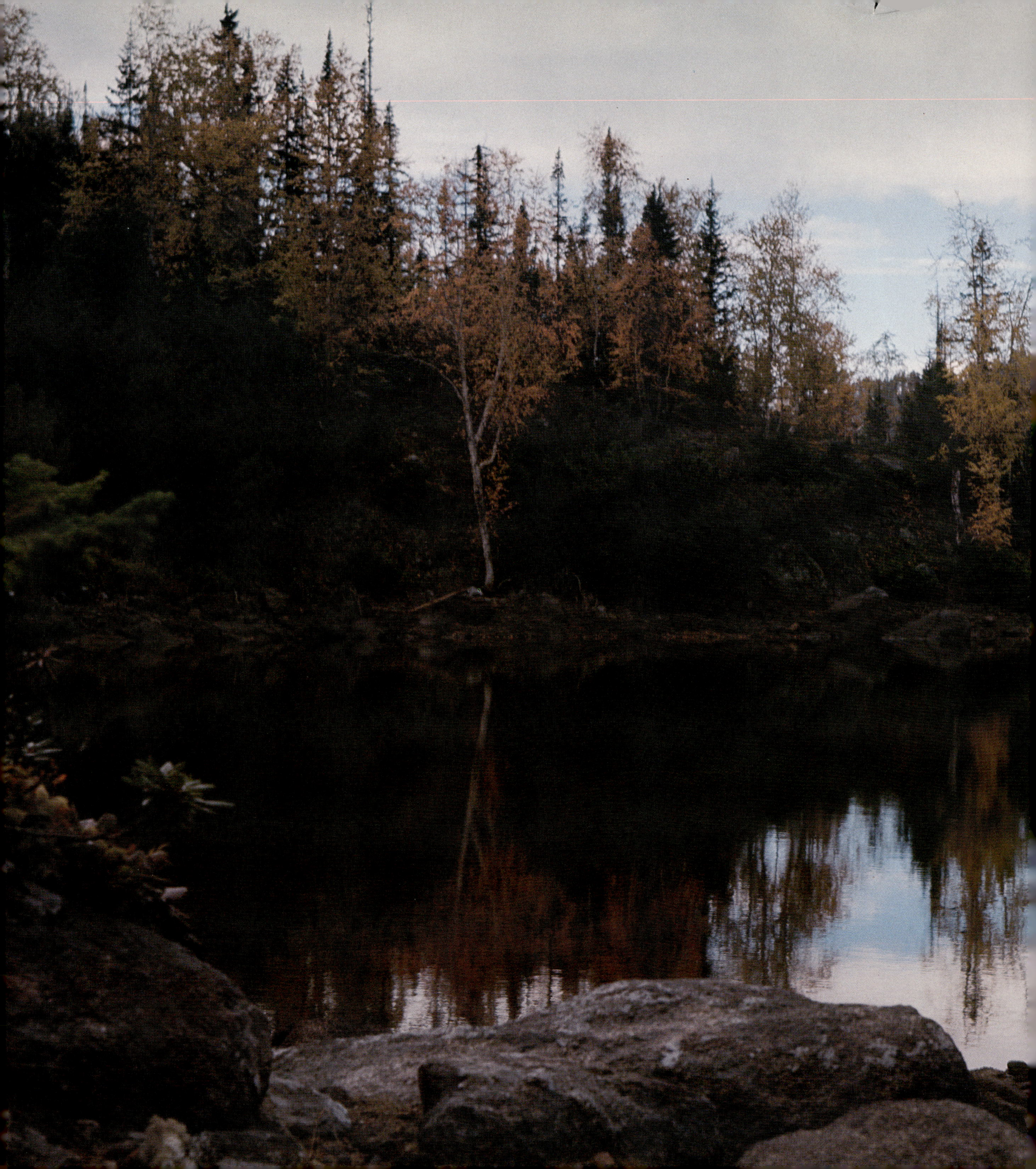

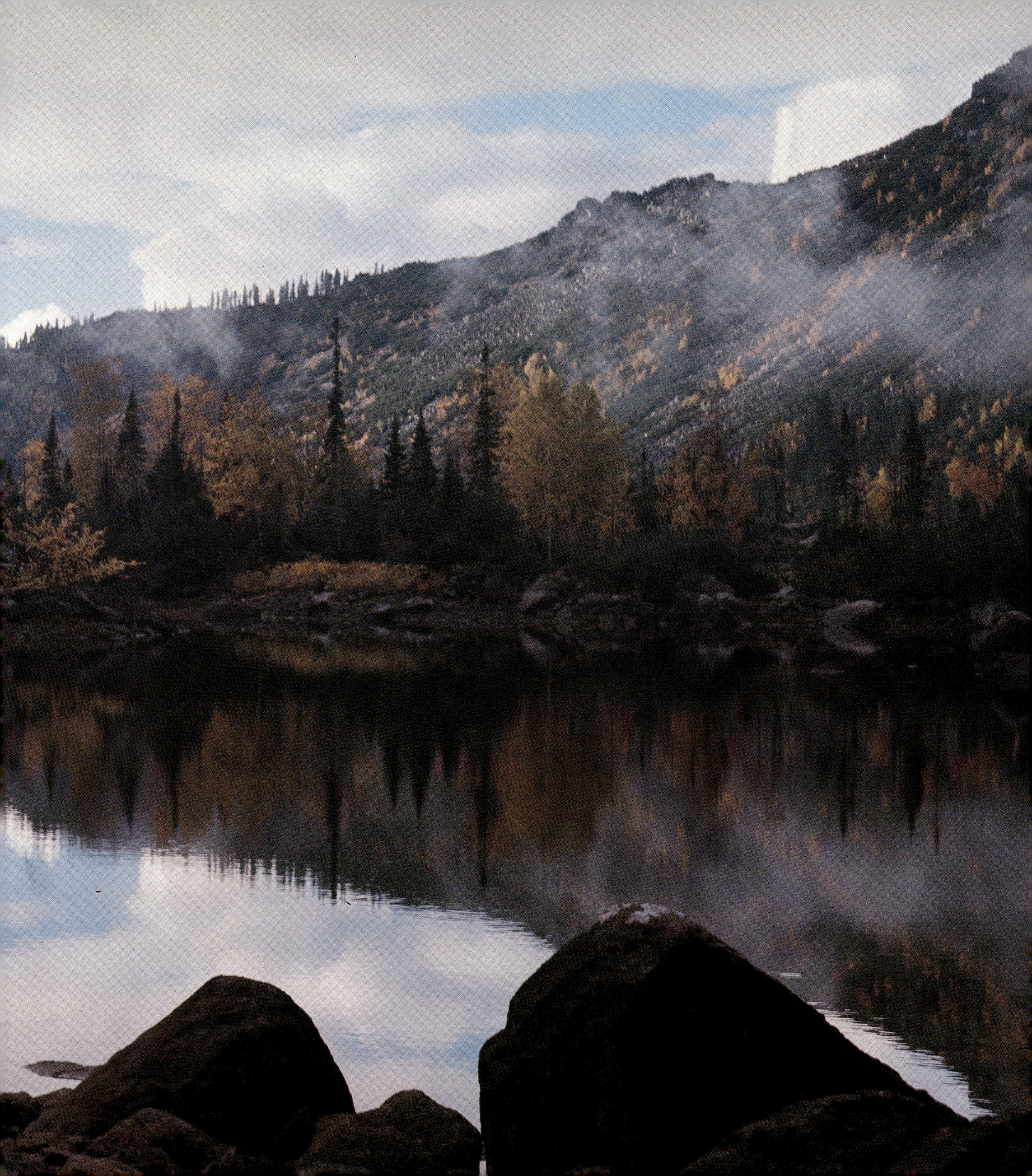

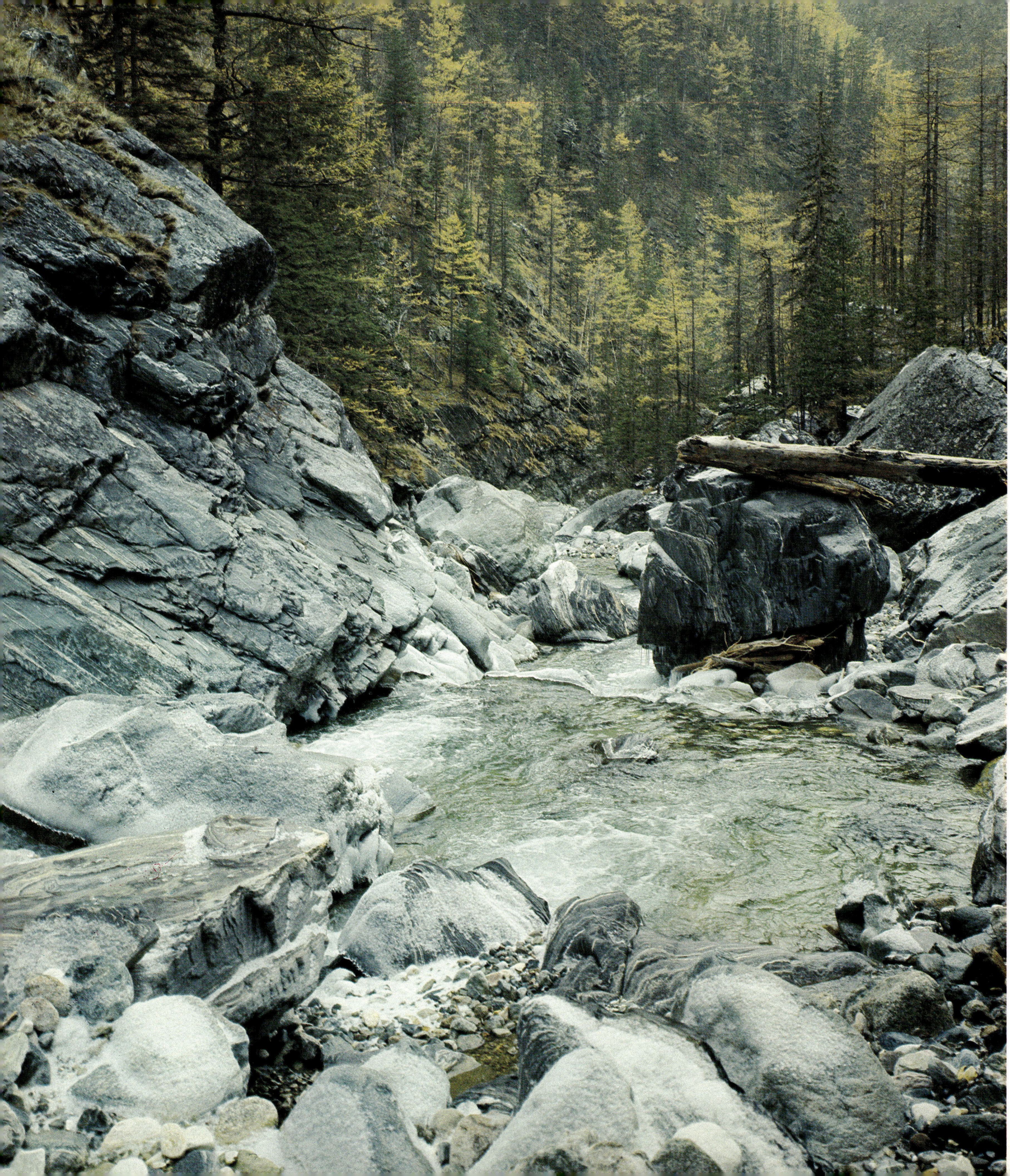

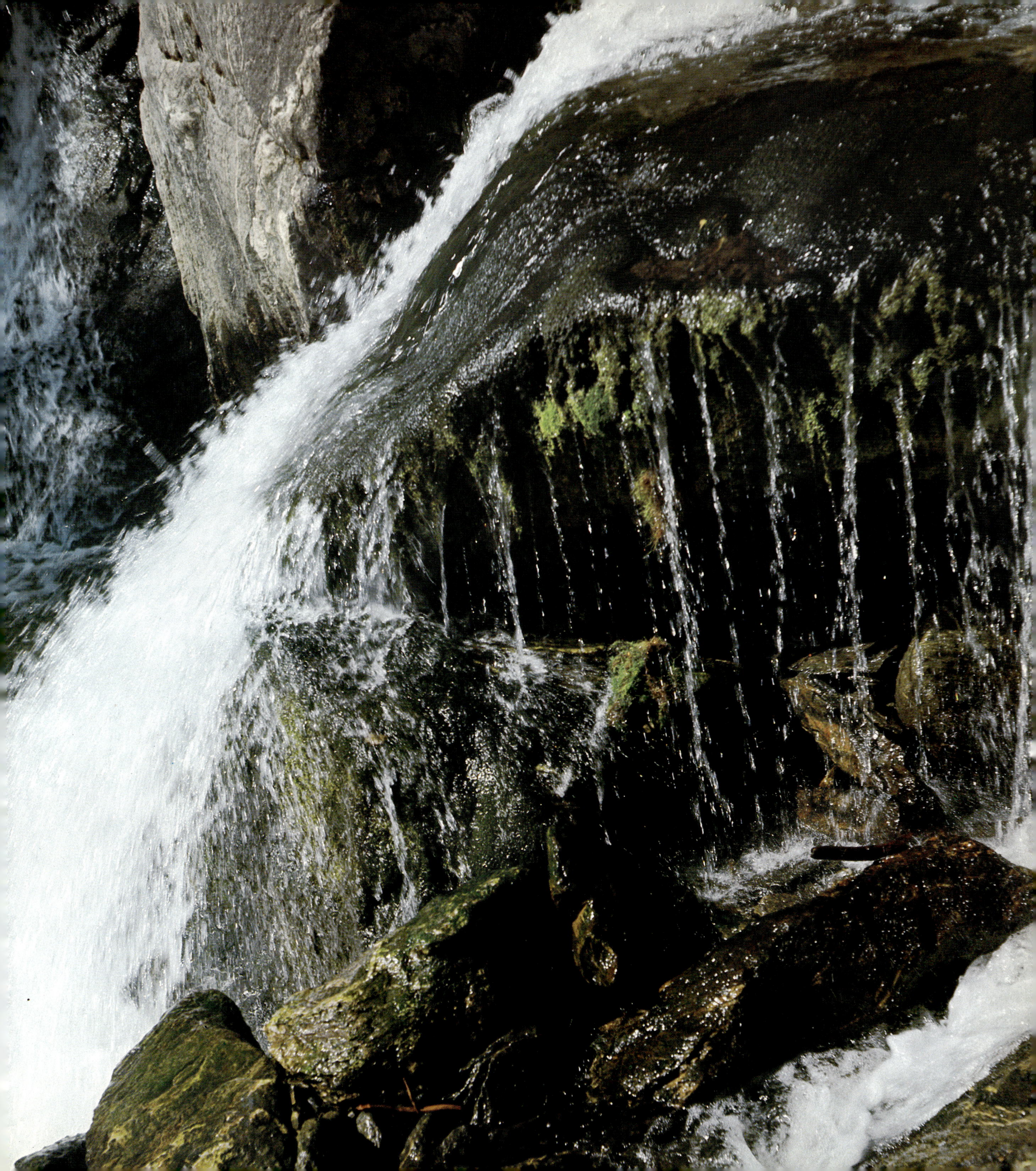

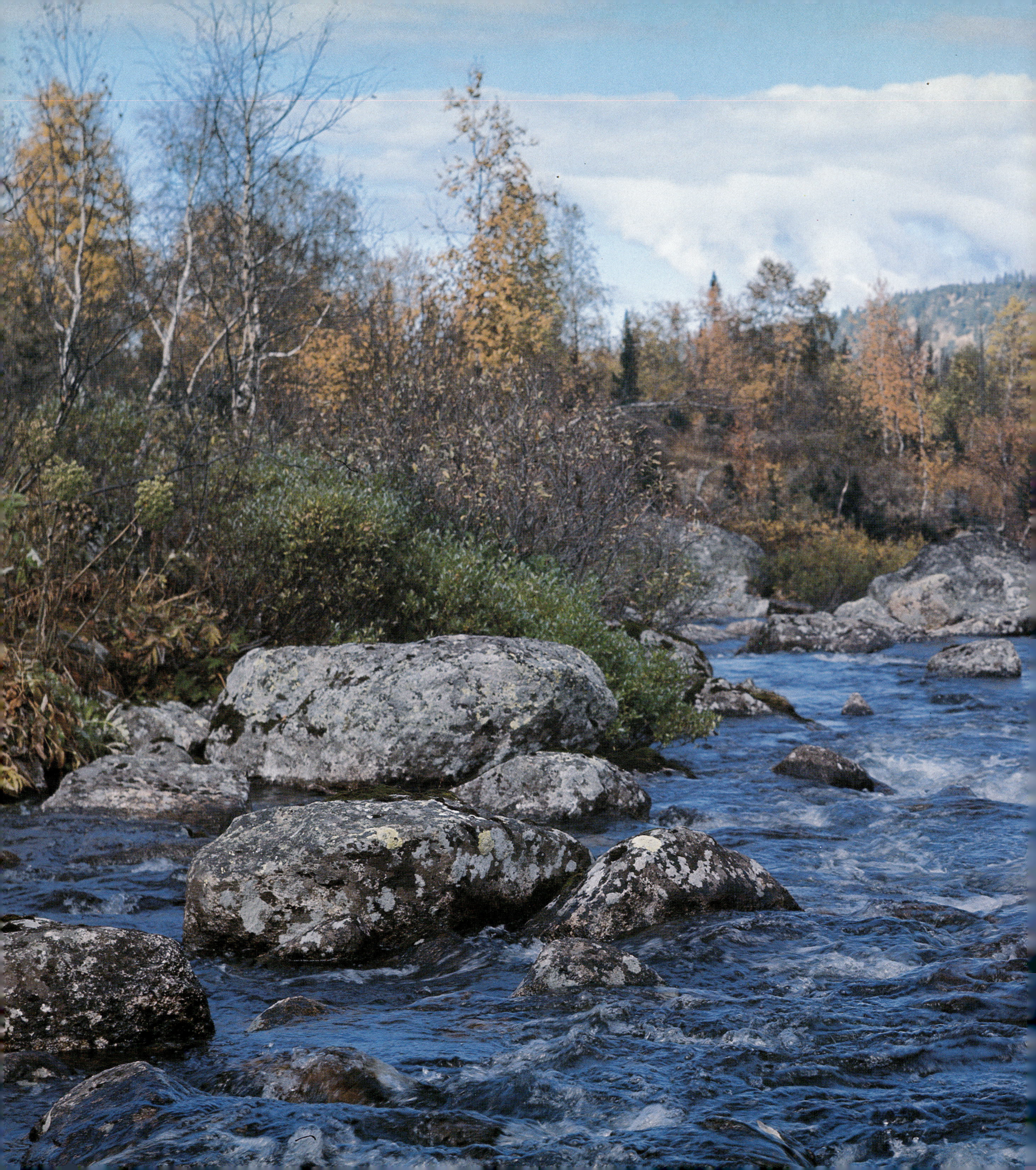

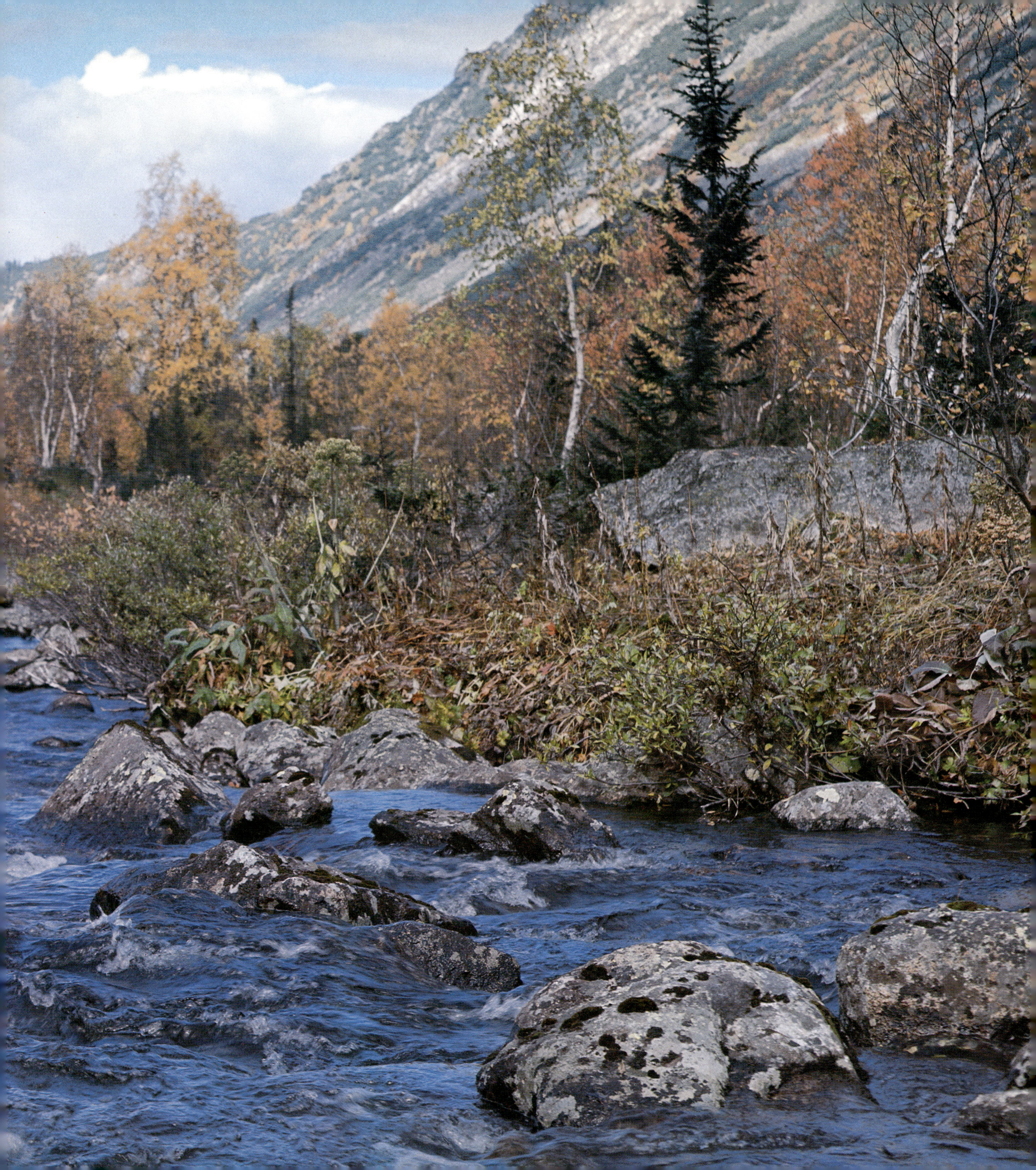

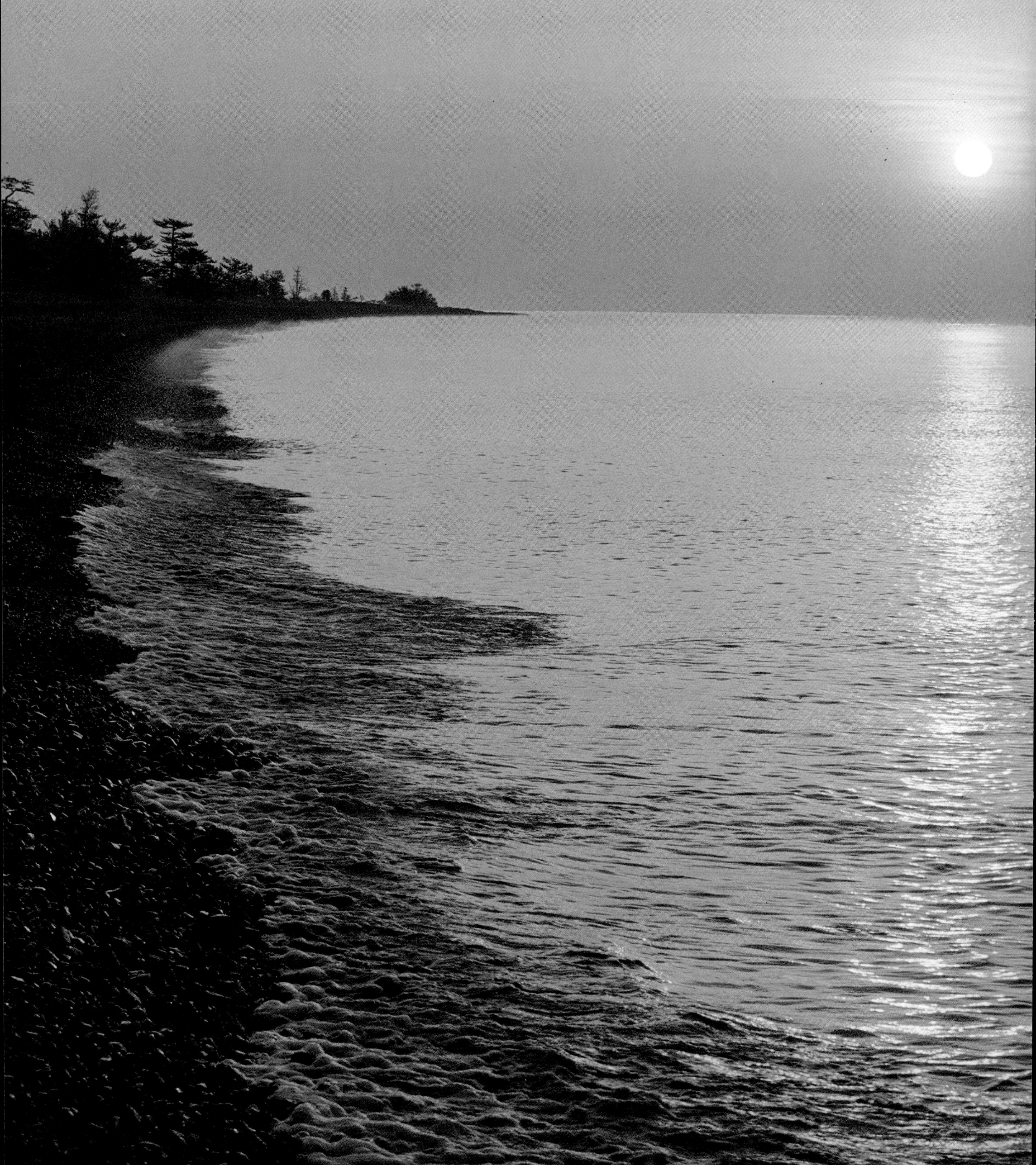

Человек, который понимает и любит природу, не сделает дурного поступка – он прошел «душевный университет».

Леонид Леонов

Ein Mensch, der die Natur versteht und liebt, kann nichts Schlechtes begehen – er hat die „Universität der Seele" absolviert.

Leonid Leonow

При первой встрече с Байкалом поражает его величавое достоинство. Врезанная в кольцо гор, покрытых многоцветной духмяной кипенью тайги, голубая громада его дышит вольно, неторопливо вздымает у самых прибрежных камней беспенные волны, и за неспешностью этой чувствуется скрытая исполинская сила, которая одна только и может позволить себе несуетность и покой. Бесконечно изменчив Байкал – всегда новый, всегда другой: чуть забелели туманы, чуть сменилась краска неба, чуть тронул ветер туго натянутую гладь, и спокойное величие сменилось суровостью, суровость – элегичностью, а вслед за ней разлился по всей шири праздничный свет. Это солнце раздвинуло облака, и подожженная столбами лучей вода вспыхнула, точно из огненных печей неба хлынул в каменный ковш – вместилище Байкала – расплавленный металл. Плотная дымка укрывает дальний берег, и горящая вода словно повисает в воздухе, поражая буйством света.

Потом огонь уйдет в глубину, поверхность станет аспидно-черной, тяжелой и плотной, но скрытое пламя осветит воду изнутри, сделает ее живой и таинственной. И тогда вдруг разомкнется дымка, и проступит, и придвинется противоположный берег так близко, что захочется потрогать каждую складку гор, каждое деревце, и будет трудно поверить, что до этой вершины и до той сосенки – сорок, а то и все пятьдесят километров: пронзительно-прозрачный воздух, как увеличительное стекло, приблизит дали. Противоположный берег станет акварельно-синим, полупрозрачным, с голубыми мазками вечного снега на вершинах и в распадках.

По плотной темной воде будут плыть одинокие рыбачьи лодки, качаться и вскрикивать белые пароходики, урчать алые и серые катера, оставляя дугообразные линии на поверхности, и они – эти линии зарастать станут не сразу, стираться, сглаживаться будут медленно. Потом повернется озеро-море в ложе своем да ударит в скалы резким, дробящимся в алмазный фейерверк валом.

Можно простоять у Байкала весь день и всю жизнь и не увидеть его дважды одинаковым. И когда глядишь на его бесконечные перевоплощения, становится понятным, почему прибрежные жители говорят о нем как о живом – уважительно и трепетно, считая, например, что Байкал может обидеться или рассердиться, если назовут его озером. Сибиряки говорят о нем: «море». И не случайно старинная песня их начинается строкой: «Славное море, священный Байкал».

Переправляясь через Байкал, посол царя Алексея Михайловича Николай Спафарий, одним из первых возвестивший миру о сибирском чуде, писал в последней четверти XVII века: «Байкал для того можно называться морем, что величина его в длину и в ширину, и в глубину велика есть. А озером можно называться для того, что в нем вода пресная, а не соленая . . . а глубина его великая, потому что многажды мерили, сажен по сту и больше, а дна не сыщут . . . А вода в нем зело чистая, что дно видится многие сажени в воде, и к питию зело здрава».

Потомки высчитали и длину – 636 километров с юга до севера, равную расстоянию между Москвой и Ленинградом, и наибольшую ширину – 81 километр, и максимальную глубину – 1620 метров. Определили, что он вмещает в себя пятую часть пресной воды на нашей планете, объяснили его происхождение.

Издавна озеро привлекало путешественников и ученых, многие из которых посвятили исследованию Байкала всю свою жизнь. Дела и имена их хранит память, хранят книги, плывут сегодня по озеру научные суда, названные их именами. Систематическое изучение Байкала началось в 1919 году, когда в селении Большие Коты была создана экспедиционная база АН СССР. В 1928 году в поселке Маритуй основана Байкальская экспедиция, а затем лимнологическая станция. В 1930 году эта станция переведена в поселок Лиственичное и на ее базе в 1961 году создан Лимнологический институт Сибирского отделения АН СССР, ученые которого ведут комплексные исследования Байкала. Они раскрыли многие тайны озера. Многие, но не все . . .

И по-прежнему пытаемся мы постигнуть тайну беспокойной красоты Байкала, дарящей нравственное обновление, заряд чистоты и силы, красоты величественной, как Вселенная, и неисчерпаемой, как человеческая душа.

Erblickt man den Baikalsee zum ersten Mal, so überwältigt er den Fremdling mit seiner majestätischen Würde. Eingeschnitten in den Ring der Berge, bedeckt mit dem vielfarbigen Laub der Taiga, atmet der blauschimmernde Recke frei und läßt seine klaren Wellen gemächlich ans Ufer schlagen. Hinter dieser Bedächtigkeit spürt man eine verborgene Urkraft, der nur Gelassenheit und Ruhe eigen sein können.

Der Baikal ist unendlich wandlungsfähig – stets neu, stets anders: Kaum verblassen die Nebel, kaum ändert sich ein wenig die Färbung des Himmels, kaum kräuselt der Wind die spiegelglatte Oberfläche des Sees und schon verdrängt Rauheit die majestätische Ruhe, der Rauheit folgt Wehmut und dann ergießt sich ein festliches Licht über die Wasser. Das ist die Sonne, die die Wolken beiseite geschoben hat. Das von Lichtbündeln entzündete Wasser flammt auf, als ergieße sich aus feurigen Himmelsöfen in die steinerne Pfanne – den Behälter Baikal – glühendes Metall. Dunst verbirgt dem Betrachter das gegenüberliegende Ufer und das erhitzte Wasser scheint gar in der Luft zu hängen und die Wildheit seines Lichts macht uns den Atem stocken.

Dann gleitet das Feuer in die Tiefe, die Oberfläche nimmt eine schwere, dichte, schieferschwarze Farbe an, doch die verborgene Flamme erleuchtet das Wasser von innen und macht es lebendig und geheimnisvoll zugleich. Miteins teilt sich der Dunst, das gegenüberliegende Ufer tritt hervor und scheint so nahe, daß man jede Gebirgsfalte, jeden Baum mit der Hand berühren möchte und nur schwer vermag man zu glauben, daß es bis zu jener kleinen Kiefer dort vierzig und gar fünfzig Kilometer weit sind. Die klare durchsichtige Luft holt die Ferne wie ein Vergrößerungsglas heran. Das gegenüberliegende Ufer wirkt aquamarinblau, durchsichtig fast, mit den bläulichen Feldern des ewigen Schnees auf Firnen und in Schluchten.

Auf dem dunklen Wasser schwimmen vereinzelt Fischerboote, weiße Dampfer wiegen sich auf den Wellen, rote und graue Motorboote krächzen und lassen bogenförmige Streifen auf der Wasseroberfläche zurück. Diese Streifen verschwinden nicht gleich, sie verlöschen allmählich. Dann wälzt sich der See in seinem Bett und schlägt mit harter Woge, die in einem Feuerwerk von diamantenen Spritzern zersplittert, gegen die Uferfelsen.

Man kann einen ganzen Tag, kann sein Leben lang am Baikalsee stehen, doch wird er sich einem nicht zweimal auf dieselbe Weise darbieten. Wenn man seine endlosen Verwandlungen beobachtet, wird einem miteins verständlich, warum die Bewohner an seinem Ufer achtungsvoll wie von einem lebendigen Geschöpf von ihm sprechen, sie fürchten gar ihn zu kränken oder zu verdrießen, wenn sie ihn See nennen. Die Sibirier sprechen von ihm ausschließlich als Meer. Und nicht von ungefähr beginnt das alte Lied mit den Worten: *Herrlicher Baikal, du heiliges Meer.*

Nachdem der Gesandte von Zar Alexej Michailowitsch, Nikolai Spafari, über den Baikal gefahren war, kündete er der Welt als einer der ersten von dem sibirischen Wunder. Er schrieb im letzten Viertel des 17. Jahrhunderts: „Man mag den Baikal ein Meer nennen, weil er in Länge, Breite und Tiefe von unfaßbarer Größe ist. See aber mag man ihn nennen, weil er Süßwasser führt und nicht Salzwasser . . . er muß ungeheuer tief sein, wir versuchten viele Male, den Grund zu messen, kamen dabei auf hundert *Sashen** und tiefer, doch der See war nicht auszuloten . . . Das Wasser ist so klar, daß man den Grund viele *Sashen* tief zu erkennen vermag und das Wasser ist heilkräftig, so daß es empfehlenswert ist, es zu trinken."

Die Nachfahren haben sowohl die Länge gemessen – 636 Kilometer von Süden nach Norden –, was der Entfernung zwischen Moskau und Leningrad entspricht, als auch die breiteste Stelle – 81 Kilometer – und sie haben die tiefste Stelle ausgelotet – 1620 Meter. Haben festgestellt, daß er ein Fünftel der Süßwasservorräte unseres Planeten in sich birgt, und haben seine Entstehung erklärt.

Seit uralten Zeiten lockte der See Reisende und Wissenschaftler, von denen viele ihr ganzes Leben der Erforschung des Baikalsees gewidmet haben. Ihre Taten und Namen leben in der Erinnerung, in Büchern fort, und auf dem See verkehren heute Schiffe, die ihre Namen tragen.

Die systematische Erforschung des Baikalsees begann 1919, als im Dorf Bolschije Koty ein Expeditionslager der AdW der UdSSR gegründet wurde. 1928 wurde in der Siedlung Marituj die Baikalexpedition ins Leben gerufen und später entstand eine limnologische Station. 1930 wurde sie in die Siedlung Listwenitschnoje verlegt und auf ihrer Grundlage 1961 das Limnologische Institut der Sibirischen Abteilung der AdW der UdSSR geschaffen, dessen wissenschaftlichen Mitarbeitern die komplexe Untersuchung des Baikalsees obliegt. Sie haben viele Geheimnisse des Sees enträtselt, doch lange noch nicht alle . . .

So suchen wir noch immer das Geheimnis der ruhelosen Schönheit des Baikalsees zu entschleiern, eines Sees, der uns sittliche Erneuerung beschert, Reinheit und Kraft, majestätische Schönheit wie das All und unerschöpflich ist wie die menschliche Seele.

* früheres russ. Längenmaß, 2,1 m

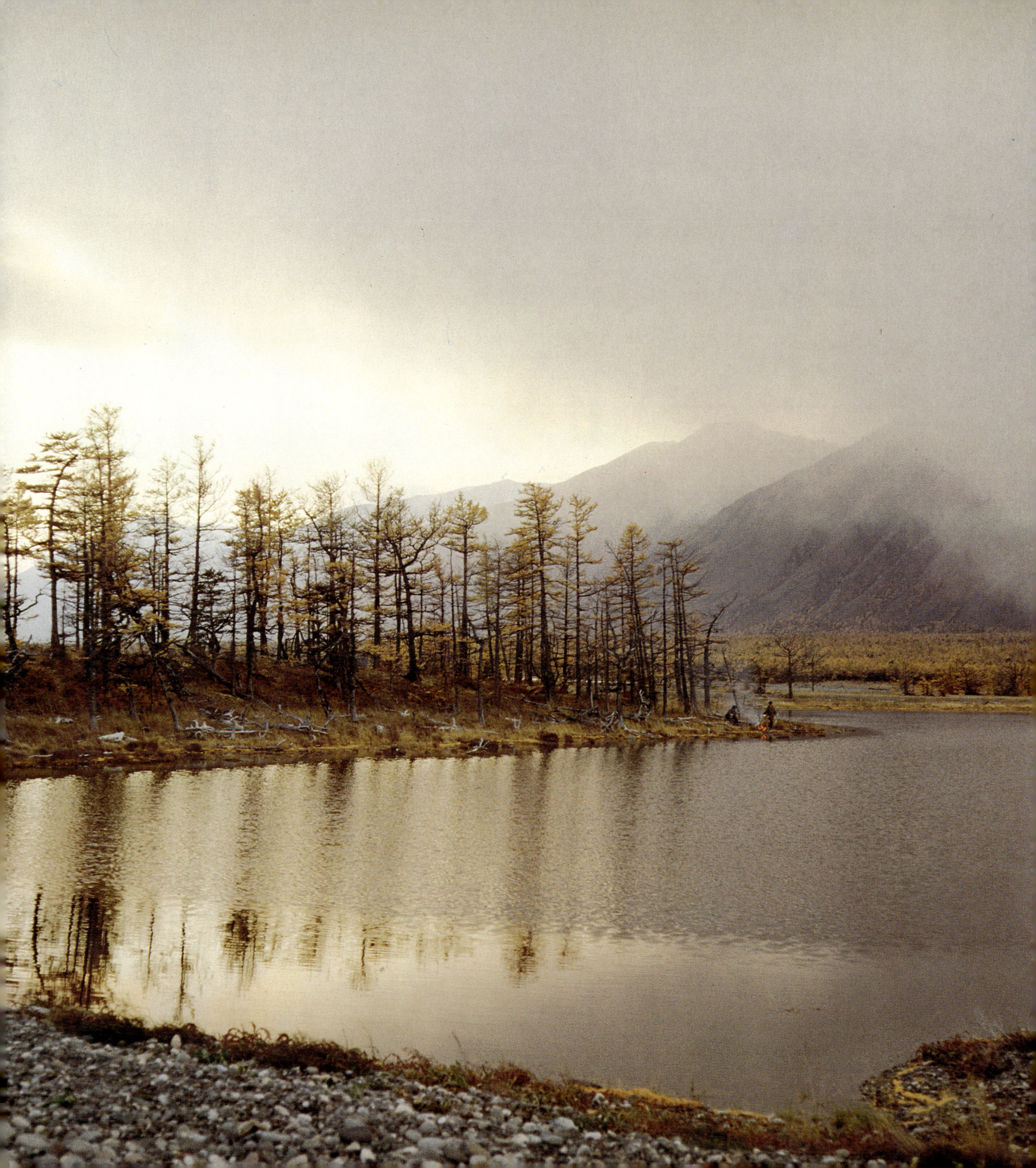

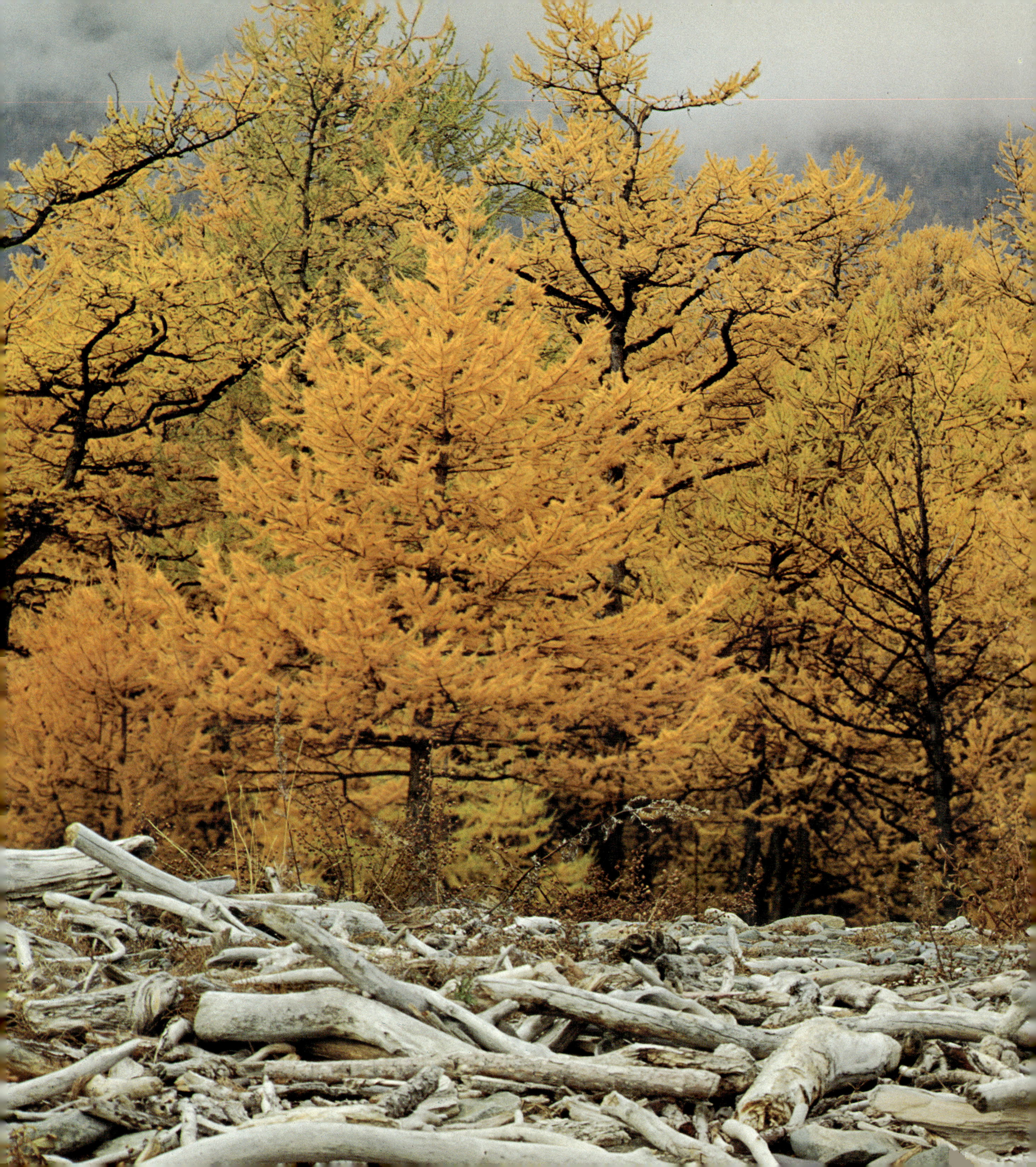

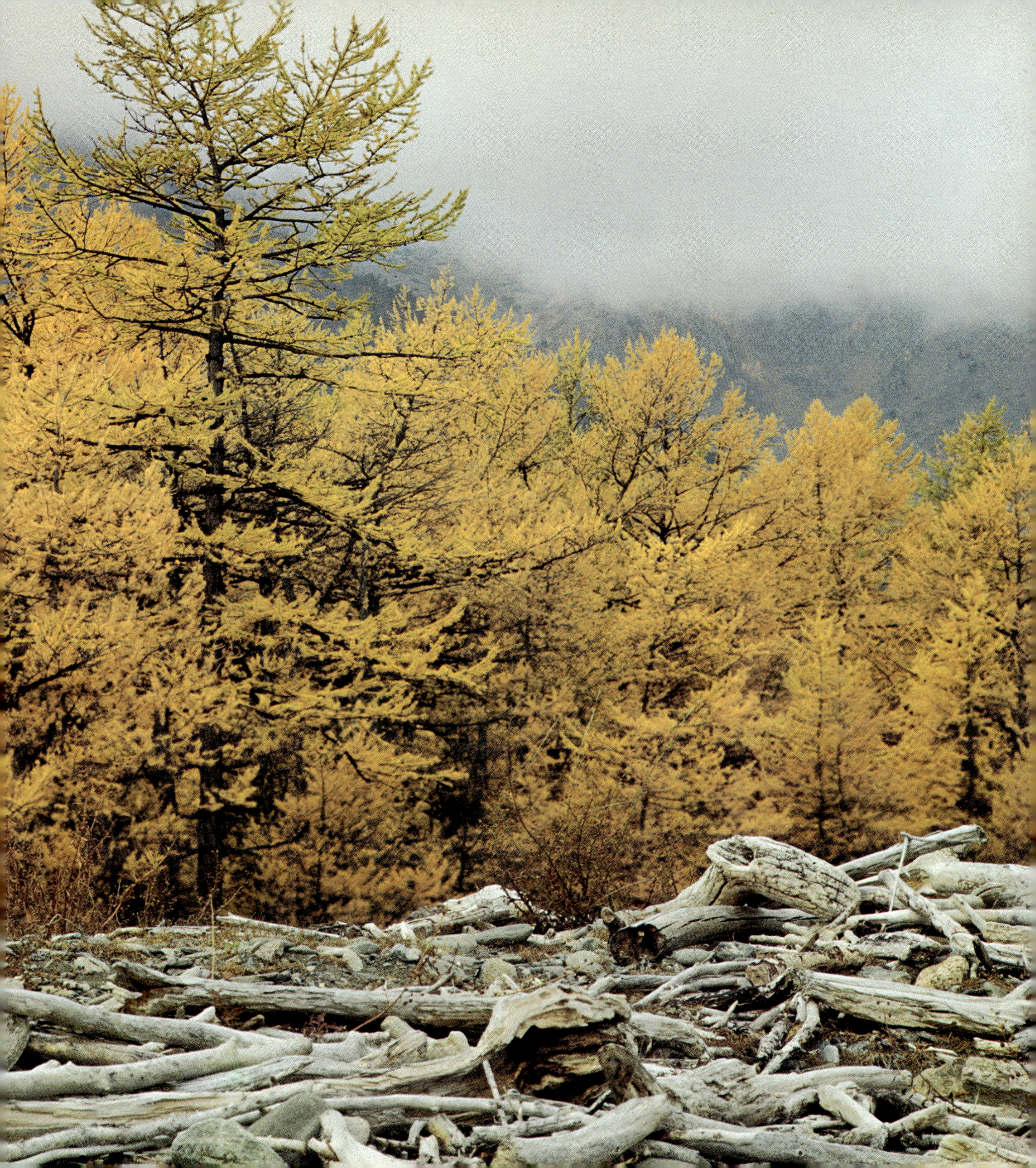

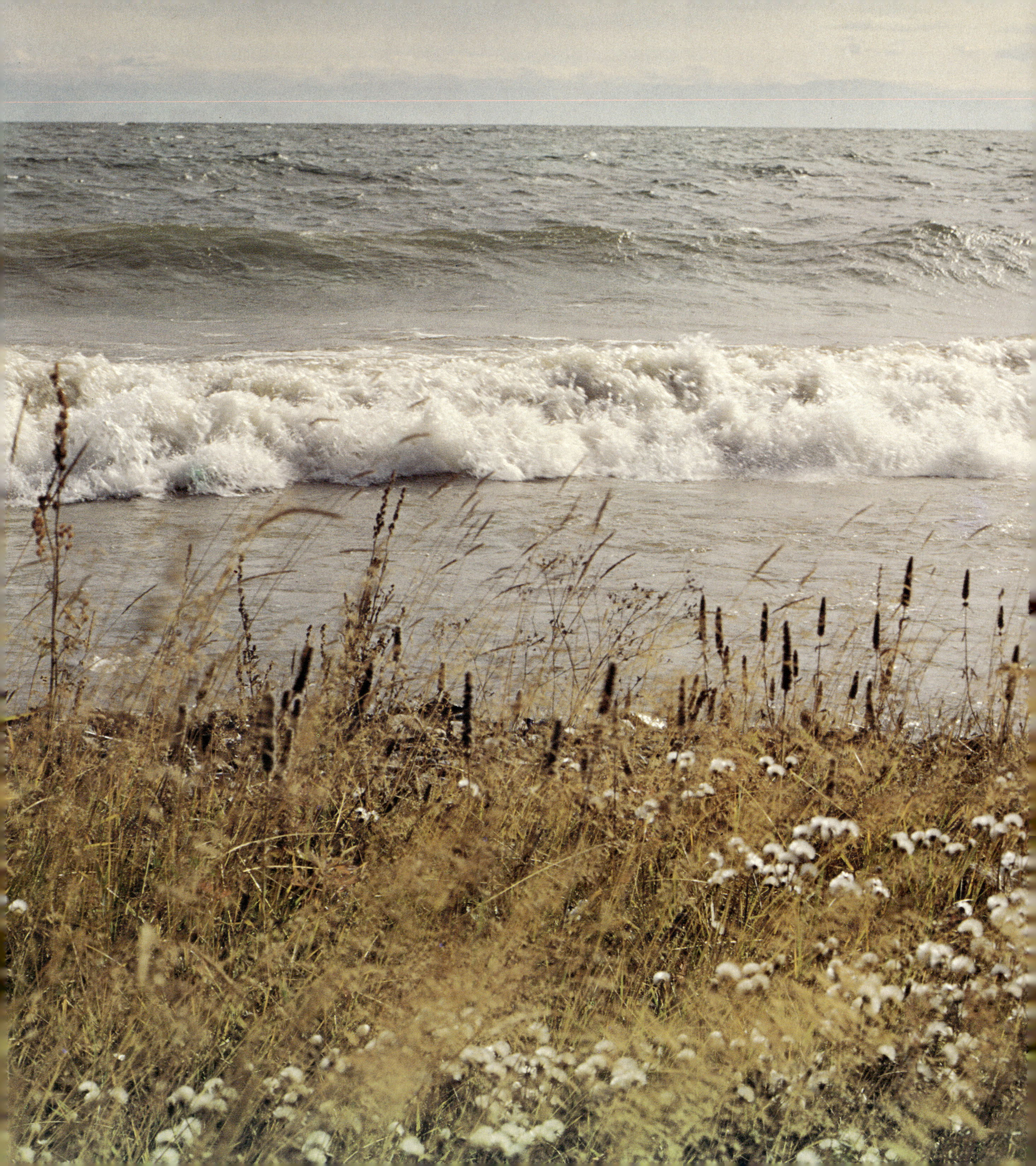

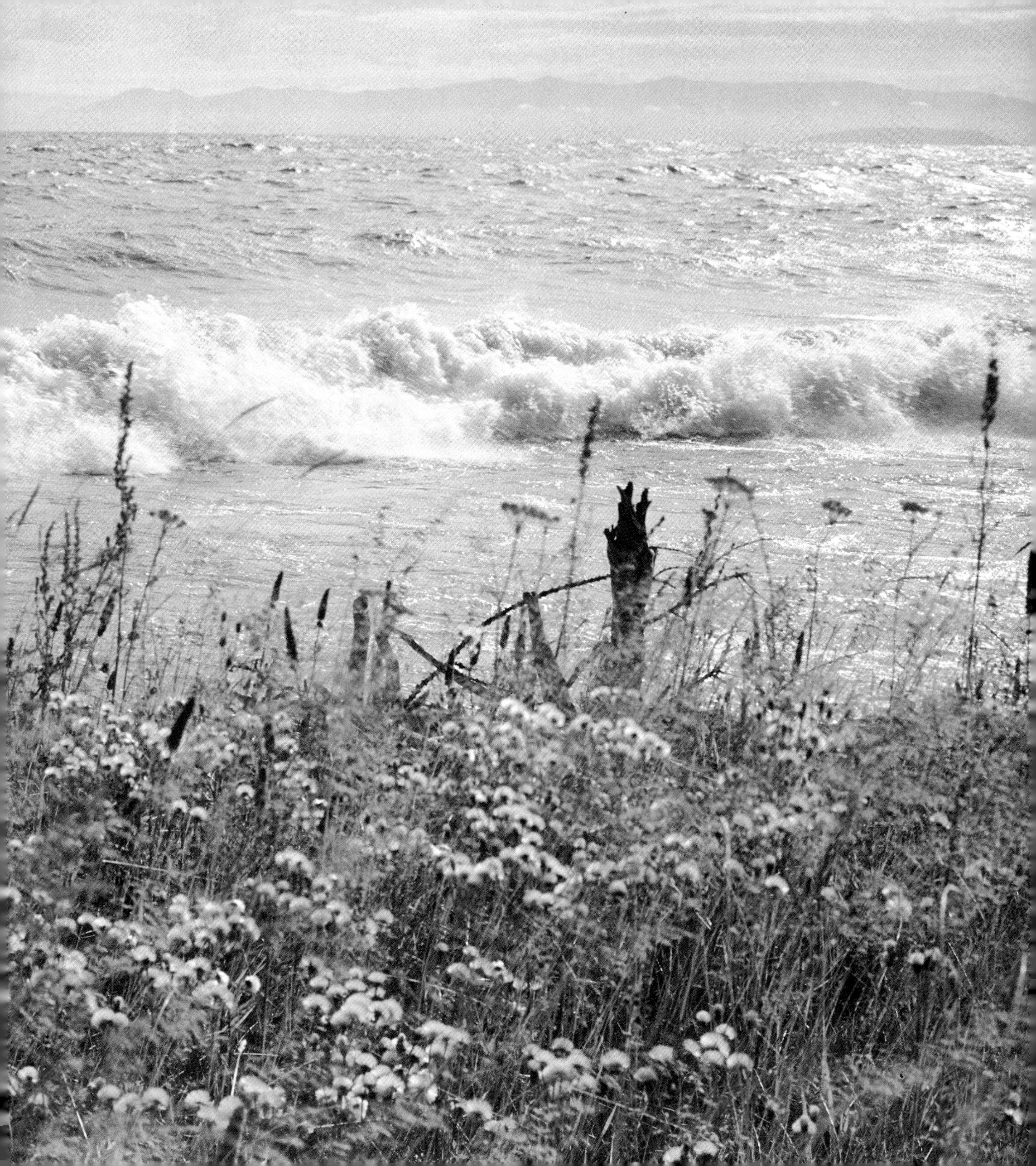

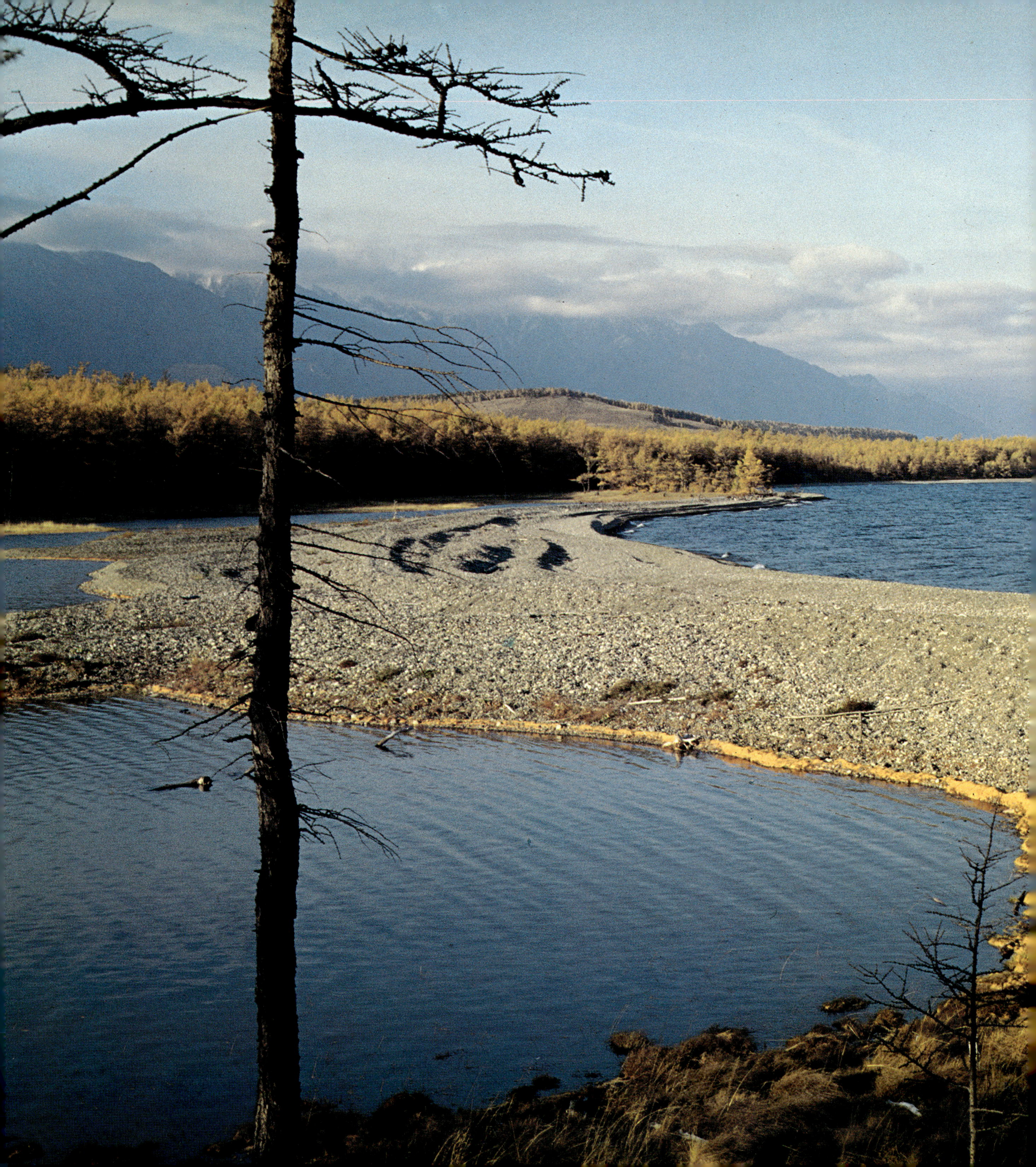

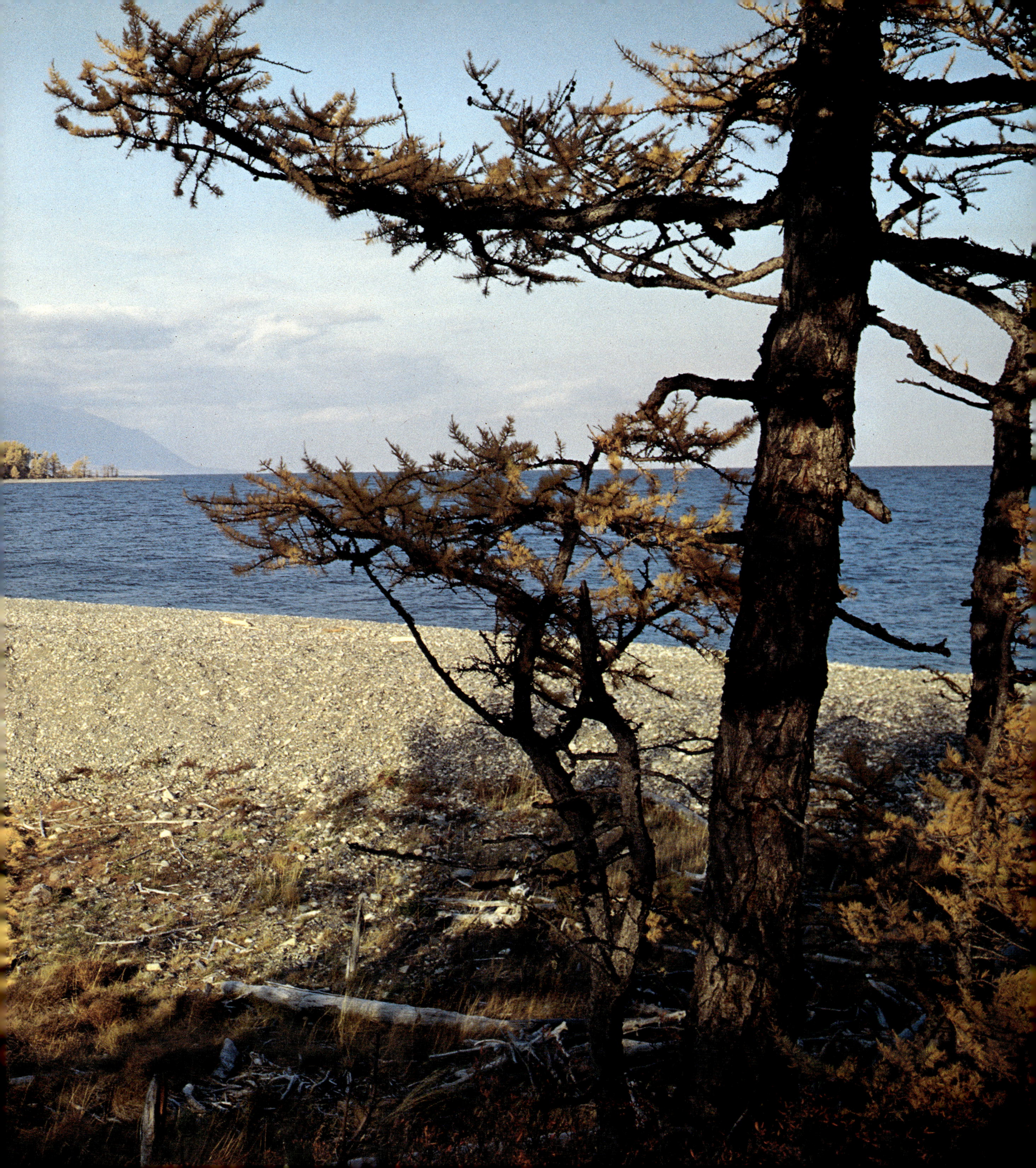

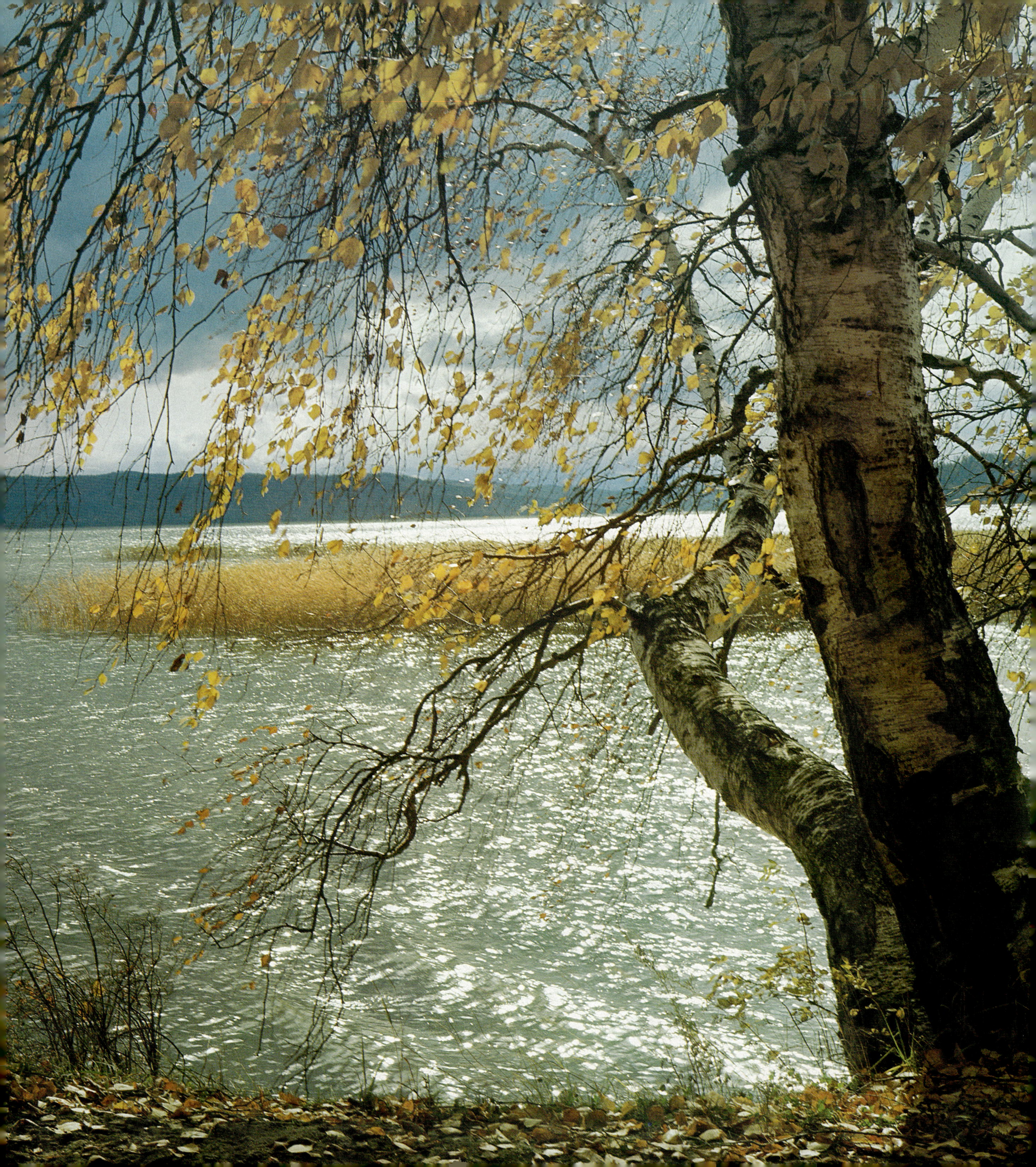

Что значат пейзажи славнейших художников в сравнении с подлинниками их в природе! Там удивляешься высокому искусству подражания... здесь, напротив, истаиваешь в невыразимых удовольствиях души и, наконец, весь исчезаешь в смиренном благоговении и невидимой некоей силе.

Никита Бичурин

Was bedeuten schon die Landschaftsmalereien der berühmtesten Künstler im Vergleich zu den Originalen in der Natur! Dort bewundert man die hohe Kunst der Nachahmung... Hier empfindet man vielmehr unaussprechliche Seelenwonnen und vergeht schließlich in demutsvoller Andacht und einer unerklärlichen unsichtbaren Kraft.

Nikita Bitschurin

Леса. Иду к вам,
как слепой – на шум,
все чаще в вашей чаще причащаюсь,
и в шелковой хвоинке умещаюсь,
и птичий гомон на плечах ношу.

Леса! Как ваши руки зелены,
какая теплота в них и прохлада,
и ничего вам объяснять не надо,
и вам слова и клятвы не нужны.

Сосновые заслышу голоса,
березовые песенки услышу –
и стану очарованней и выше,
и вдруг удач начнется полоса!*

Дождем укрыта поздняя заря,
чуть брезжит день, в лесном тумане прея,
но, красками рассветными горя,
по крутизне – сияние кипрея.

И пасмурность не пасмурность уже,
когда земля залита теплым светом . . .
Бог с ним, с несостоявшимся рассветом:
восходит полдень у меня в душе.

Он зреет, не хвалясь приливом сил,
он новым чистым светится накалом:
так триста рек, шумящих по Руси,
сливаясь, обращаются Байкалом.

Я становлюсь пристрастней и добрей,
все уже круг друзей и откровений,
все глуше дождь, и все несносней тени.
Но в глубине души цветет кипрей.*

* Стихи М. Сергеева

Mich zieht Geräusch in deinen Bann, Wald,
wie den Blinden,
manch heilige Stunde schenkte mir das grüne Reich.
Mich birgt die kleinste Nadel, seidenweich,
auf meinen Schultern laß ich Vögel von dir künden.

Du wirst mir, Wald, mit den so grünen Händen –
und ohne daß ich mich dir erst erkläre,
dich mit beschwingtem Wort und hohem Eid beschwöre –
stets solche Wärme, solche Kühle spenden!

Ich höre dann der Kiefern stolzen Chor,
der zarten Birken sehnsuchtsvolle Lieder,
und mich durchdringt der hohe Zauber wieder –
und sicher steht mir manches Glück bevor!*

In Regen taucht das späte Morgenrot,
der Tag schleicht in den Wald, von Nebeldunst durchfeuchtet.
Doch ist es, als ob Sonnenaufgang loht
am Hang dort – wo das Weidenröschen leuchtet.

Wie fortgescheucht ist, was rings grau und trüb,
ein warmer Schein über der Erde gleißt.
Was schert's mich, wenn das Frühlicht unterblieb –
ein heller Mittag strahlt in meinem Geist!

Und reifer, reiner glüht er – lichterloh,
und scheint an Leuchtkraft ständig zuzunehmen...
Dreihundert Flüsse Rußlands schwellen so,
die schäumend zum Baikal zusammenströmen.

In mir wächst Strenge, mit Geduld gepaart,
eng wird der Freunde, der Gedanken Runde,
es regnet flau, die Schatten werden hart –
doch blüht das Weidenröschen in der Seele Grunde.*

* Gedichte von Mark Sergejew

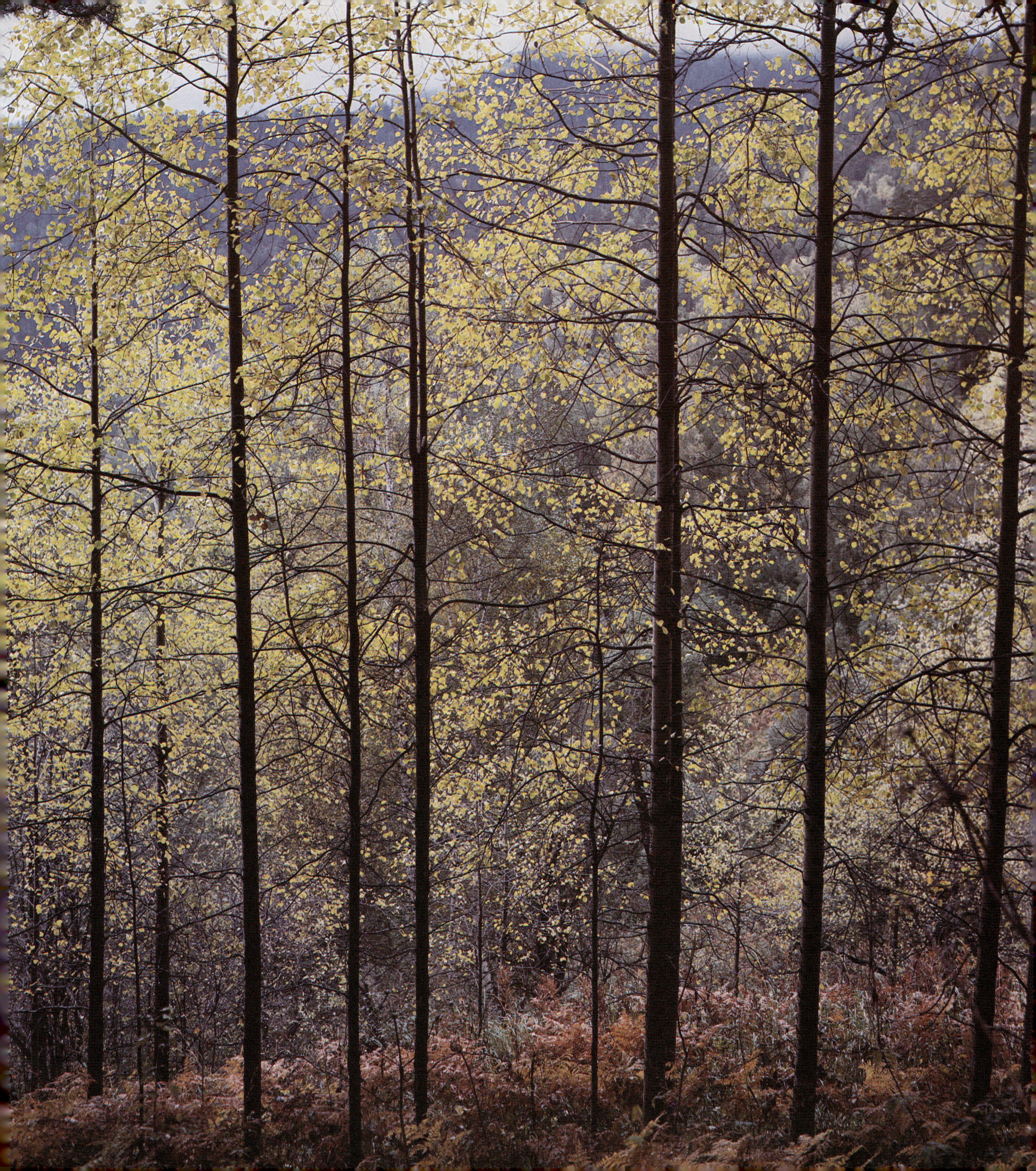

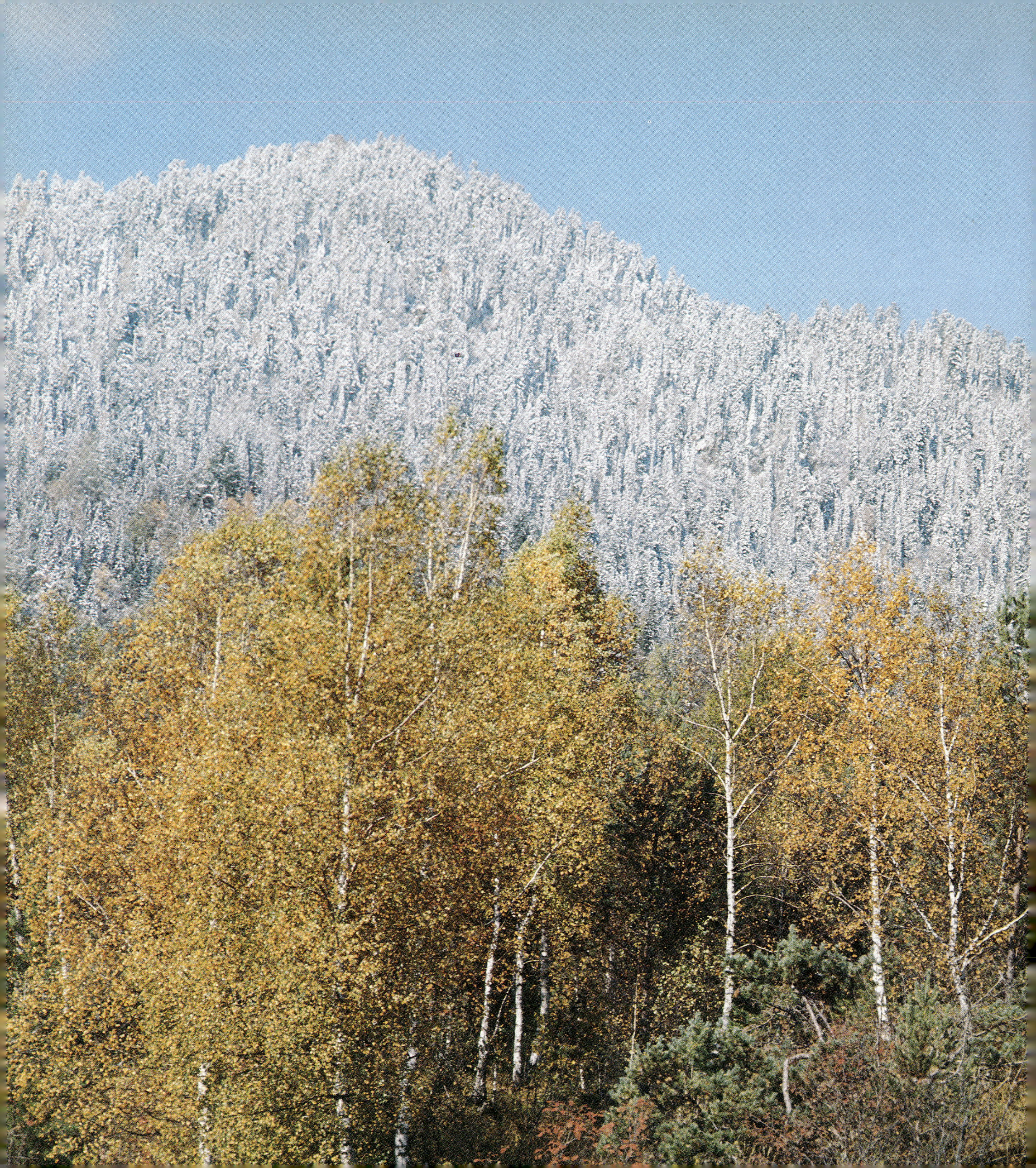

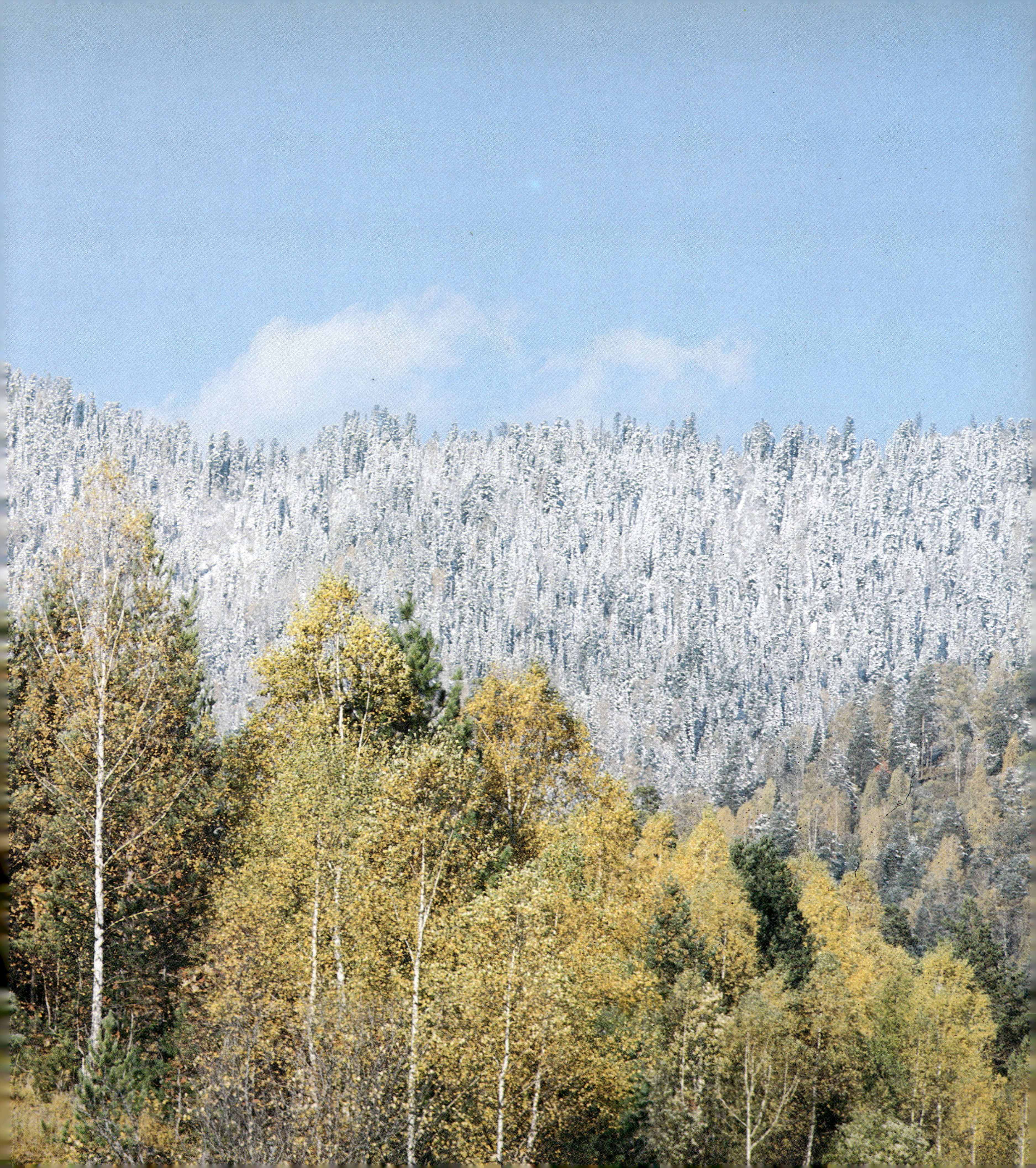

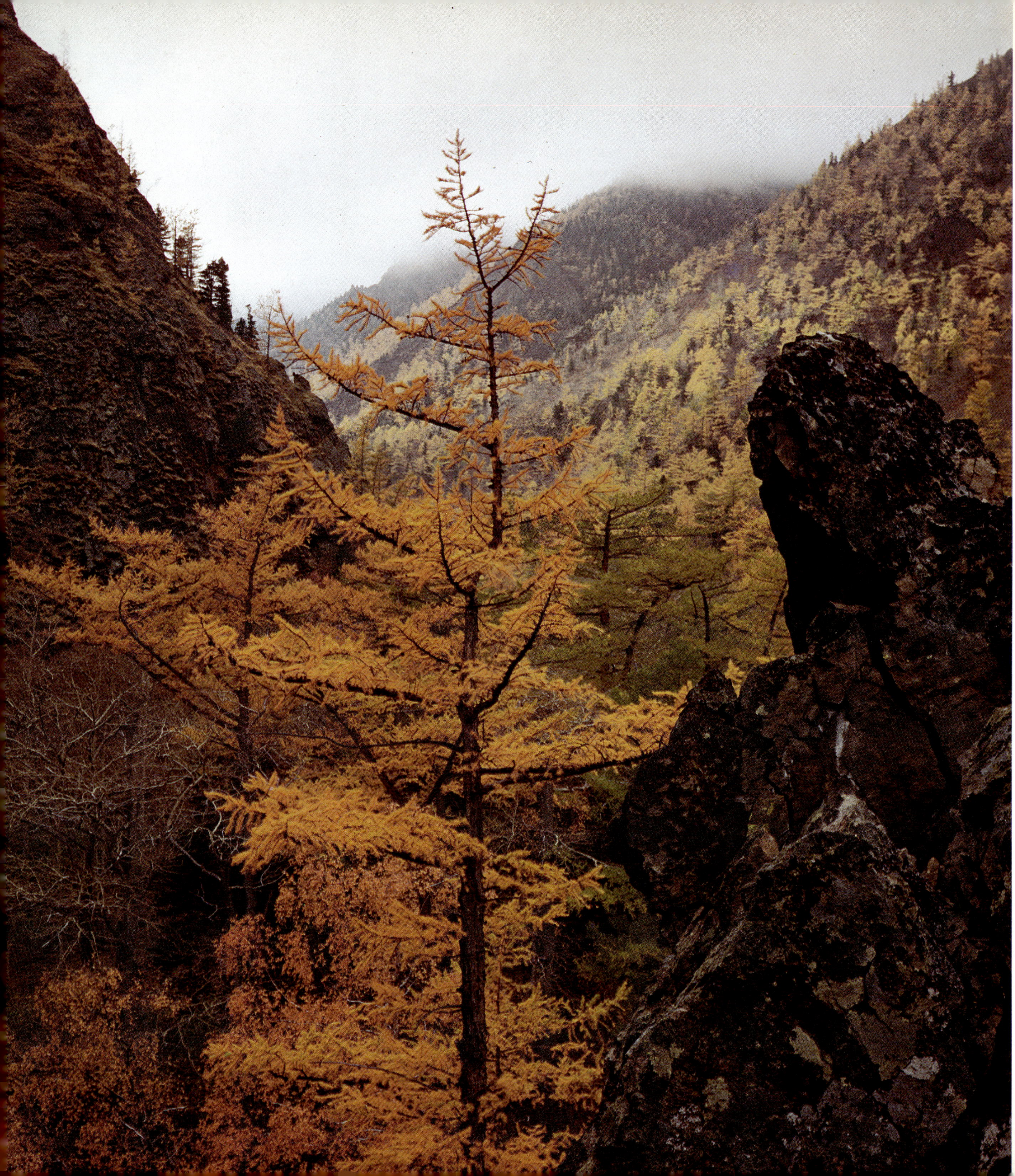

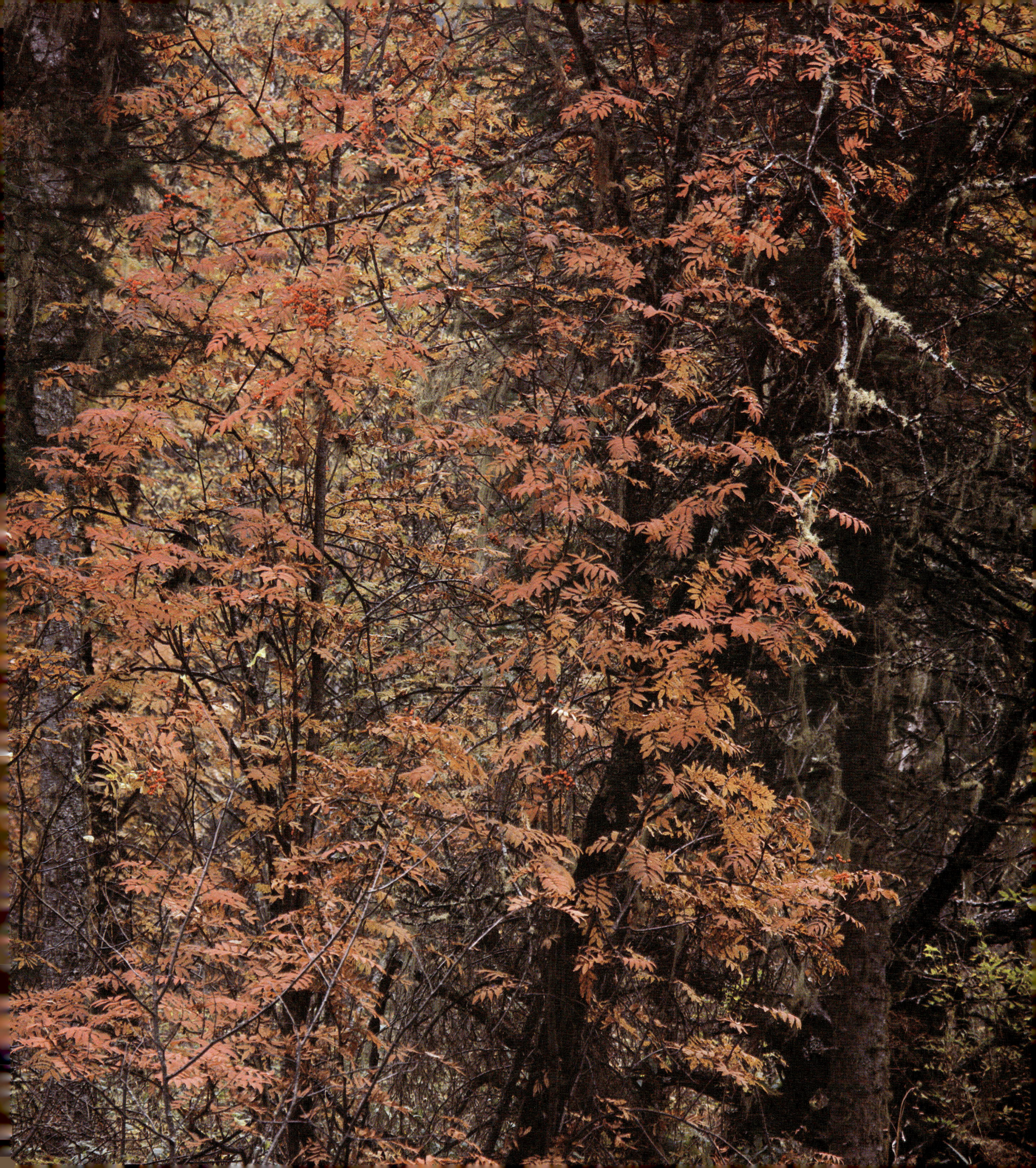

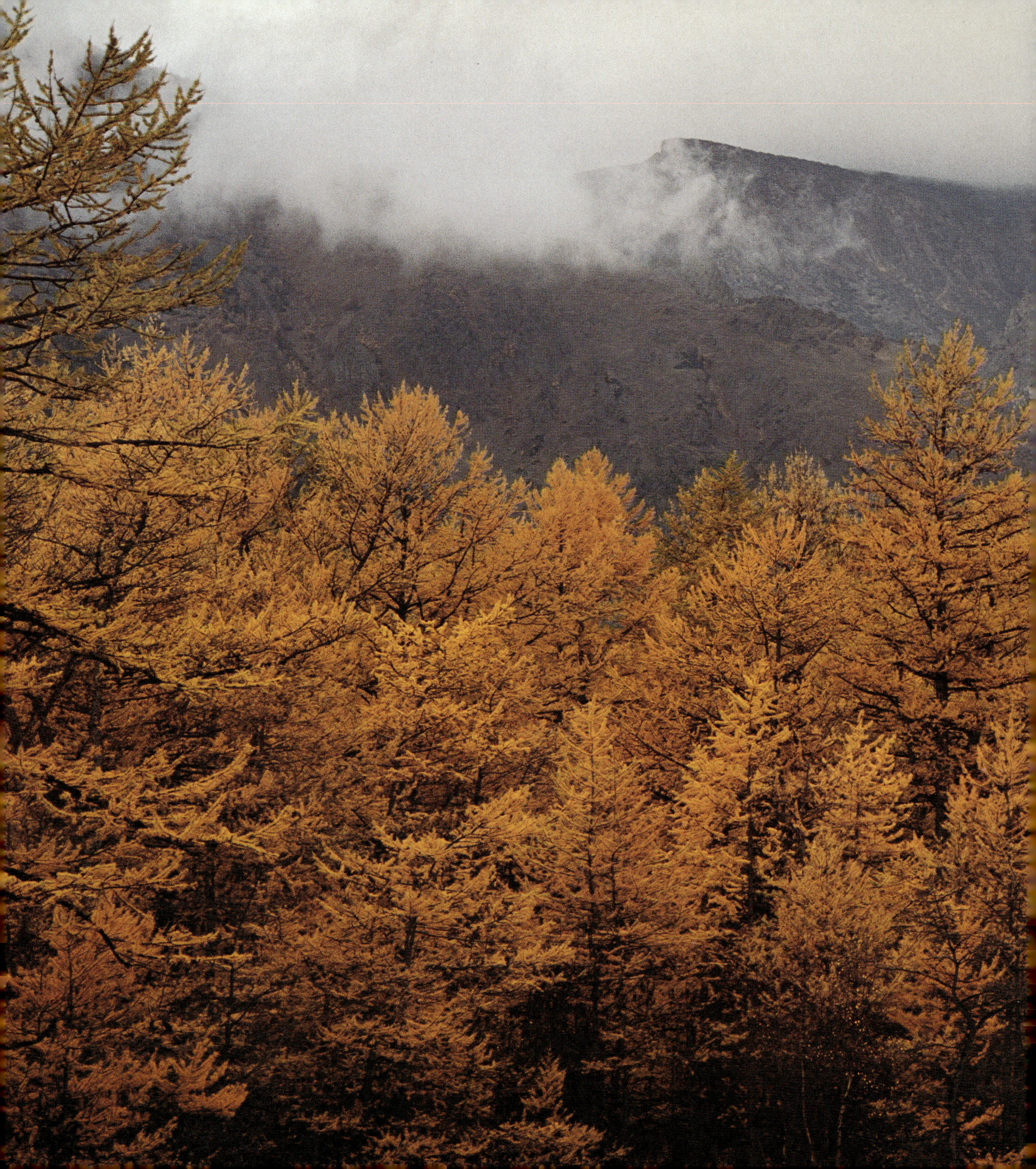

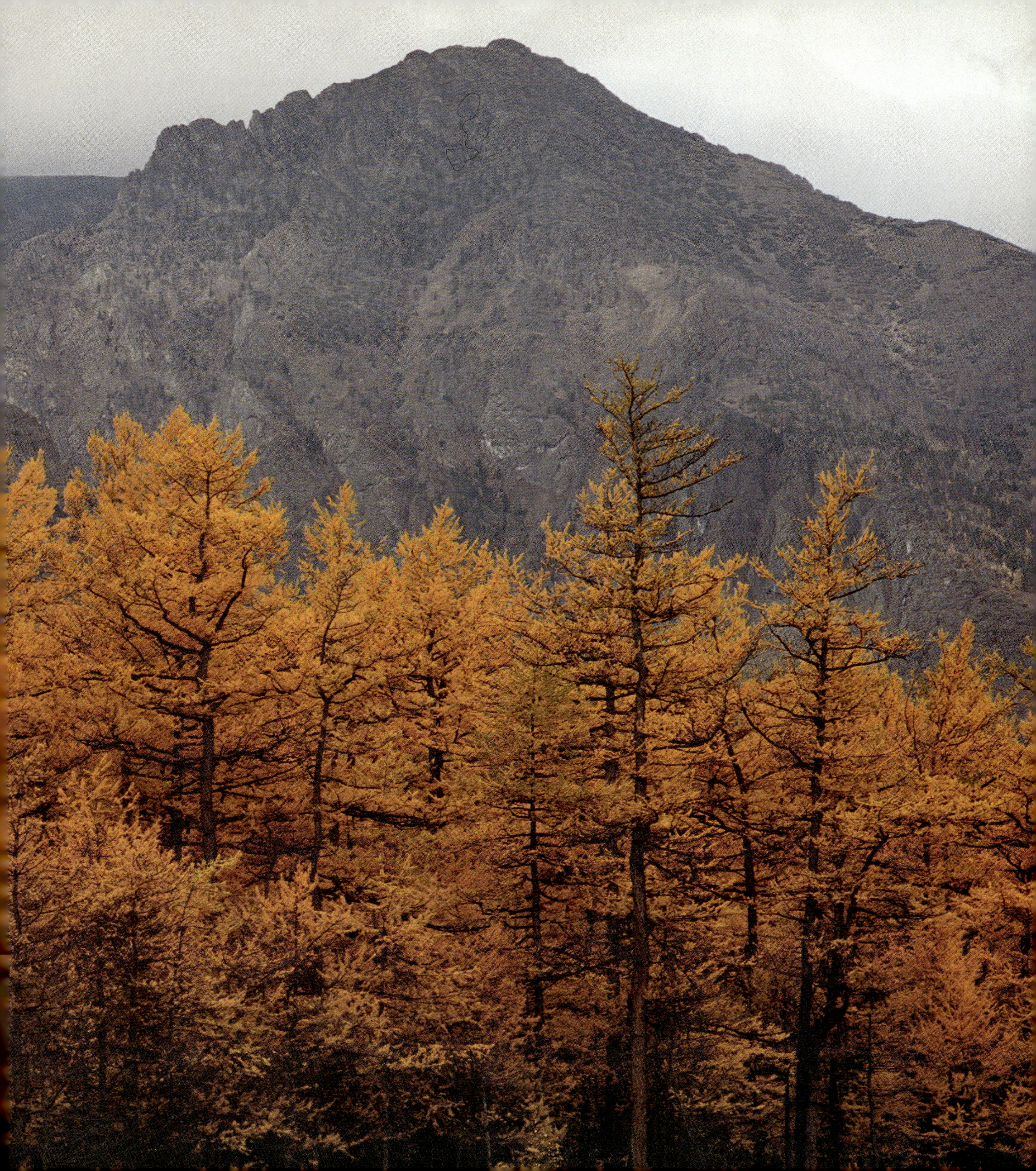

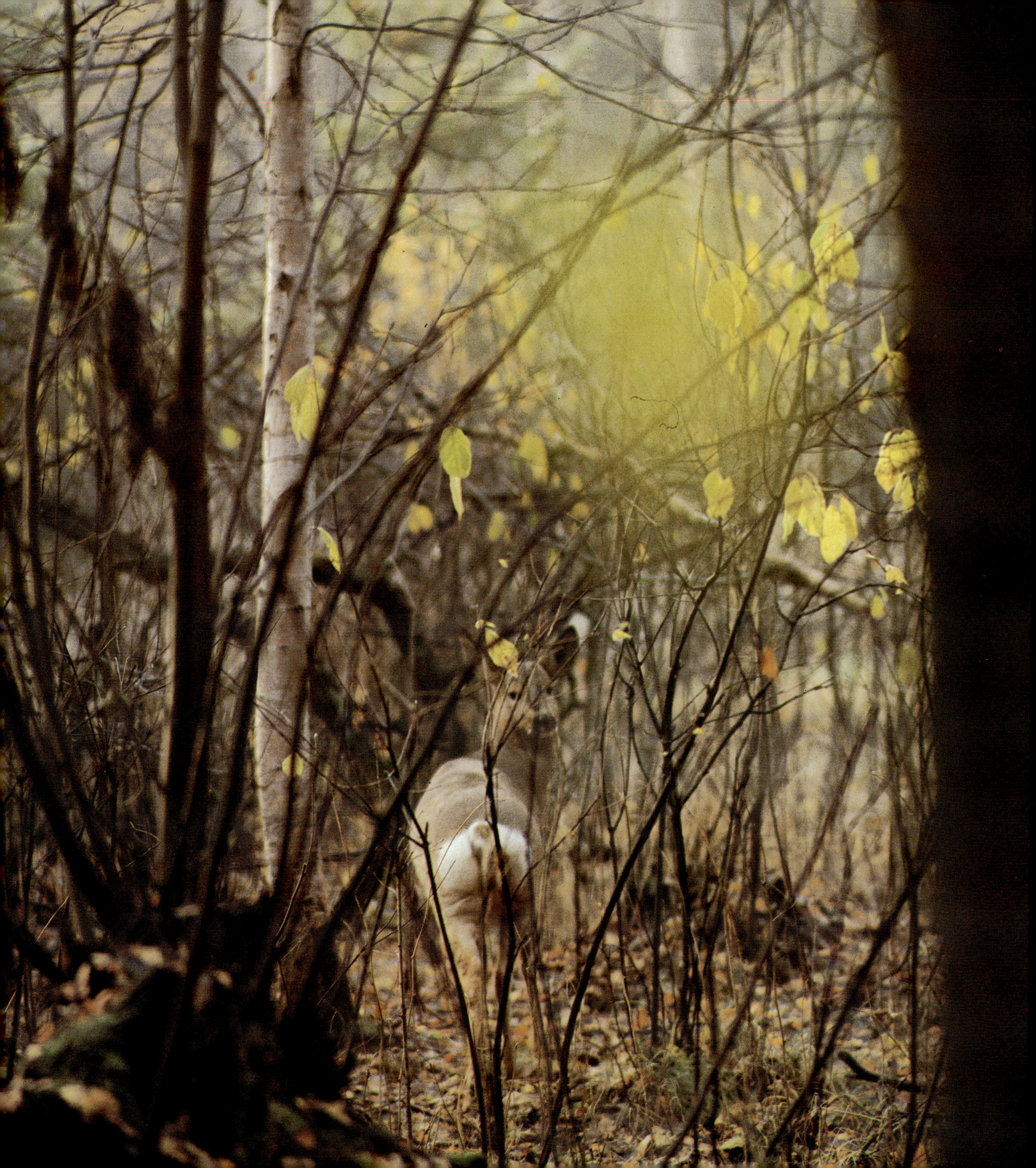

...На выступах древних скал прилепившиеся пучки зелени, в трещинах и между обломков крошечные ивки, папоротники, осочки; вся эта живая растительность – поэма борьбы, торжества жизни.

Григорий Федосеев

... Auf uralten Felsen Grasbüschel, in Spalten und Ritzen zwischen Steinbrocken winzige Zwergweiden, Farne und Riedgras; all diese lebendige Flora ist ein Poem des Kampfes, ist ein Triumph des Lebens.

Grigori Fedossejew

Велика жажда земли прикрыть наготу свою. Голые камни вершин она одевает снежниками и ледниками, а там, где кончается власть вечной высокогорной прохлады, скалы, серые неприютные глыбы окрашены в зеленый, красный, черный и солнечно-золотистый цвета неприхотливыми лишайниками.

Чуть ниже земля прикрыта блеклыми мехами ягеля, любимого корма оленей, затканы цветами пестрые куртины альпийских лугов. В отчаянной смелости взбираются на крутизну деревья. Они цепляются корнями за горсть земли в расселине каменного монолита, ветер и ливни крутят их, выворачивают, но и кривые, согнутые в три погибели, задыхающиеся от ураганных ветров, голодные, ибо корни упираются в коренные породы, деревья растут, выживают и в союзе с морозом и зноем, ветром и дождем клиньями корней рассекают скалу.

А если, обессилев, срываются вниз, обдирая ствол о ребра каменных осыпей, летят в Байкал, он радостно принимает их, играя, перебрасывает с волны на волну, то подгоняет к берегу, то уносит мористее, пока не попадет пленник в круговорот течения; воды сибирского моря беспрерывно движутся по раз и навсегда заведенному кругу: с юга на север вдоль восточного берега и с севера на юг вдоль западного – против часовой стрелки. Долго ходит дерево по синеве, тяжелеет, теряет кору, потом в ветреную ночь или день старик, наигравшись, выбрасывает его в каком-нибудь определенном месте на берег, и кажется, что среди кустов, сплошь покрывая серую гальку, лежат бивни исчезнувших мамонтов.

Ниже альпийских лугов властвует тайга с её трехохватными пятисотлетними кедрами-патриархами прибайкальских лесов, с ее ширококронными лохматыми лиственницами, пропитанными густым смолистым соком, с ее вытянутыми в струнку или согнутыми от тяжелых снегопадов в белые дуги молодыми березками.

Птицу кедровку называют сеятельницей тайги. И в самом деле: припасая кедровые орехи про запас, она зарывает их в землю по одной ей понятной схеме. Но не все свои тайники находит потом птица, и зернышки, проснувшись в земле, прорастают прочным зеленым огоньком. То ли птица, то ли ветер занесли семена лиственницы в песок бухты Песчаной многие века назад, и родилось еще одно чудо Прибайкалья, так называемые «ходульные деревья». Пока лиственничка, гибкой зеленой лапкой поднявшаяся над желтизной песка, еще беззащитна, ее как раз эта беззащитность и спасает: она гнется по ветру, а затем выпрямляется. Но корни у нее распространяются больше вширь, чем вглубь. И вот лукавый ветер начинает из-под дерева горстями выгребать песок – день за днем, месяц за месяцем, год за годом. Корни постепенно оголяются, чтобы не погибнуть, дерево вгоняет их все глубже в землю, ветер продолжает выдувать песок, и вот уже дерево стоит как на ходулях. Корни, попав на свет, крепнут, становятся как бы частью ствола, разветвленного и сверху и снизу, и лиственницы, и сосны стоят над песками как многоногие жирафы.

По всей тайге разбросаны кусты светло-зеленого, седого можжевельника с темными глазками ягод. У старожилов Сибири есть обычай: если хочешь доказать свою любовь к девушке – должен пройти по жестким колючкам можжевельника босиком. А если хочешь испытать мужество свое – попробуй пройти сквозь заросли кедрового стланика. На этом прихотливо переплетенном кустарнике растут шишки, похожие на кедровые, только поменьше. Ближе к Байкалу стволы его поднимаются до трех метров и выше, здесь кусты стоят отдельно друг от друга, но чем выше – тем гуще ветви, тем сильнее они цепляются друг за дружку, тем плотнее и непроходимее заросли. Это – страж альпийских лугов, где растут редчайшие эдельвейсы, записанные в Красную книгу горные маки, камнеломка и другие реликтовые растения.

Groß ist das Streben der Erde, ihre Blöße zu bedecken. Die kahlen Steine ihrer Gipfel hüllt sie in ewigen Schnee und Gletschereis, und dort, wo die Macht der ewigen Hochgebirgskühle endet, sind graue unwirtliche Felsen in das Grün, Rot, Schwarz und Sonnengold der anspruchslosen Flechten gefärbt.

Etwas tiefer ist die Erde mit dem fahlen Fell des Rentiermooses bedeckt, dem Lieblingsfutter der Rene und auf den abschüssigen Almen blühen bunte Wiesenblumen. Verwegen wagen sich die Bäume in diese steile Höhe. Sie klammern sich mit ihrem Wurzelwerk an eine Handvoll Erde in einer Felsspalte, Wind und Gußregen beugen sie, verrenken sie, doch bizarr verkrümmt, erschöpft von den Sturmwinden, wachsen diese Bäume weiter, überleben und breiten im Bündnis mit Frost und Hitze, Wind und Regen ihr Wurzelwerk über die Felsen aus.

Wenn sie jedoch erschöpft in den Abgrund stürzen, dabei ihren Stamm am Geröll aufreißen und in den Baikalsee fallen, so schließt er sie freundlich in seine Arme. Spielerisch wirft er sie von Welle zu Welle, treibt sie ans Ufer, trägt sie hinaus, bis sie in den Strudel der Strömung geraten. Die Wasser des sibirischen Meers bewegen sich ohne Unterlaß in einem einmal vorgegebenen Kreis: von Süden nach Norden, am Ostufer entlang und von Norden nach Süden am Westufer entlang – entgegen dem Uhrzeiger. Lange gleitet der Baumstamm so auf der blauen Wasserfläche dahin, nimmt zu an Gewicht, verliert seine Rinde, damit ihn endlich in einer stürmischen Nacht oder bei Tage der graubärtige Baikal wie spielerisch irgendwo ans Ufer schleudert und als Uneingeweihter glaubt man, daß dort, im Strauchwerk unter grauem Kieselgestein die Stoßzähne ausgestorbener Mammuts liegen.

Unterhalb der Almenwiesen herrscht die Taiga mit ihren fünfhundertjährigen patriarchalischen Zedern, deren Stämme kaum drei kräftige Männer zu umfassen vermögen, mit ihren ausladenden Lärchen und mit den jungen Birken, deren Zweige wie weiße gespannte Saiten wirken oder sich tief zur Erde neigen, gebeugt von der Last der Schneefälle.

Der Nußbauer wird auch Sämann der Taiga genannt. Dieser Vogel legt Vorräte an Zedernüssen an, er verscharrt sie in der Erde nach einem einzig ihm bekannten System. Doch der Vogel findet später nicht all seine geheimen Verstecke wieder, und die Kerne, die im Erdreich erwachen, sprießen als kleine grüne Flammen aus dem Boden. Ob nun ein Vogel oder der Wind die Samen der Lärchenbäume vor Jahrhunderten in den Sand der Pestschannaja-Bucht getragen hat, wer weiß es zu sagen, auf jeden Fall ist in Transbaikalien ein weiteres Naturwunder entstanden, die sogenannten Stelzenbäume. Solange die junge Lärche sich mit ihren biegsamen grünen Zweigen über dem Gelb des Sandes erhebt und noch schutzlos ist, errettet sie gerade ihre Schutzlosigkeit. Sie biegt sich im Winde und richtet sich später auf. Doch ihr Wurzelwerk geht mehr in die Breite als in die Tiefe. Der arglistige Wind beginnt den Sand unter dem Baum hervorzuscharren, Tag für Tag, Monat für Monat, Jahr für Jahr. Die Wurzeln werden im Laufe der Zeit bloßgelegt, und um zu überleben, schiebt sie der Baum immer tiefer ins Erdreich, der Wind bläst den Sand fort und so steht der Stamm wie auf Stelzen. Die Wurzeln, auf diese Weise ans Licht gekommen, festigen sich, werden zu einem Teil des Baumstamms, verzweigen sich nach oben und unten, und Lärchen und Kiefern stehen auf dem Sand wie vielbeinige Giraffen.

Überall in der Taiga sind die Zweige des hellgrünen, graumelierten Wacholders mit den dunklen Augen seiner Beeren verstreut. Die Ureinwohner Sibiriens kennen folgenden alten Brauch: Will man seine Liebe zu einem Mädchen beweisen, so muß man barfuß über das harte stechende Wacholdergehölz laufen. Will man seinen Mut unter Beweis stellen, so muß man versuchen, sich den Pfad durchs Krummholz eines Zedernwaldes zu bahnen. An diesem sorgfältig verflochtenen Gehölz wachsen Kienäpfel, die den Zedernäpfeln ähneln, nur sind sie kleiner. Zum Baikal hin erreicht das Gehölz eine Höhe von drei Meter und mehr, hier stehen die Sträucher nicht so eng, doch je höher sie sind, desto dichter werden die Zweige, desto fester klammern sie sich aneinander, desto undurchdringlicher wird das Dickicht. Sie sind die Wächter der Almenwiesen, wo das seltene Edelweiß blüht, wo Steinbrech, knollige Spierstaude und andere Reliktepflanzen gedeihen, die ins Rotbuch eingetragen sind.

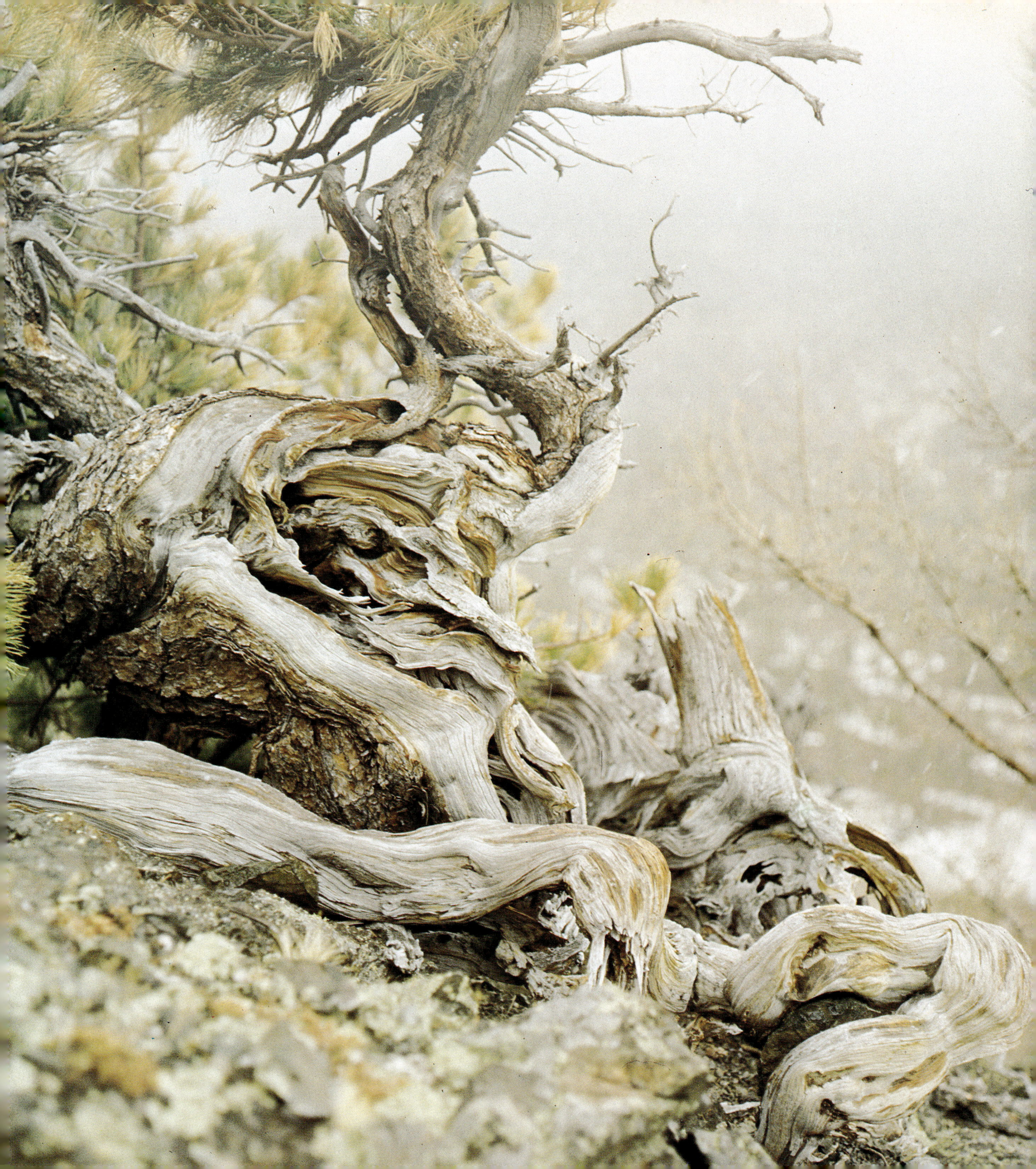

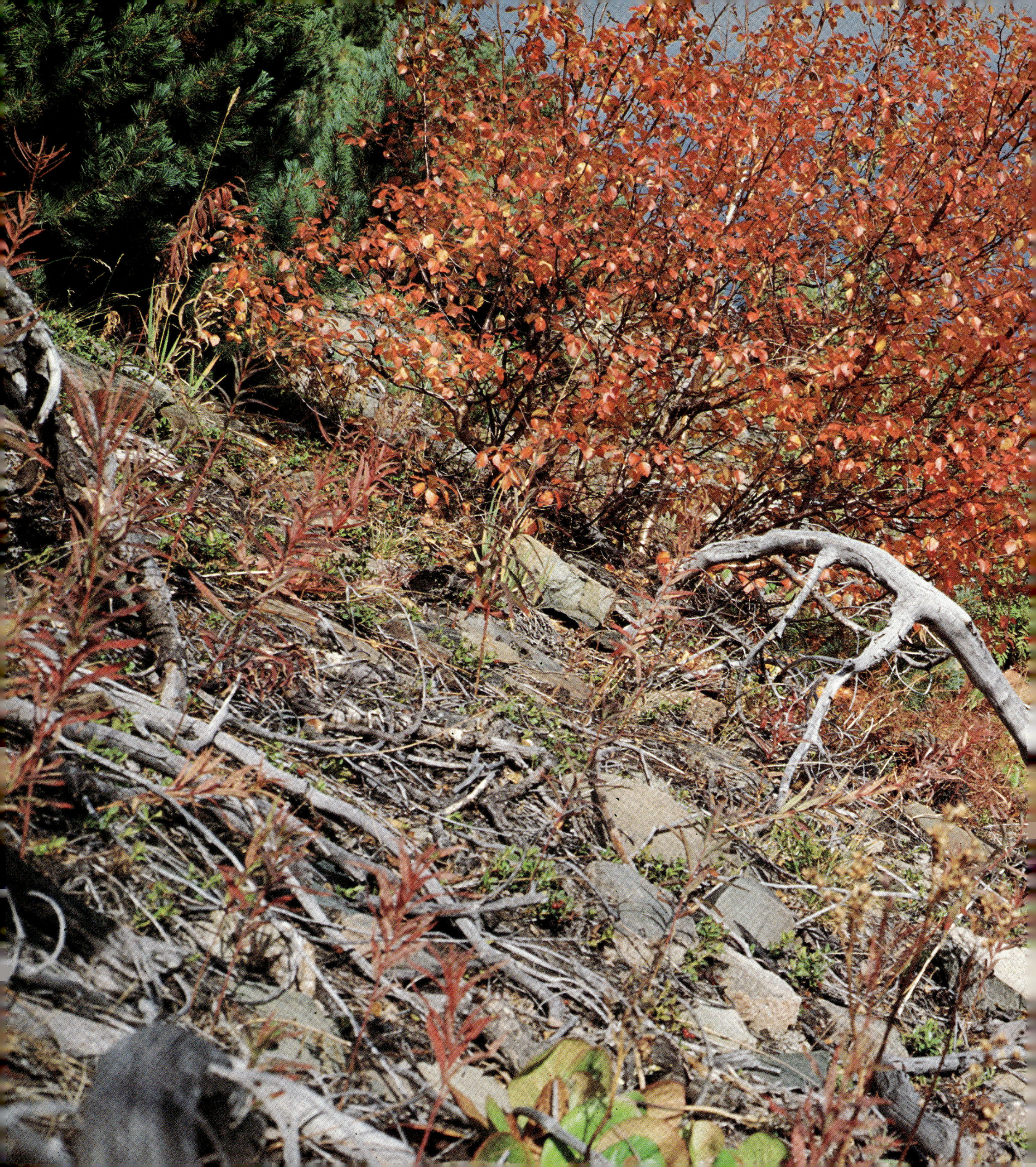

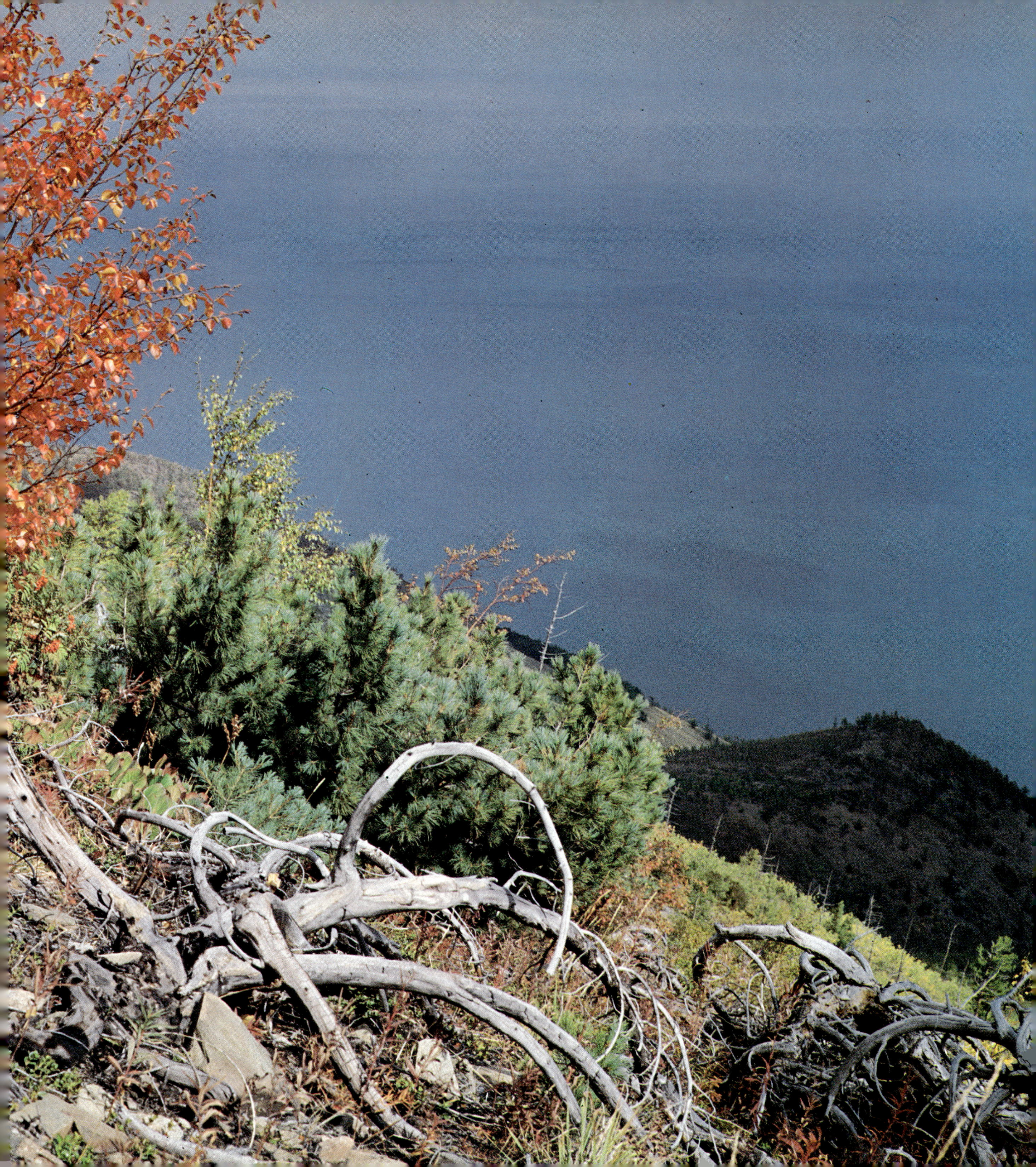

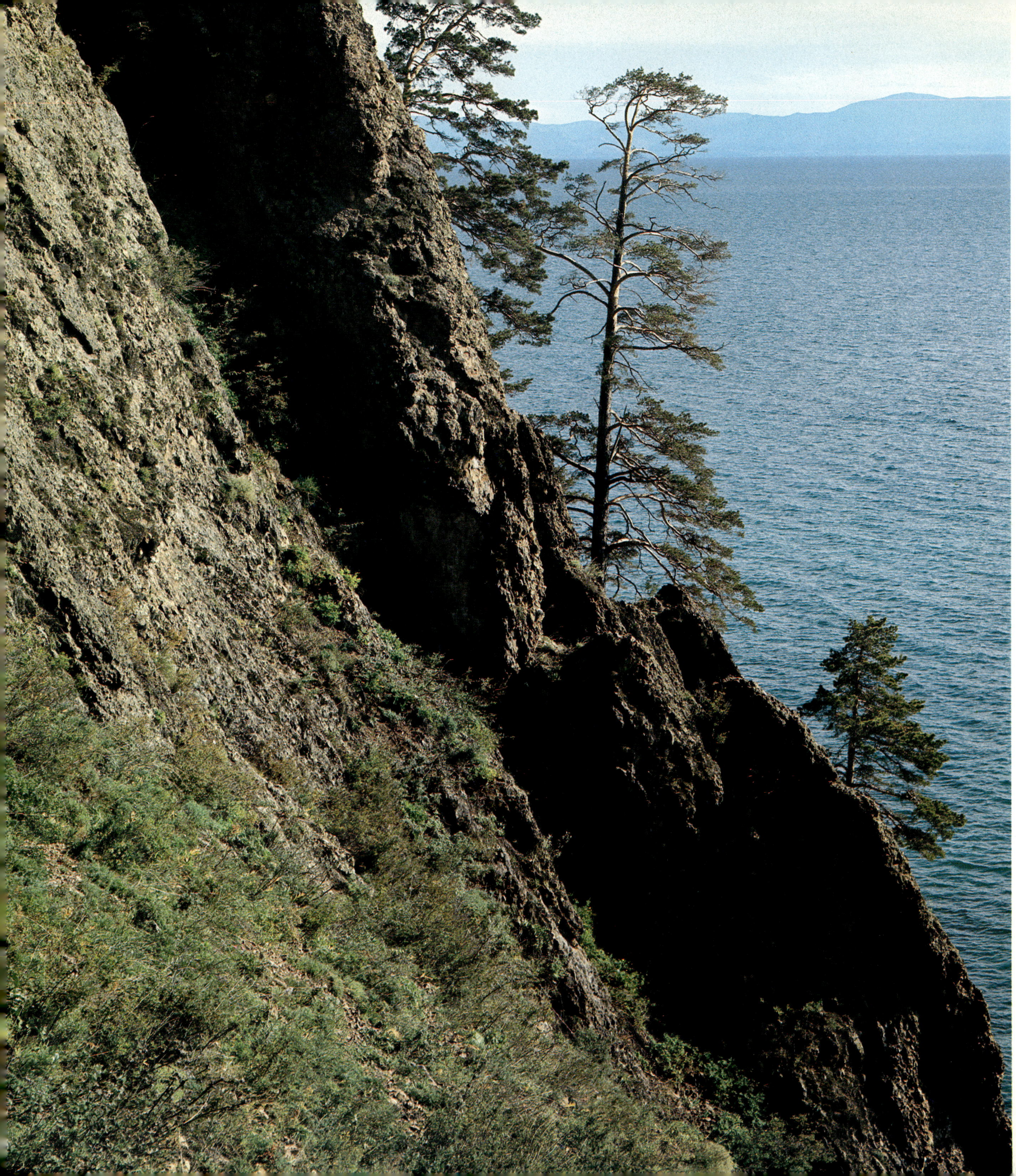

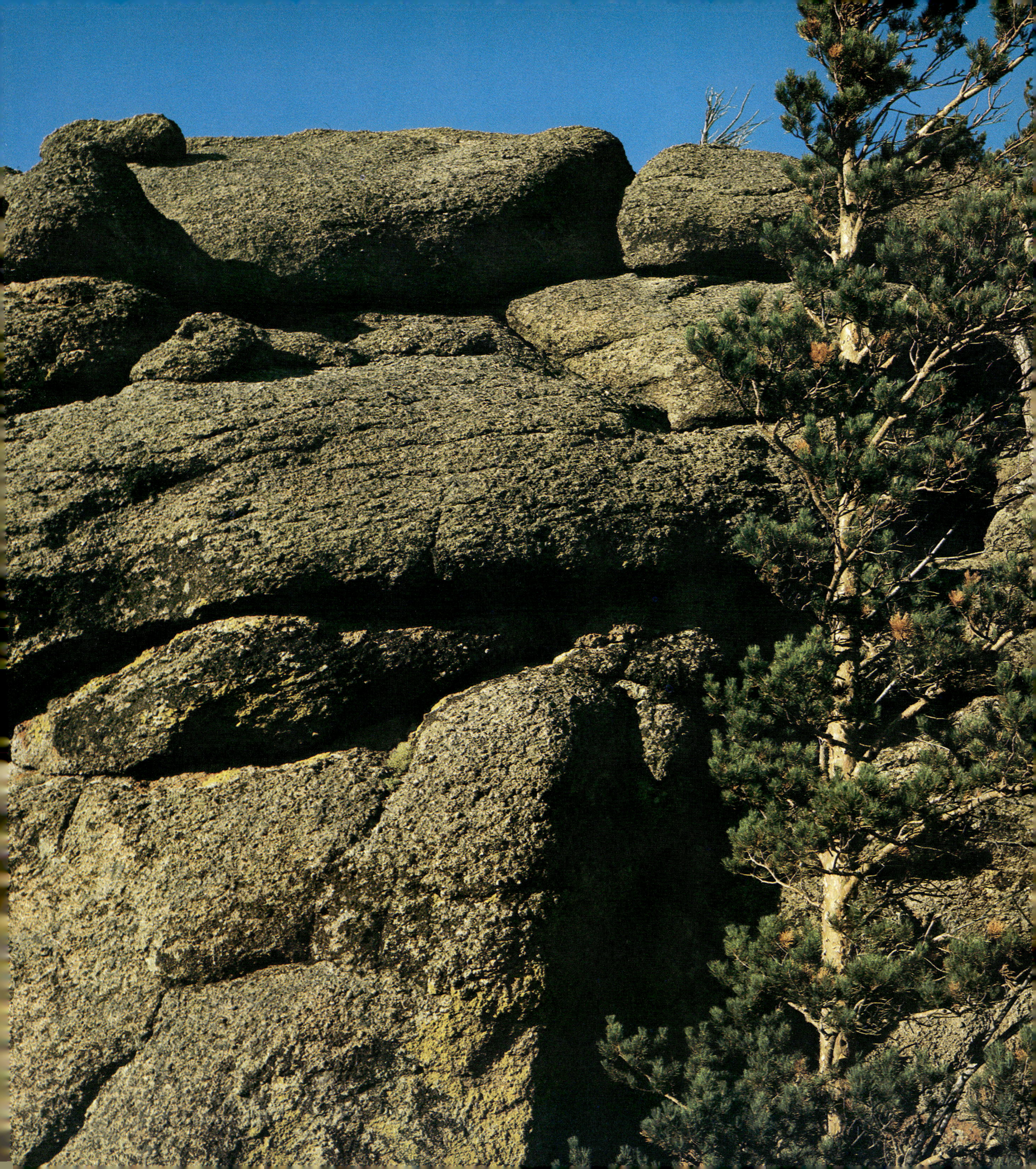

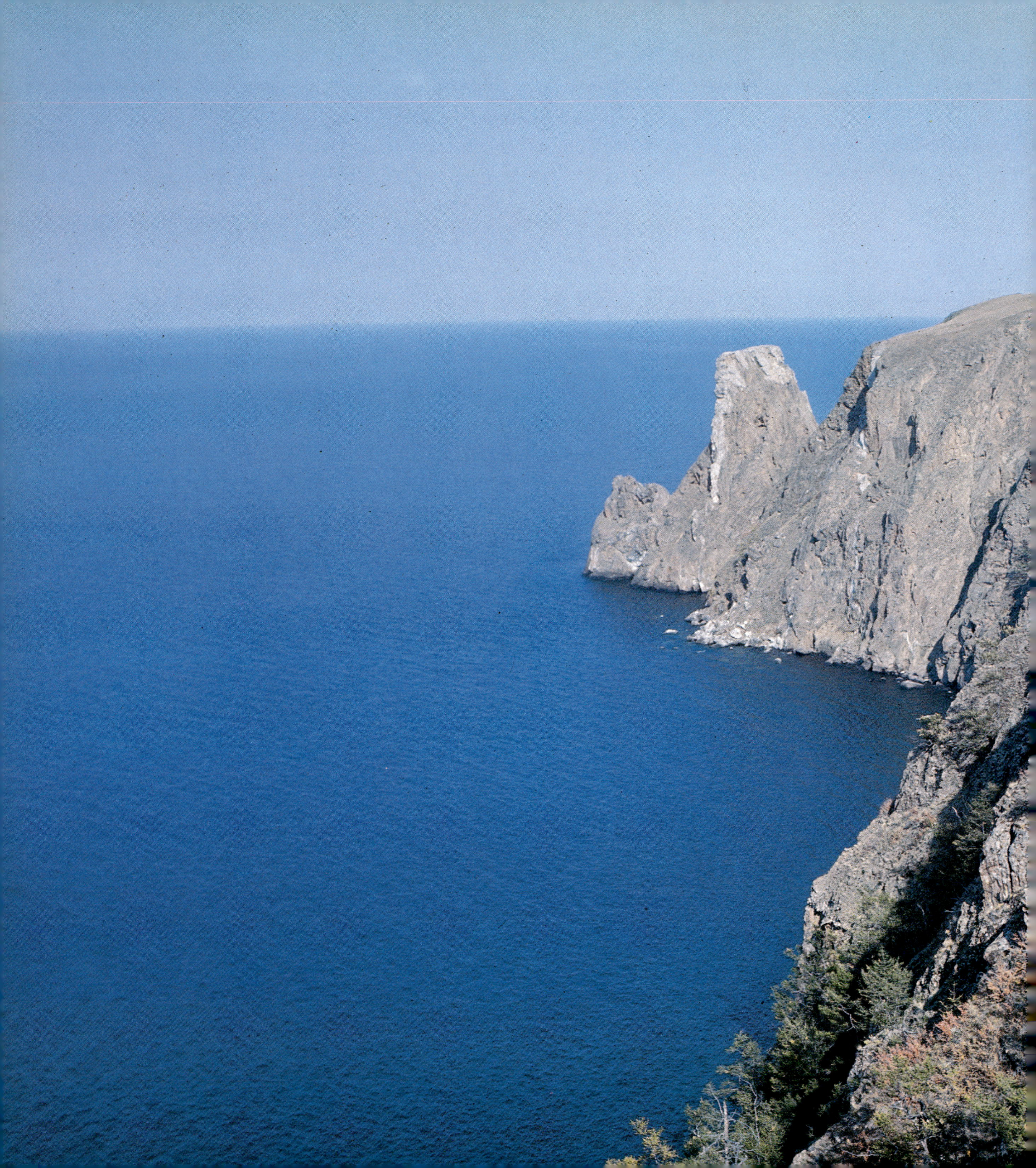

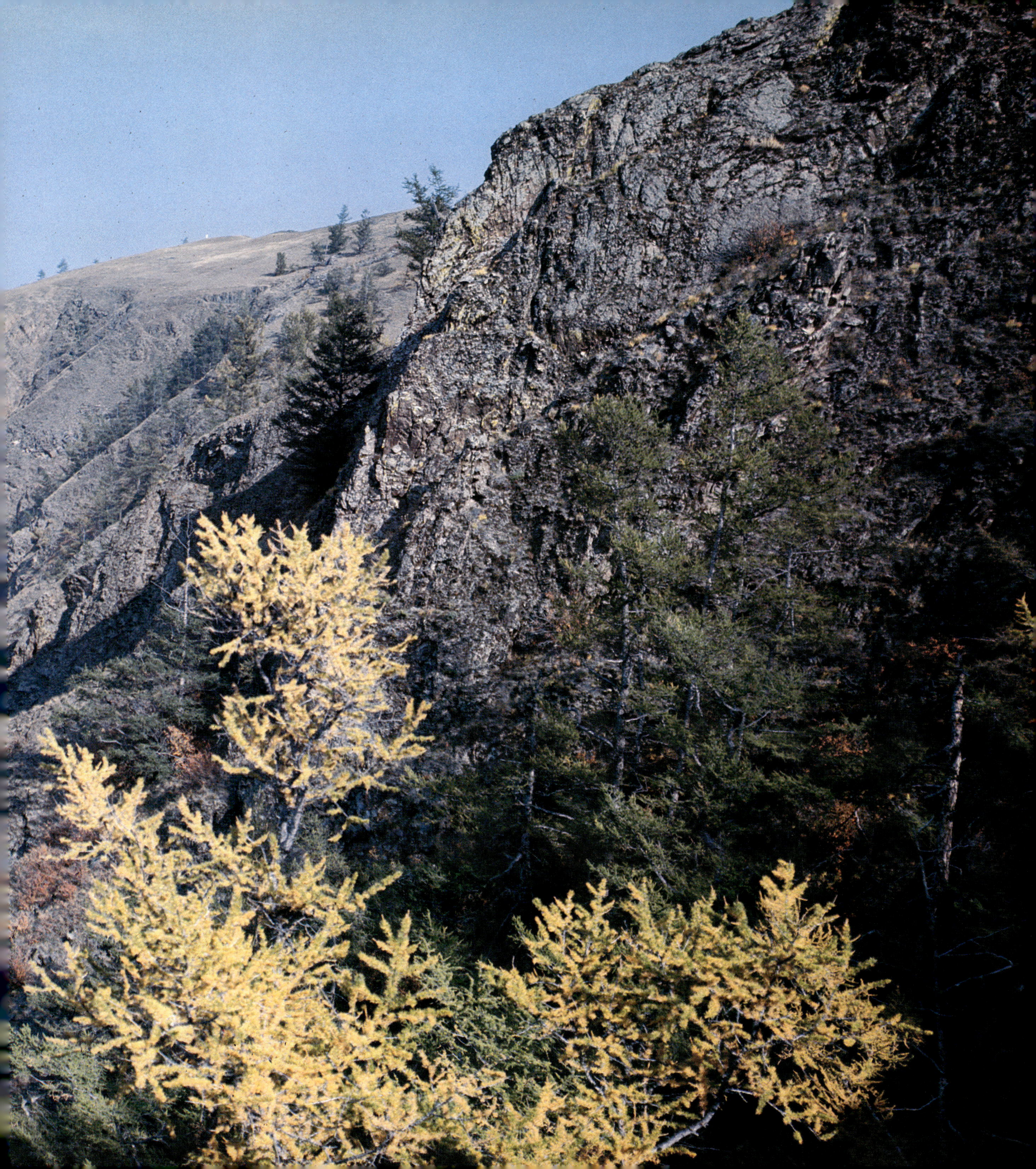

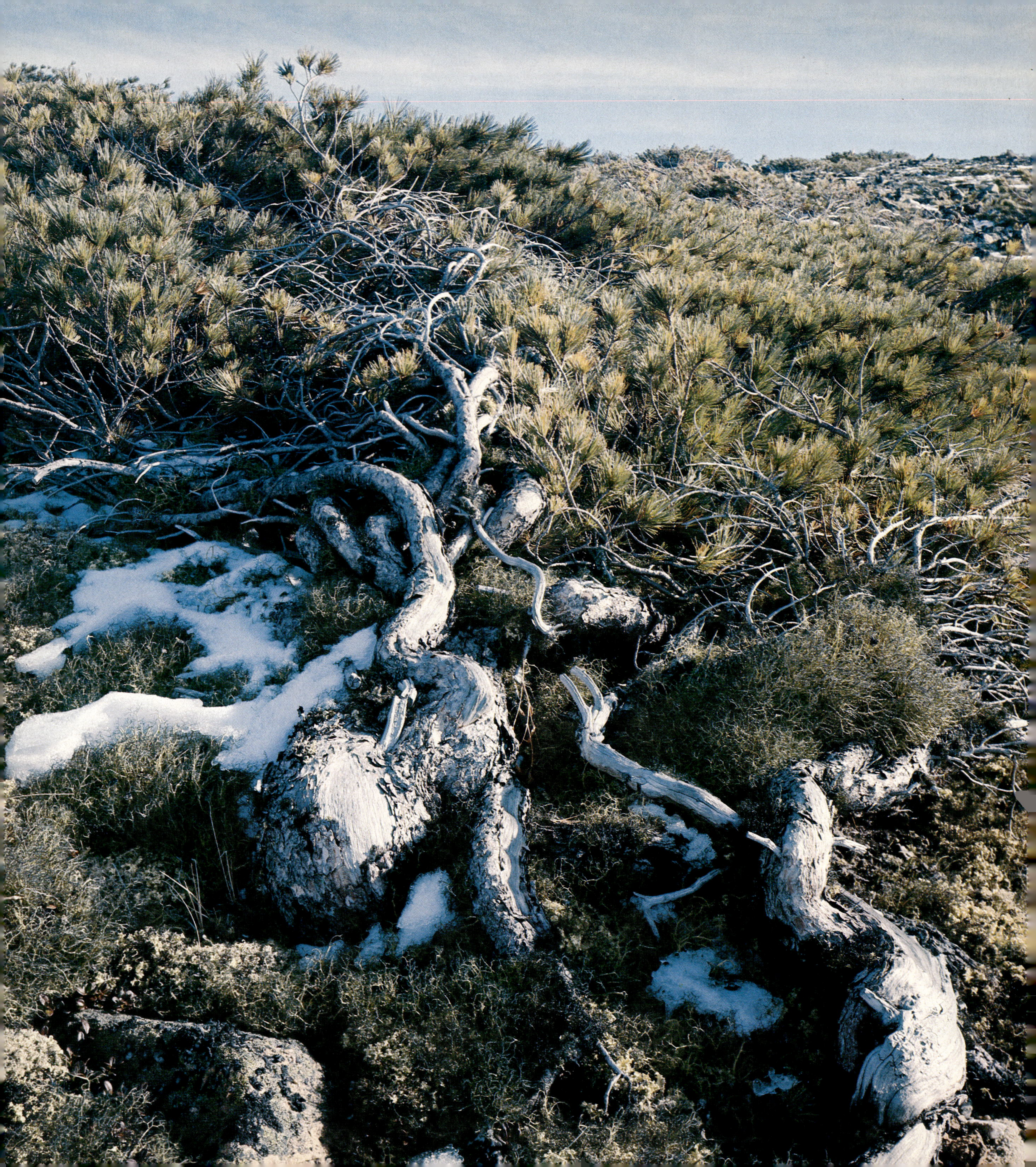

Я вынес из впечатлений моей жизни глубокое убеждение, что прекрасный ландшафт имеет такое огромное воспитательное влияние на развитие молодой души, с которым трудно соперничать влиянию педагога.

Константин Ушинский

Durch die Eindrücke, die mir das Leben vermittelt hat, bin ich zu der tiefen Überzeugung gelangt, daß eine großartige Landschaft von so entscheidendem erzieherischem Einfluß auf die Entwicklung einer jungen Seele ist, daß der Einfluß des Pädagogen nur schwerlich mit ihr zu konkurrieren vermag.

Konstantin Uschinski

Наступают безветренные, элегически-тихие дни. Зеленый мир затаенно чего-то ждет, кажется, будто холода, пригрозившие было тайге, одумались, вернули ей деньки минувшего бабьего лета. И вечером все спокойно, и утром следующего дня все так же безмятежно сверкает солнце, но в зеленом шелесте берез проглянула уже тревожная волна осеннего золота. Стало быть, сентябрь пришел. И когда первый лист упадет в загустевший настой колдовской воды, в ее толще можно увидеть косяки омуля, устремившиеся к устьям рек. Начинается нерест, начинается осень, приближается время бурь, которые, впрочем, грянут не сразу: они дадут созреть желтизне, они дождутся, когда вплетет в горящий узор свои красные огни осина, а зеленые иглы лиственниц станут светлыми, как цыплячий пух. В этом буйстве теплых красок каждое деревце, каждый куст проклюнутся своей – лиловой, охристой, краплаковой искоркой. И темные ели покажутся черными, и сосны станут строже и графичнее.

Но еще долго Байкал будет хранить тепло, накопленное летом, неторопливо, экономно будет отдавать его воздуху. Летом на Байкале и у Байкала холоднее, чем в прилегающих районах, осенью теплее на пять-шесть, а то и все десять градусов. Даже когда побелеет земля, Байкал все еще будет теплым.

В октябре тысячерукий ветер набрасывается на деревья, настало время ему собирать свой урожай. Искристыми потоками летят листья, шурша осыпается хвоя лиственниц, и ручьи, и реки торопятся унести лесную роскошь Байкалу, но мокрые листья прибиваются к берегам, к каждой веточке, к каждому камню, им не хочется покидать тайгу. В прибрежных лесах – светлее и просторнее, становится видно, как много здесь птиц. Летом они свистели, подавали голоса, каждая сама по себе, раскиданные живыми комочками по бескрайнему простору, занятые своими делами: добыванием пищи, выведением и воспитанием птенцов, теперь инстинкт сколачивает их в стаи: вот-вот они распорют небо своими клиньями. Ученые насчитали в прибрежной тайге восемьдесят видов птиц. Покидают леса трясогузки, чтобы вернуться сюда первыми и принести весну: есть такое поверье в Сибири, будто прилетает трясогузка, хвостиком своим разбивает лед и начинается ледоход на реках. Потом попрощаются с Байкалом журавли, утки, гуси, взмахнут белыми крыльями лебеди, и тотчас с неба посыплются их перья: падает на землю первый снег.

Он еще растает, сойдет водой, но сразу станет холоднее, пойдут неуютные длинные дожди, в струи станет вплетаться мокрый снег: осень войдет в силу, изменит облик тайги.

Последние запасы на зиму делают белки, скоро им менять свои летние шубки, заполнил свои закрома, вышелушив кедровые шишки бурундук, – юркий полосатый зверек, готовят себе берлоги медведи – в первые недели ноября им предстоит увидеть свои первые звериные сны. А горностай побелел до срока и теперь прячется, чтобы не попасть в лапы другому, сильному хищнику, ждет не дождется: когда же вокруг станет белым-бело.

Близится зима. Но Байкал все еще сверкает по-летнему, вокруг него еще догорают деревья, и красные кисти рябины сзывают к себе птиц, которые верны этому суровому краю, не покидают его никогда: рябчики, дятлы, глухари встретят первые метели, вместе с другими зимующими в Сибири птицами перенесут мороз, как подобает сибирякам.

Windstille. Mit ihr beginnen die wehmütig-stillen Tage. Die grüne Welt scheint auf etwas zu warten, es ist, als hätte es sich die Kälte, die die Taiga schon bedrohte, anders überlegt und ließe den eigentlich bereits verstrichenen Altweibersommer noch ein wenig gewähren. Abends bleibt es still und auch am darauffolgenden Morgen und tagsüber leuchtet noch immer sorglos die Sonne, doch im grünen Raunen der Birken spürt man bereits die beunruhigende Welle des herbstlichen Goldes. Der September ist gekommen. Und wenn das erste Blatt auf die dunkle verzauberte Oberfläche des Sees fällt, kann man in seiner Tiefe die Omulschwärme erkennen, die den Flußmündungen zustreben. Jetzt beginnt die Laichzeit, beginnt der Herbst, und die Zeit der Sturmwinde, die nicht sofort hereinbrechen, ist nicht mehr weit. Sie lassen das Gelb des Laubwerks noch reifen, sie warten, bis die Espe im glühenden Ornament ihre roten Feuer sprühen läßt und die grünen Nadeln der Lärchen fahl werden wie Kükenflaum. Zu diesem Triumph sanfter Farben steuert jedes Bäumchen und jeder Strauch seine ihm eigenen Farbspritzer bei – lila, ockerfarben und buntgesprenkelt. Die dunklen Tannen scheinen jetzt schwarz, die Kiefern wirken streng und stolz.

Doch noch lange wird der Baikal die Wärme bewahren, die er im Sommer gesammelt hat, wird sie bedächtig und allmählich der Luft abgeben. Im Sommer ist es auf dem See und an seinen Ufern kühler als in den angrenzenden Gebieten, im Herbst ist es dafür fünf bis sechs, zuweilen auch zehn Grad wärmer. Selbst wenn die Erde schon ihr weißes Wintergewand anlegt, ist der Baikal noch immer warm.

Im Oktober stürzt sich der tausendarmige Wind auf die Bäume und es ist an der Zeit, die Ernte einzubringen. In leuchtenden Farben flattern die Blätter durch die Luft, raschelnd verlieren die Lärchen ihr Nadelgewand und Bäche und Flüsse eilen, all diese Waldschönheit dem Baikal zuzuführen, doch die nassen Blätter klammern sich an die Ufer, an jeden Zweig, an jeden Stein, sie wollen nicht fort aus der Taiga. In den Uferwäldern ist es lichter und freier, jetzt erst sieht man, wie viele Vögel hier leben. Im Sommer zwitscherten sie und ließen ihre Stimmen ertönen, jeder für sich verteilten sie sich wie lebendige Knäule über die endlose Weite, jeder beschäftigt mit sich und seinen Sorgen: Futter besorgen, die Jungen ausbrüten und aufziehen, doch nun treibt sie der Instinkt zu Schwärmen zusammen, und sie steigen hoch in den Himmel auf.

Wissenschaftler haben in der Ufertaiga achtzig Vogelarten gezählt. Die Bachstelzen verlassen die Wälder, um übers Jahr als erste hierher zurückzukehren und den Frühling zu bringen. Ein Volksglaube in Sibirien besagt, daß die Bachstelze herbeifliegt und mit dem Schwanz das Eis zerschlägt, damit der Eisgang auf den Flüssen beginne. Später nehmen Kraniche, Wildgänse und Wildenten Abschied vom Baikal, die Schwäne breiten ihre weißen Schwingen aus und es ist, als schüttelten sie ihre Federn zur Erde. Doch das ist ein Irrtum – es sind die ersten Schneeflocken, die durch die Lüfte wirbeln.

Dieser erste Schnee schmilzt noch, wird wieder zu Wasser, doch sofort wird es kälter, unangenehme langwierige Regenfälle setzen ein und verwandeln sich allmählich in feuchten Schnee. Der Herbst tritt in seine Rechte und verändert das Antlitz der Taiga.

Die Eichhörnchen legen ihre letzten Wintervorräte an, bald werden sie ihr Sommerfell wechseln, das Erdeichhörnchen hat seine Speicher gefüllt, das hurtige gestreifte Tierchen klaubt die Kerne aus den Zedernäpfeln. Die Bären bereiten ihre Höhlen für den Winter vor – in den ersten Novemberwochen haben sie schon ihre ersten Tierträume. Der Hermelin aber ist noch vor der Zeit weiß geworden und versteckt sich nun, um nicht einem anderen starken Raubtier in die Fänge zu geraten. Er kann es gar nicht erwarten, bis alles rundum in schlohweiße Tücher gehüllt ist.

Der Winter ist nicht mehr fern. Doch noch schimmert der Baikal sommerlich, die Bäume am Ufer stehen im flammenden Herbstlaub und die roten Trauben der Ebereschen locken die Vögel, die dieser rauhen Gegend die Treue halten und sie niemals verlassen: Haselhühner, Spechte und Auerhähne grüßen den ersten Frost und durchstehen gemeinsam mit den anderen Vögeln, die in Sibirien überwintern die harten Fröste, wie es echten Sibiriern geziemt.

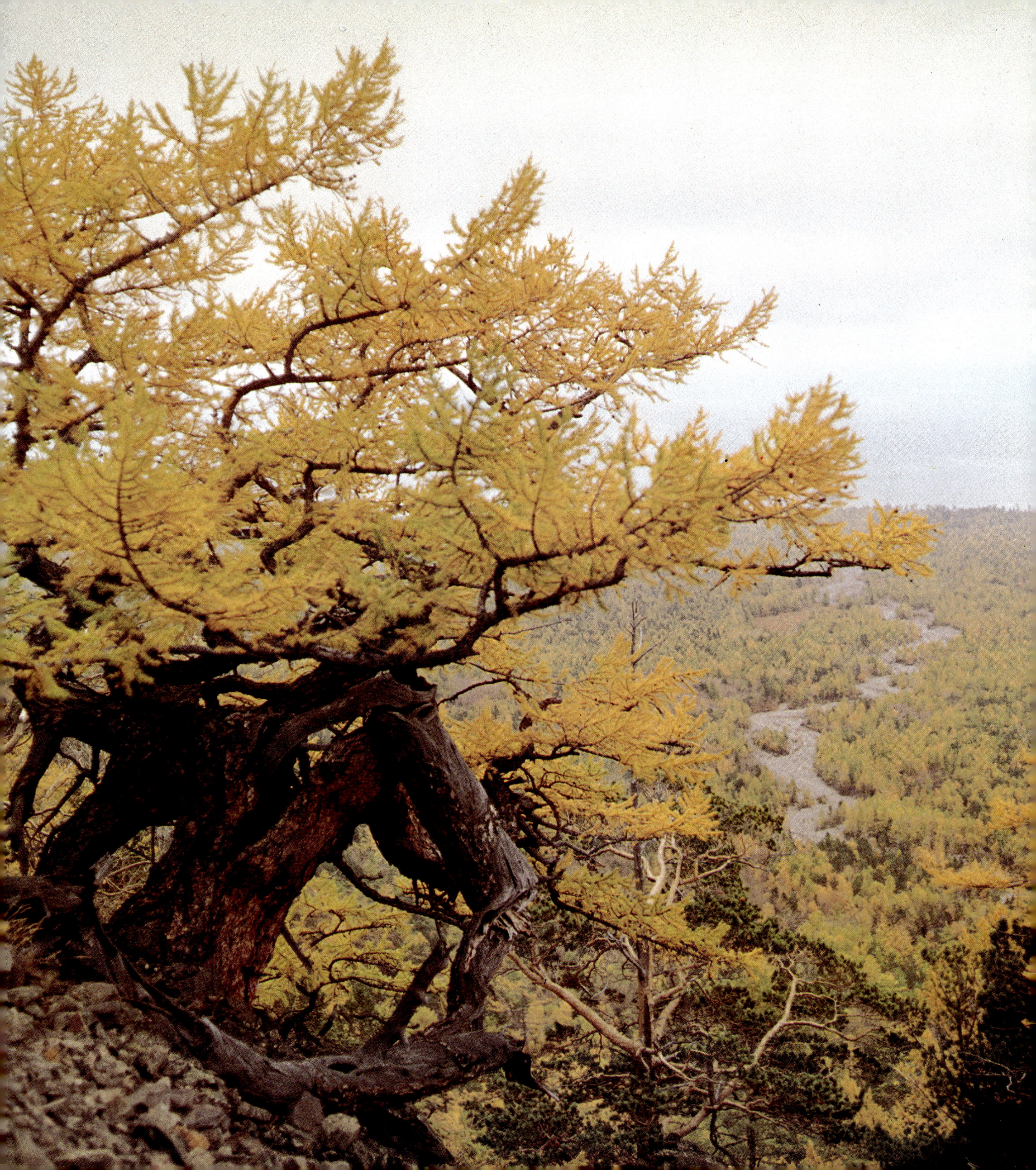

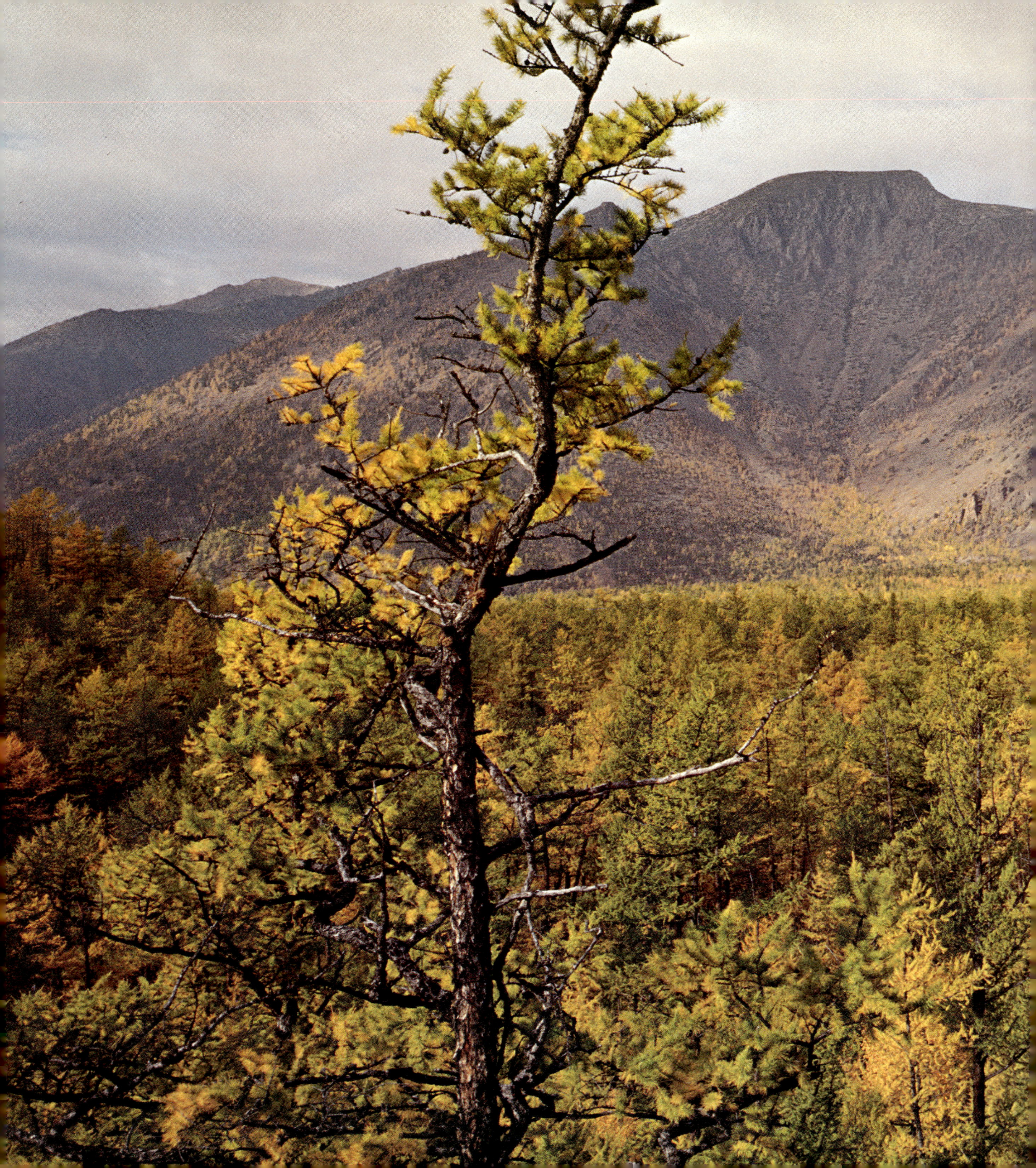

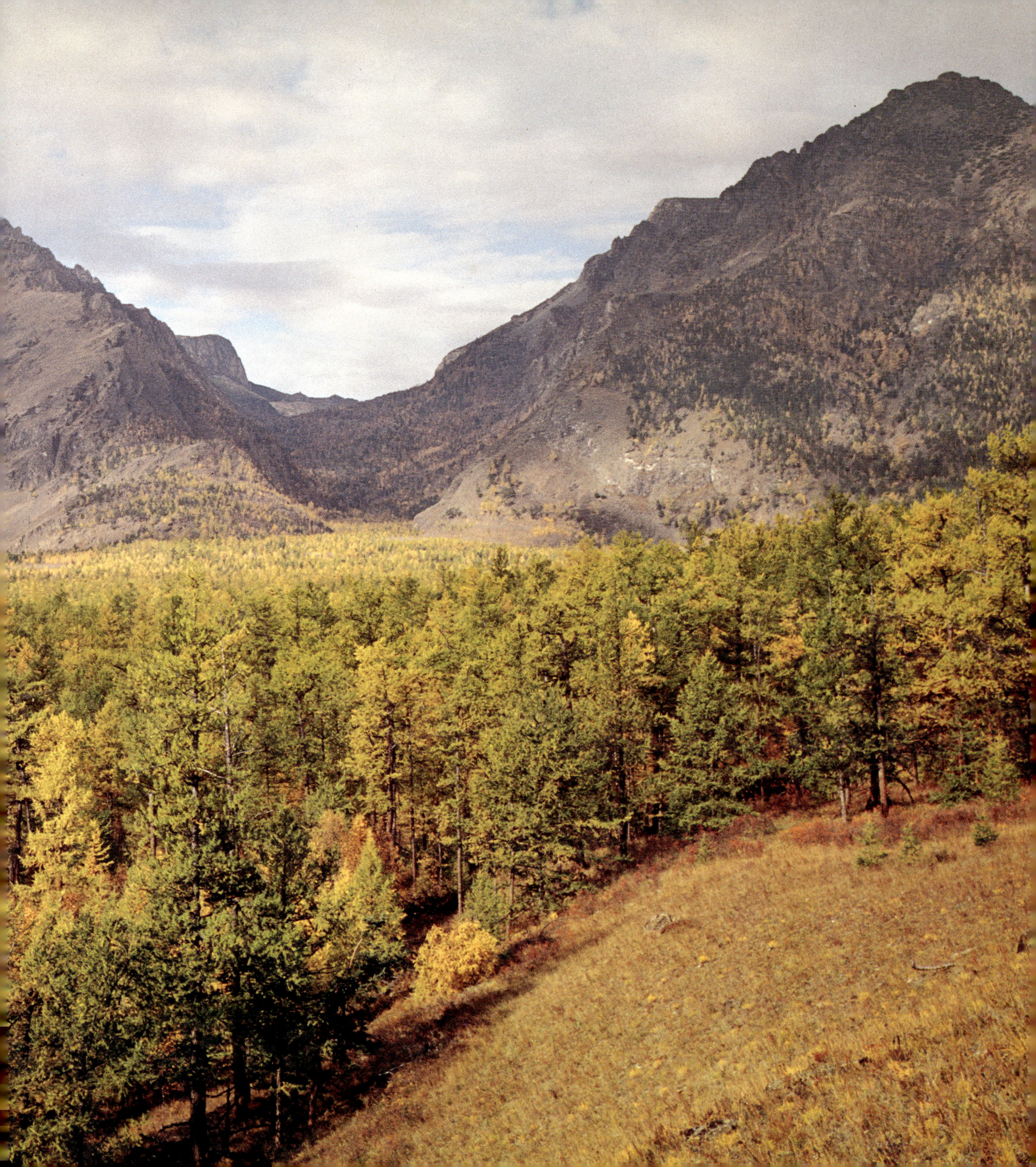

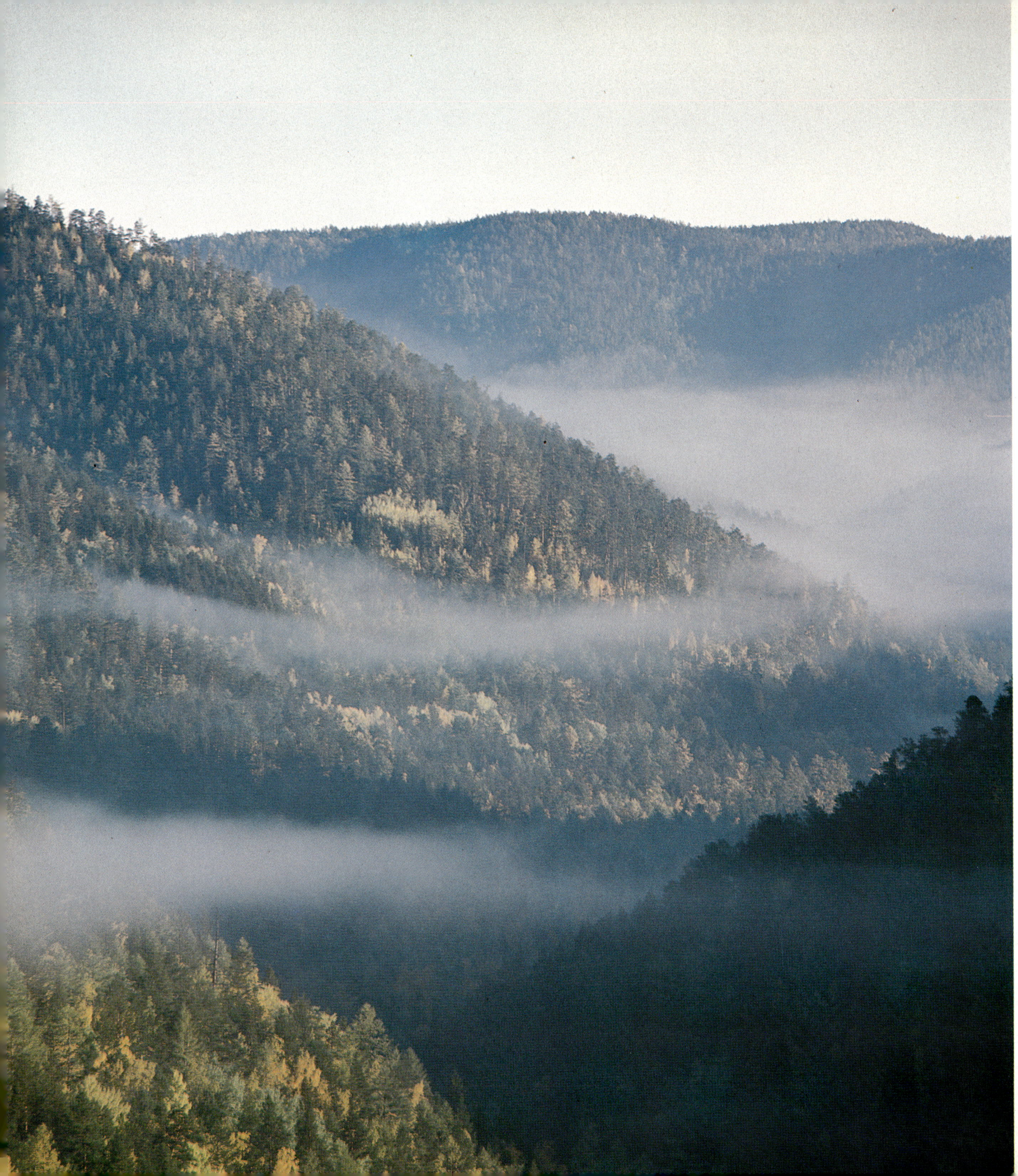

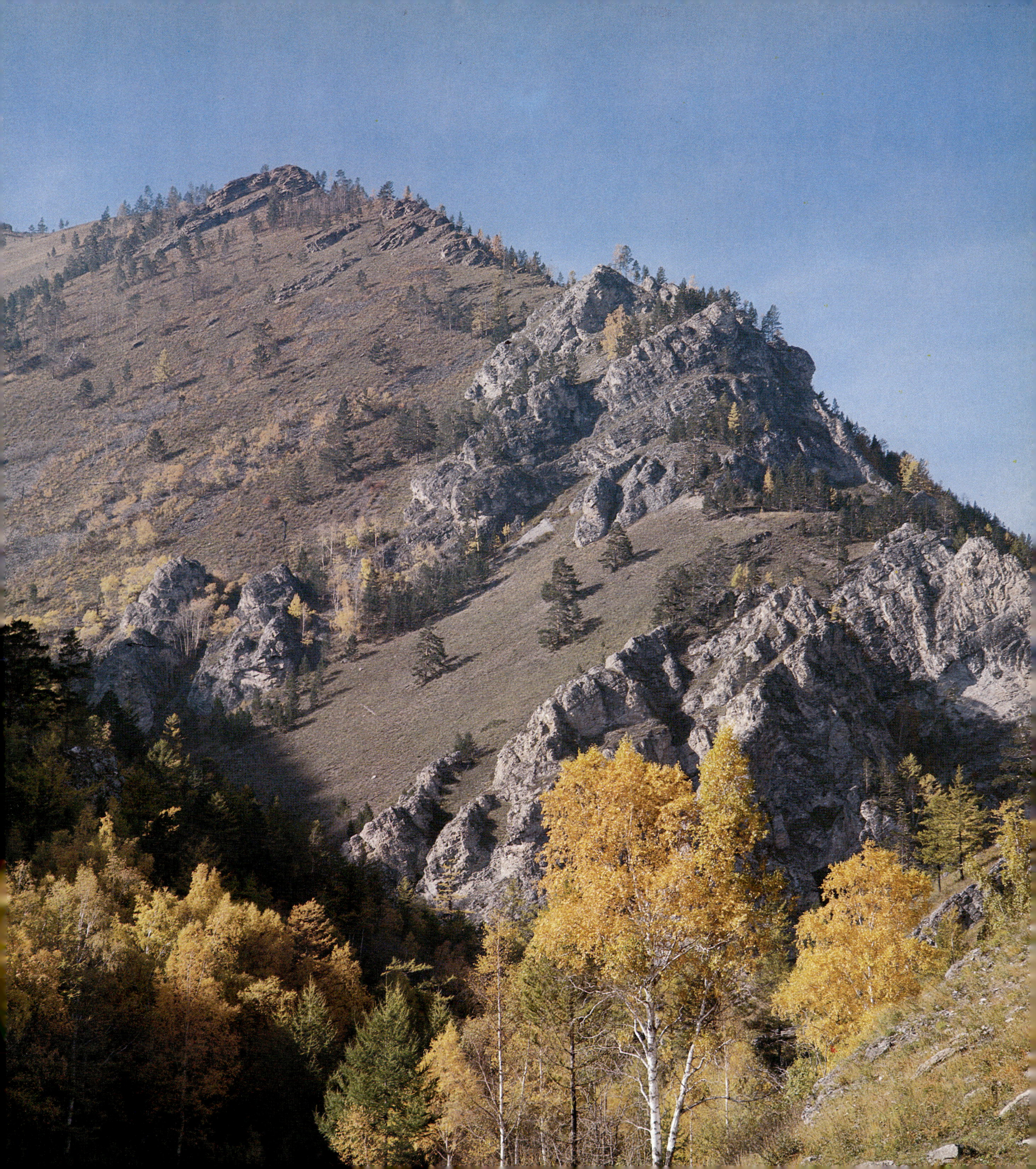

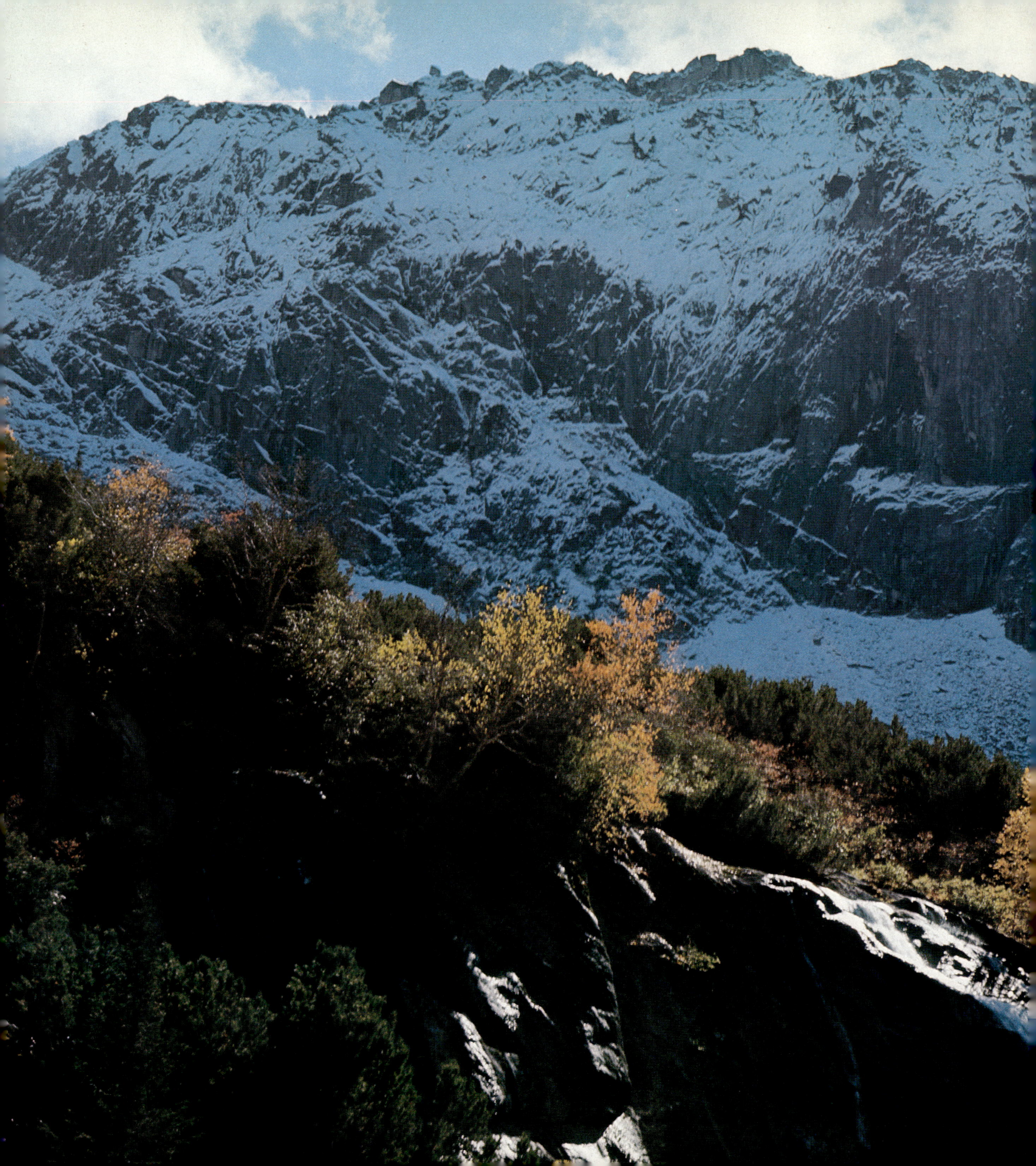

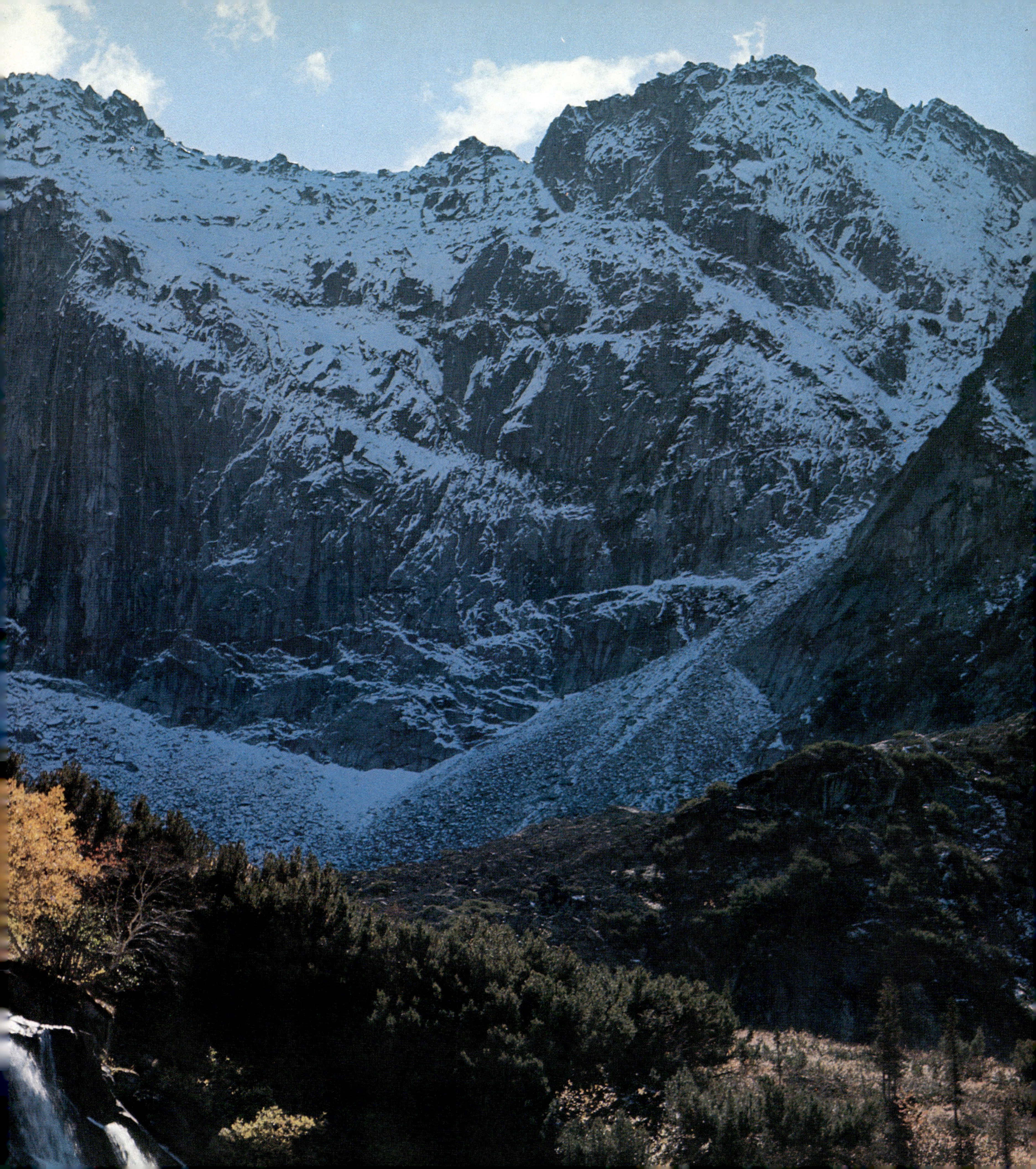

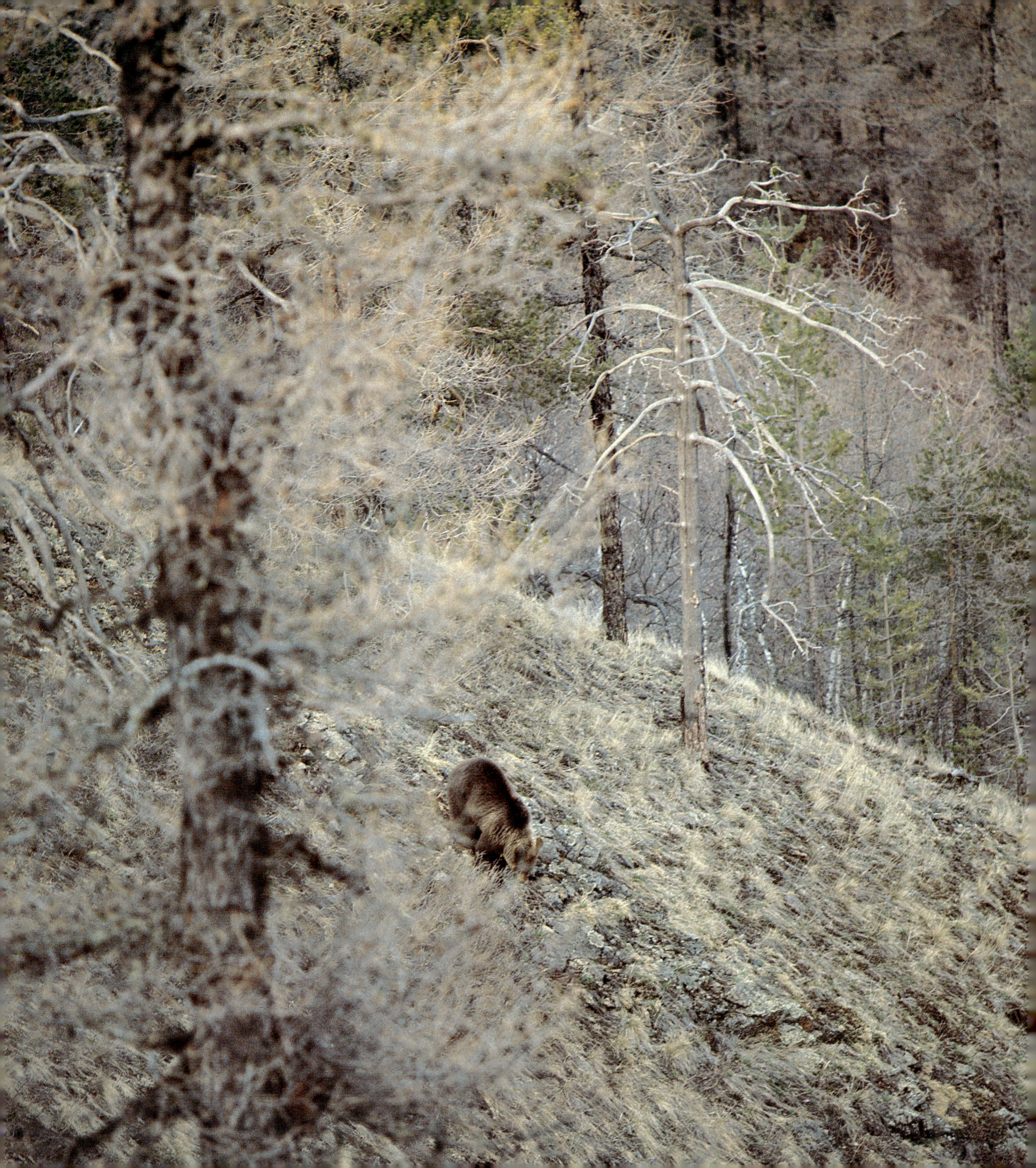

*Рассеялись пары, и засверкали горы,
И солнца шар вспылал на своде голубом.
Волшебницей зимой весь мир преобразован . . .*

Петр Вяземский

*Die Schleier sind verweht, hell glitzern jäh die Gipfel,
an blauer Kuppel glüht die Sonnenkugel auf.
Des Winters Zauber hat die ganze Welt veredelt . . .*

Pjotr Wjasemski

Засыпает Байкал поздно. Когда уже вся Сибирь заледенела от крутых сорокаградусных морозов, он все еще бьет в берега своей переохлажденной волной, почерневший от стужи, не желающий плена, вольнолюбивый старик, он все шумит, все ворочается тяжело и беспокойно в своем тройном ложе. Но зима хитрит, оседая на подводных камнях отмелей белыми шапками, промораживая до дна соры – мелкие бухточки и заливчики, так хорошо прогреваемые летом, она пытается стужей связать волны, и они начинают странно шуршать, ибо в них перекатываются миллионы мельчайших ледяных веретенец. Шелонник раскачивает волны, они звенят, шебуршат, похрустывают; и завороженно слушает человек странную музыку зимнего Байкала, в которой есть и своя гармония и свое очарование.

Эти ледышки, рожденные в напряженной переохлажденной воде, называют «шорох».

Вслед за шелонником приходят другие ветры, вздымают шуршащую воду к небу, и она уже не звенит, а ревет, смешивая гул ударов с монотонным завыванием ветра, ломает успевшие нарости забереги, выталкивает крошево на сушу, да и сама черная вода рвется на каменные валы гор, ей не терпится слизать с земли белую пену снегов и унести ее в глубину. Но она долетает лишь до прибрежных камней и скал, ибо стужа схватывает волны, сковывает их, и они замирают на лету, обращаясь кружевными гирляндами сосулек.

Зимний Байкал – скульптор. Он сооружает на берегах многозначительные монументы из нагроможденных друг на друга, стеклянно поблескивающих льдин. Волны, выплескиваемые яростными декабрьскими ветрами, одевают деревья и кусты молочно-нефритовой оболочкой, стирающей мелкие детали, выявляющей монументальную сущность предмета. На белокаменных ветвях сидят белокаменные птицы. Ледяные волки, лисицы, драконы, грифы сплетены в смелый орнамент, точно местные резчики по кости – буряты и якуты – вырезали мир этот из гигантского бивня небывалого мамонта.

Многочисленные каменные гроты и пещеры служат основой для экспериментов Байкала – скульптора. Их много – этих пещер, вымытых волнами в отвесных скалах, в тех из них, что у самой воды, археологи находили предметы быта первобытного человека.

Байкал сперва покрывает обрывы бугристым зеленоватым льдом, и тогда пещеры кажутся огромными черными открытыми ртами, затем, чтобы еще усилить это сходство, старик ударами волн вставляет им зубы из полупрозрачных толстых и коротких сосулек, потом, видимо, устыдившись собственного натурализма, закрывает вход в пещеры прочными изысканными хрустальными решетками, непрестанно меняющими свои узоры, впитывающими то утреннюю лиловость, то ослепительное дневное сияние, то сердоликовое пламя заката.

И прежде чем заснуть на долгую зиму, он увешивает стены своего жилища белыми снежными шкурами, строит в ущельях и расселинах многотрубные органы, в которых, кажется, и рождаются дикие голоса култука, баргузина или сармы.

Когда начинаются зимние штормы, все живое отсиживается в глубинах, где поспокойнее, хотя ветер месит воду с таким азартом, что, кажется, пытается достать до самого дна. Но слишком велика толща, и на дне зеленеют губки – еще одна загадка Байкала: морские жители в пресной воде, – длинные отростки этих кремнеостовных животных похожи на пальцы, ощупывающие тьму. В подводных ущельях, сбившись в большое стадо, ходят сиги, пережидают бурю омули. Жулькают воду малюсенькие рачки-бокоплавы: шторм штормом, а вода должна быть всегда чистой.

Лишь в январе силы покидают старика, он дает спеленать себя стуже, напоследок выдавив береговой лед на пологие берега, взгромоздив торосы. Сперва лед некрепок, когда свежий снег покроет его, – видны стыки между полотнами, мокрый снег темнеет, и поверхность озера становится похожа на пятнистую шкуру.

Только в истоке Ангары, единственной реки, километровым потоком вылетающей из-под крепнущего льда, остается исходящий паром открытый, обычно не замерзающий участок в десять-пятнадцать километров. Здесь зимует несколько тысяч уток, они кормятся, ныряют, живут своей обособленной жизнью, ночуют же поближе к середине Байкала, с разлету нырнув в сугробы, под которыми не слышно ветра и тепло. Здесь редко гремят выстрелы – все ощущают некую торжественность само собой возникшего заповедного места.

Der Baikal kommt spät zur Ruhe. Wenn schon ganz Sibirien bei vierzig Grad Frost vereist ist, schlägt er noch immer seine eiskalten Wellen, die schwarz sind vor Kälte ans Ufer, denn er mag sich nicht gefangen geben, der freiheitliebende Graubart, er lärmt noch und wälzt sich schwer und unruhig in seinem Bett. Doch der Winter ist schlau, er läßt sich mit weißen Mützen auf den Unterwassersteinen an den seichten Uferstellen nieder und friert die *Soren*, die kleinen Buchten und Sunde, die sich im Sommer so herrlich erwärmen, bis auf den Grund ein. Er sucht die Wellen mit seiner Eiseskälte zu umschließen, so daß sie beginnen wunderlich zu knirschen, als drehten sich hurtig in ihnen Millionen feinste Eisspindeln. Das ist der *Schelonnik,* der die Wellen in Bewegung setzt, sie klingen und singen, knirschen und knarren. Und wie verzaubert lauscht der Mensch dem Lied, das der winterliche Baikal anstimmt, ein Gesang von eigener Harmonie und Schönheit.

Diese Eisstückchen, geboren in dem unterkühlten regsamen Wasser, werden „Rauscher" genannt.

Dem *Schelonnik* folgen andere Stürme auf dem Fuße, sie treiben die rauschenden Wasser himmelwärts und nun klingt und singt es nicht mehr, sondern es heult und dröhnt und das Rollen der Wogen vermischt sich mit dem monotonen Heulen des Windes. Das Wasser zerbricht die Uferablagerungen, schiebt die Brocken aufs Festland, das schwarze Wasser stürzt sich auf die Steinwälle der Berge, es kann es kaum erwarten, den weißen Schaum des Schnees von der Erde zu lecken und ihn in die Tiefe fortzutragen. Doch das Wasser erreicht nur die Ufersteine und Felsen, denn der Frost packt die Wellen, schlägt sie in seinen Eispanzer und sie ersterben bis zum Sommer und bilden zierlich gewebte Girlanden von Eiszapfen.

Der winterliche Baikal gleicht einem Bildhauer. Er errichtet an den Ufern Monumente aus aufeinandergetürmten, gläsern funkelnden Eisschollen. Die von den zornigen Dezemberstürmen ans Ufer gepeitschten Wellen kleiden Bäume und Sträucher in eine Hülle von der Farbe milchigen Jadesteins. Auf weißsteinernen Zweigen sitzen weißsteinerne Vögel. Vereiste Wölfe, Füchse, Drachen, Greifen sind zu einem wundersamen Ornament verwoben, als hätten die hiesigen Meister – Burjaten und Jakuten – diese Welt aus dem gigantischen Stoßzahn eines sagenhaften Mammuts geschnitten.

Die vielzähligen Steingrotten und Höhlen dienen als Grundlage für die Experimente des graubärtigen Bildhauers. Die Zahl dieser, von den Wellen unterspülten Höhlen in den Steilfelsen ist groß. In den Höhlen unmittelbar am Wasser fanden Archäologen Gerätschaften des Urmenschen.

Der Baikal bedeckt zunächst die Steilwände mit gebuckeltem, grünlichem Eis, und die Höhlen wirken wie schwarze aufgerissene Rachen, alsdann setzt ihnen der Greis, um diese Ähnlichkeit noch zu betonen, aus halbdurchsichtigen dicken, kurzen Eiszapfen Zähne ein, um schließlich, beschämt von seinem Naturalismus den Eingang zu den Höhlen mit festen, raffinierten Kristallgittern zu verschließen, die ständig ihr Ornament wechseln, einmal den lilafarbenen Morgenglanz, dann das blendende Tagesleuchten und schließlich die karneolfarbene Flamme des Sonnenunterganges in sich aufnehmend.

Bevor er sich endgültig zur Ruhe begibt, verhängt er die Wände seiner Wohnstatt mit weißen Schneefellen, baut in Schluchten und Felsspalten riesige Orgelpfeifen ein, aus denen, möchte man meinen, die wilden Stimmen der Stürme – des *Kultuk*, des *Bargusin* oder des *Sarma* – ertönen.

Wenn die Winterstürme beginnen, flüchten alle Bewohner des Sees auf den Grund, wo es ruhiger ist, obwohl der Wind das Wasser mit solcher ungestümen Leidenschaftlichkeit durchwühlt, als wolle er alles Getier aus der Tiefe wälzen. Doch der Eispanzer ist zu dick, nur die Seeschwämme leuchten grün auf dem Grund – auch sie, ein Rätsel des Baikalsees: Meeresbewohner im Süßwasser. Die langen Auswüchse dieser Vielzeller mit hornartigem Stützgerüst erinnern an Finger, die sich durch die Dunkelheit tasten. In den Unterwasserschluchten setzen sich die Blaufelchen in ganzen Schwärmen fest, hier wartet der Omul, bis der Sturm vorüberzieht. Die winzigen Seitenschwimmer-Krebse vollziehen ihre Säuberungsaktion: Sturm hin, Sturm her, das Wasser muß nun einmal sauber sein!

Erst im Januar sind die Kräfte des graubärtigen Baikal so geschwächt, daß er sich von der Kälte gefangennehmen läßt. Zu guter Letzt drängt er das Eis auf das sanft abfallende Ufer und türmt es zu Packeis auf. Anfänglich ist es noch nicht sehr fest und wenn Neuschnee fällt, erkennt man zwischen den einzelnen Stücken die Fugen, der feuchte Schnee dunkelt, und die Oberfläche des Sees erinnert an ein gemustertes Tierfell.

Nur an der Quelle der Angara, dem einzigen Fluß, der als ein Kilometer breiter Strom unter dem festen Eis hervorquillt, bleibt ein zehn bis fünfzehn Kilometer großer Abschnitt, der gewöhnlich nicht zufriert und über dem dichter Dunst sich lagert. Hier überwintern mehrere tausend Wildenten, hier finden sie Nahrung, tauchen und leben ihr gewohntes Leben, sie übernachten in der Mitte des Baikalsees, tauchen aus dem freien Flug in die Schneewehen, wo man keinen Wind, aber Wärme verspürt. Hier zerreißen nur selten Schüsse die Stille, alles in dieser natürlich entstandenen Naturschutzzone verströmt Feierlichkeit.

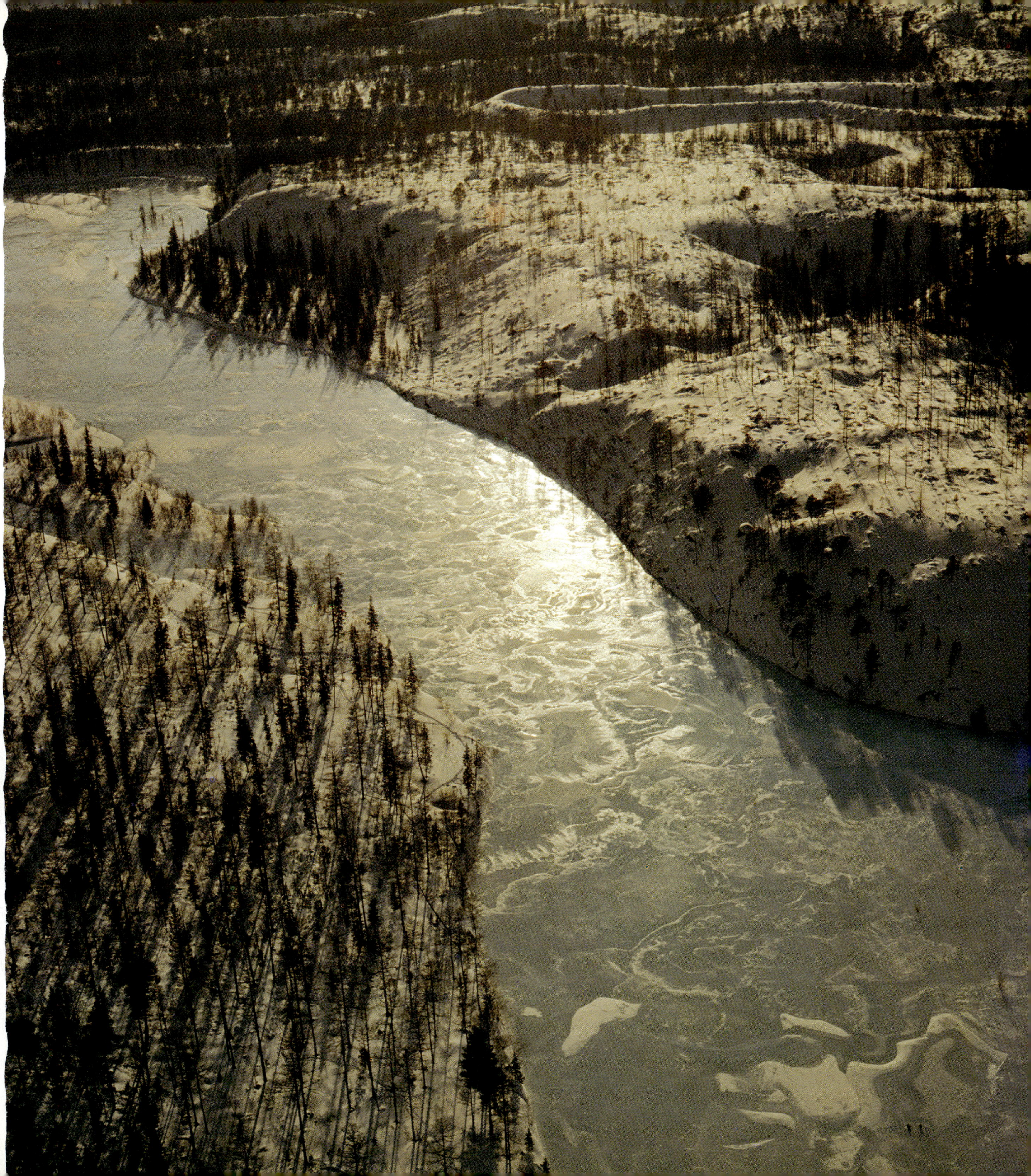

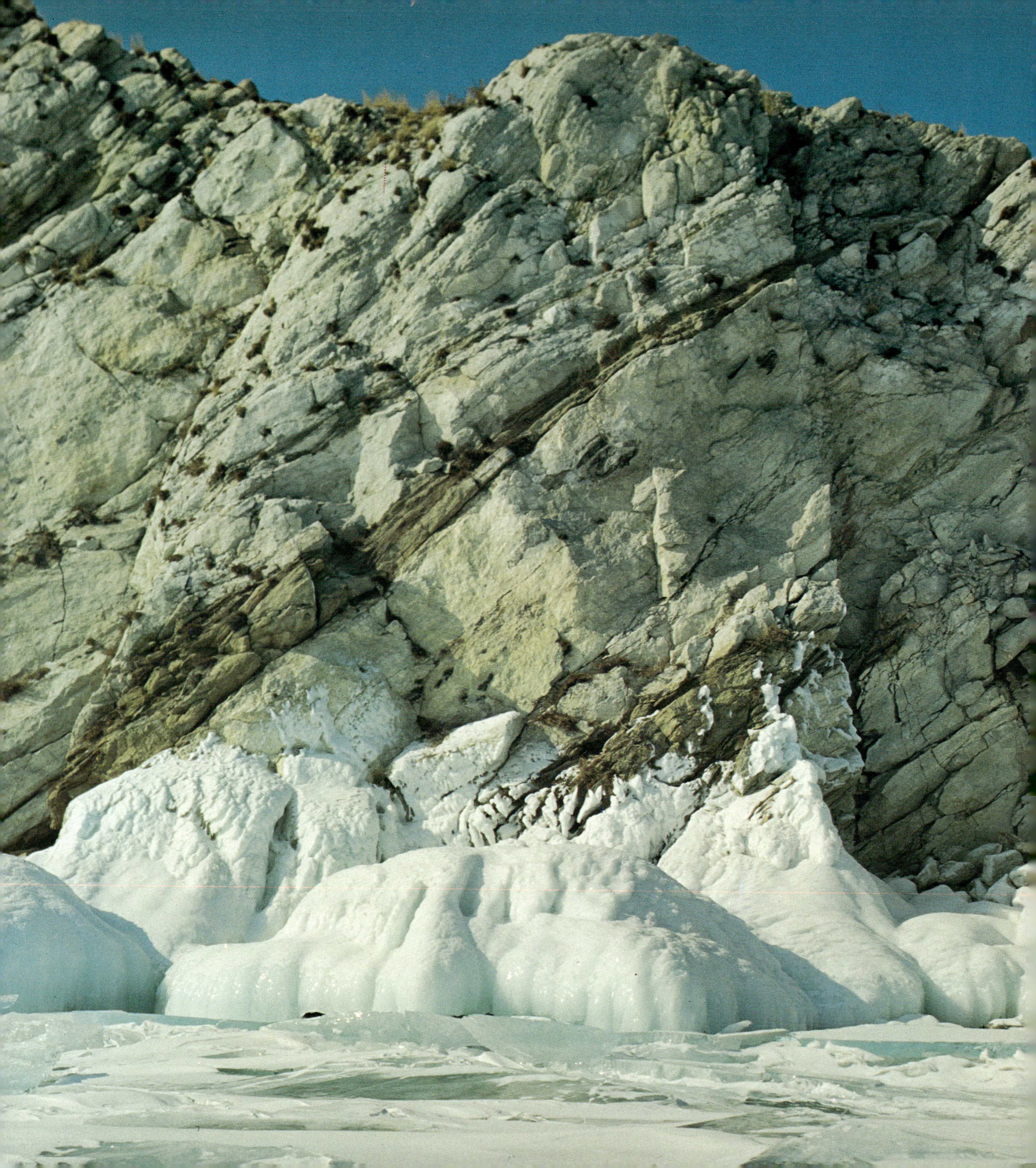

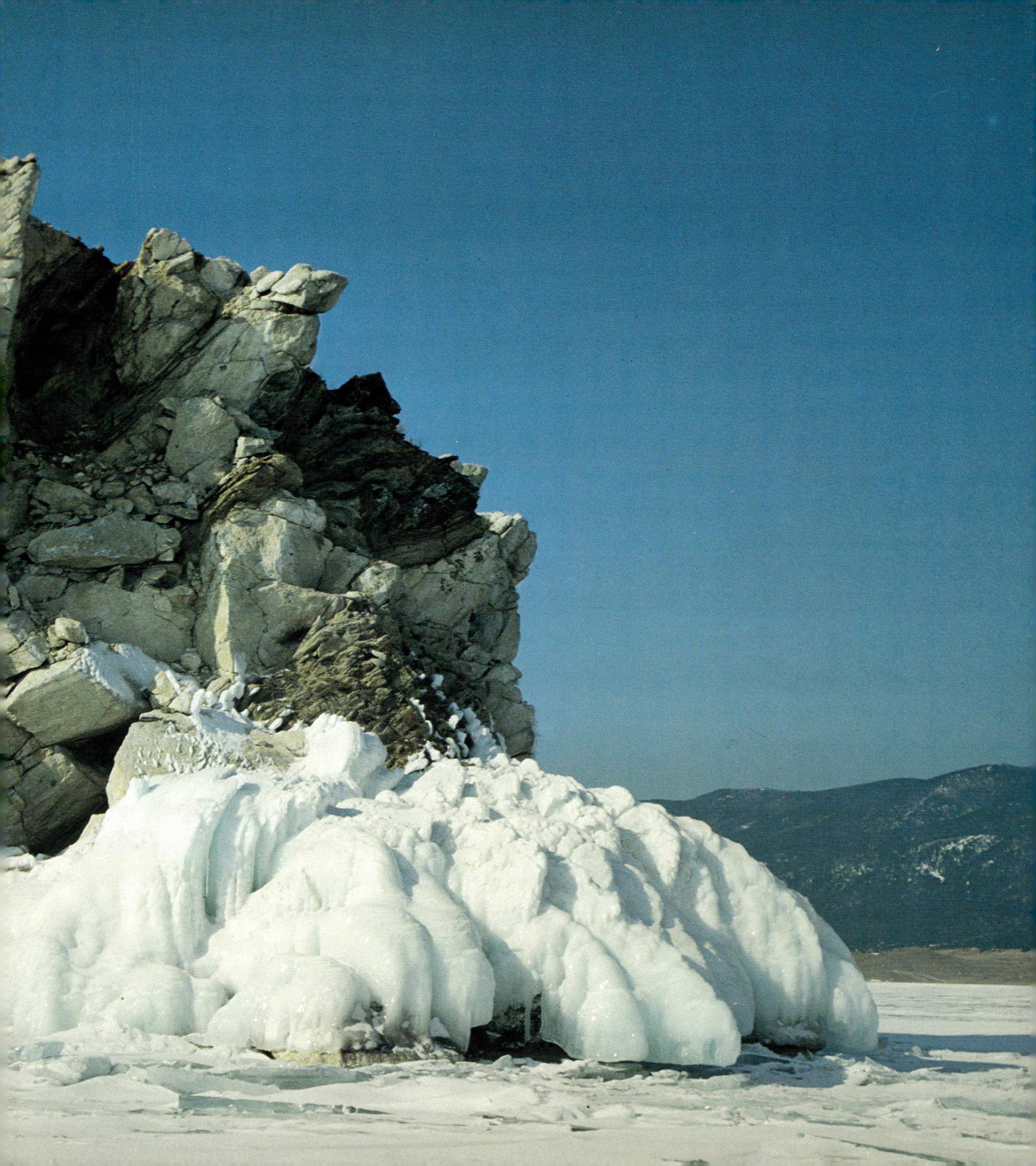

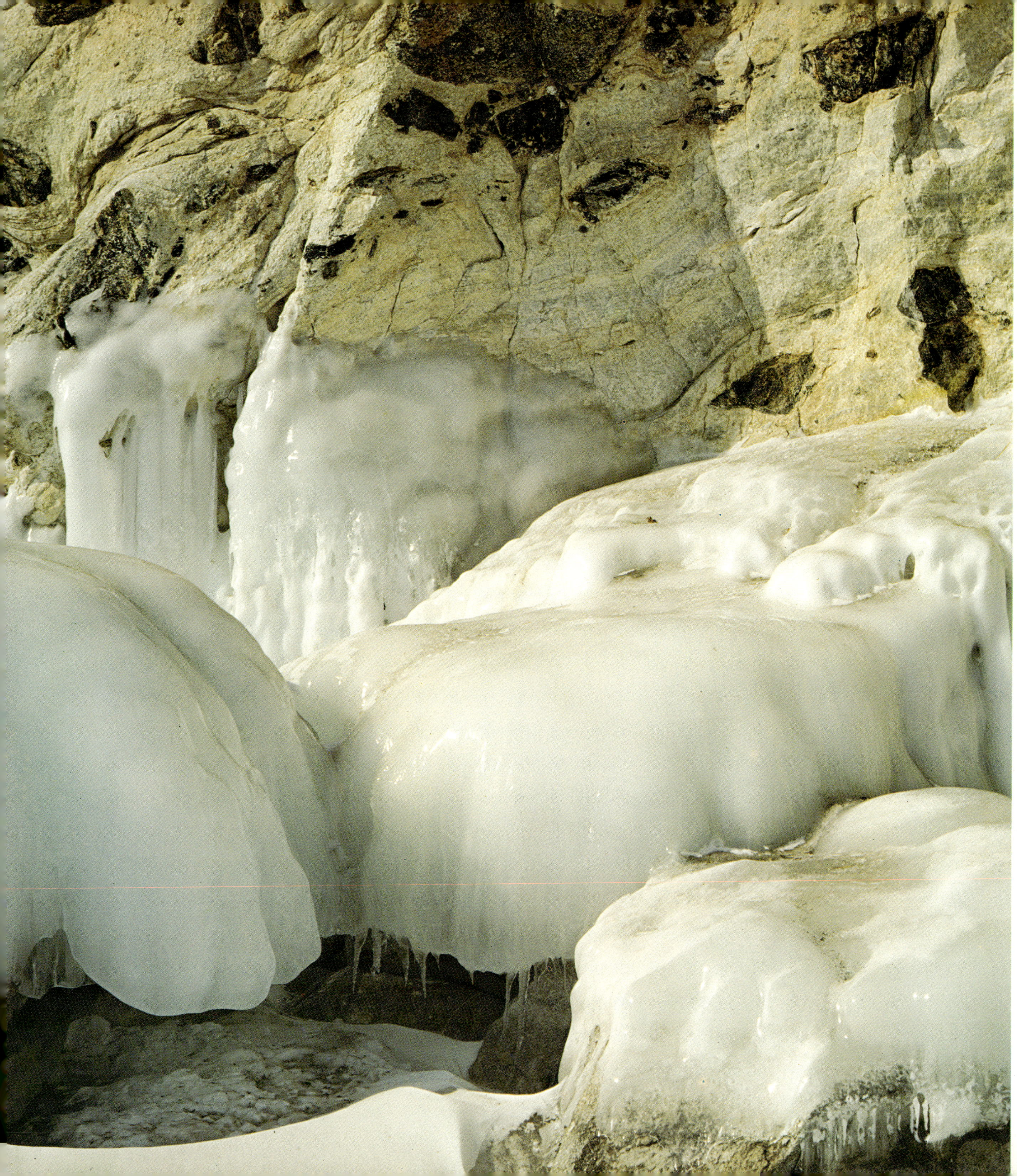

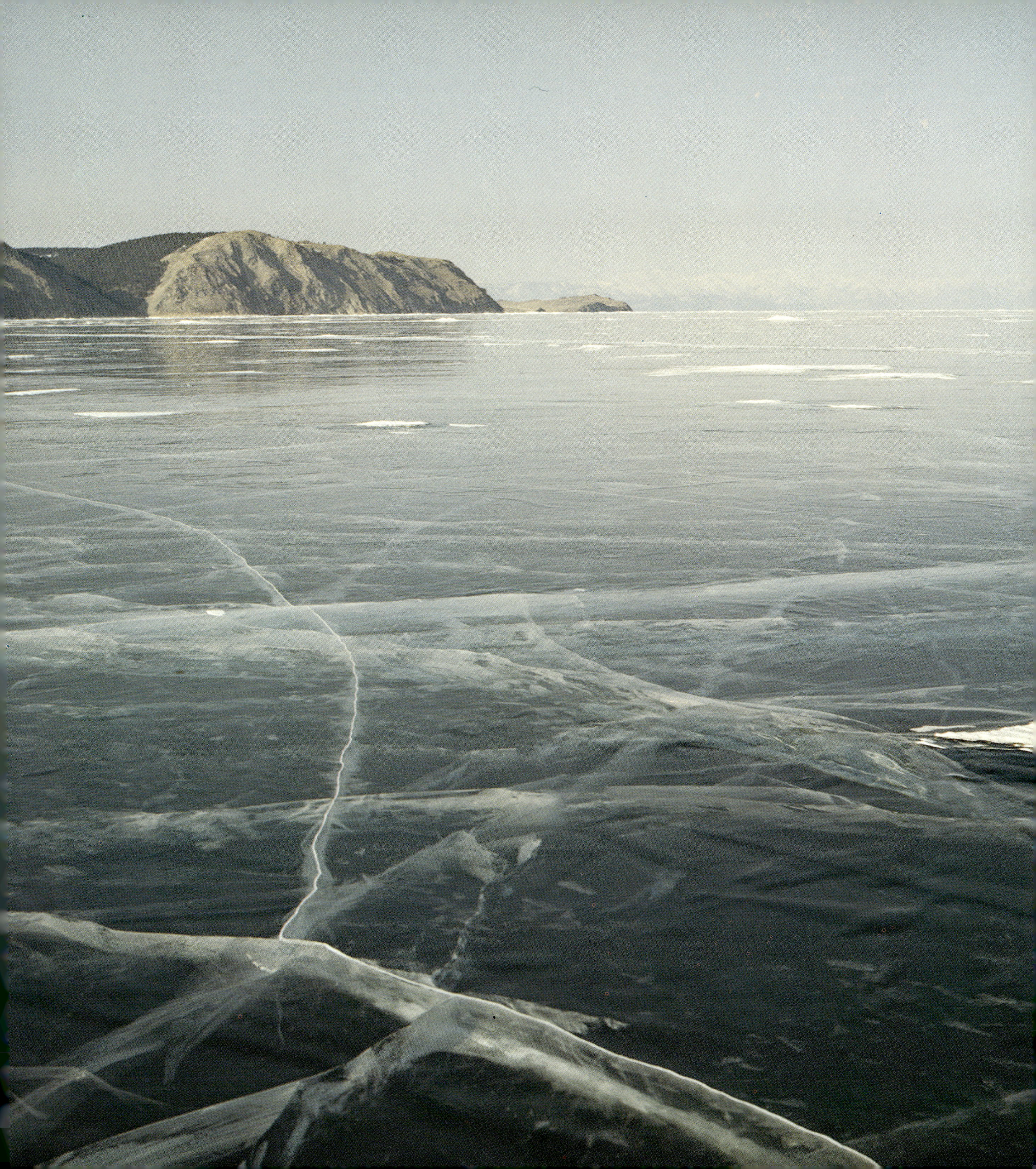

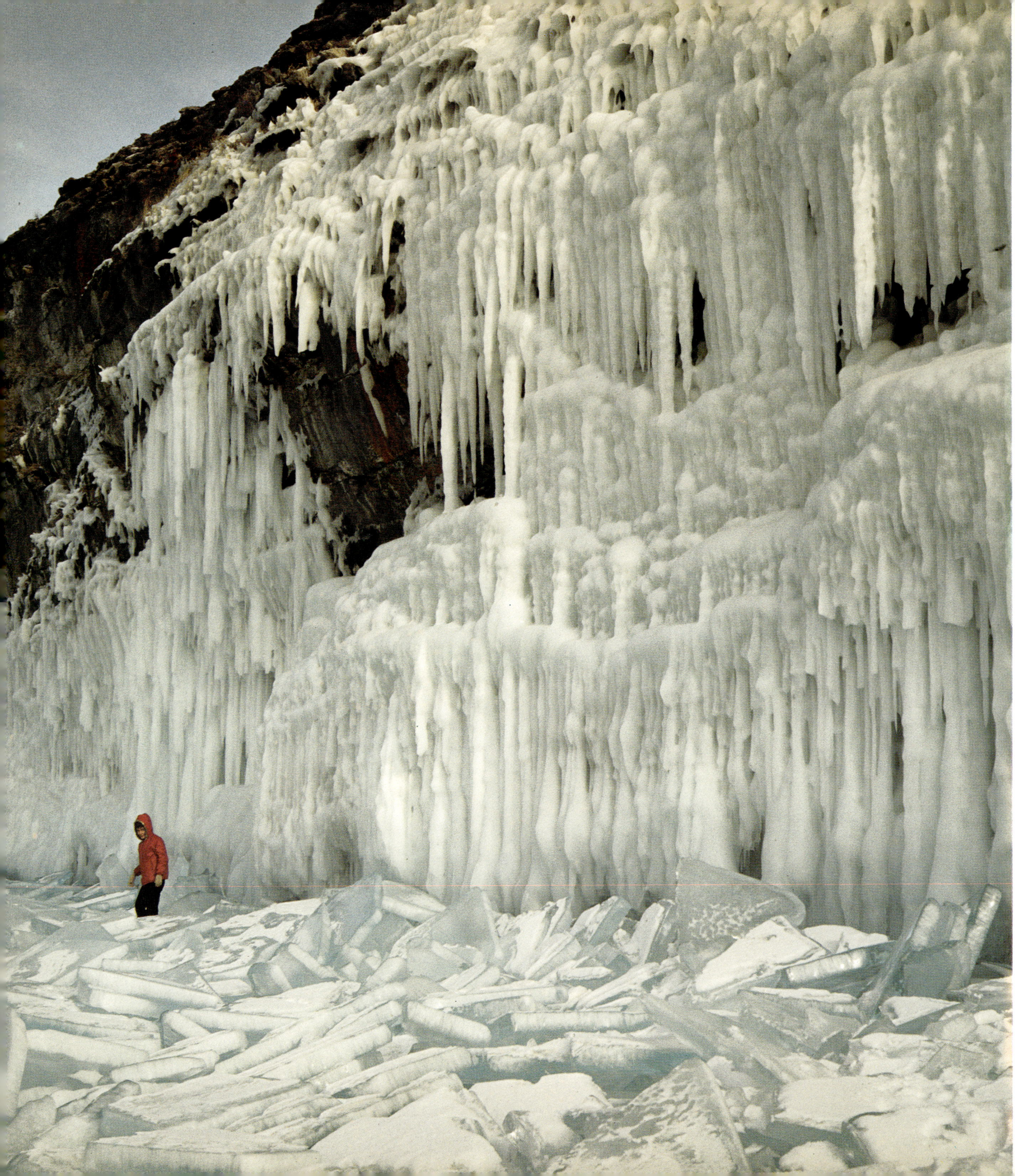

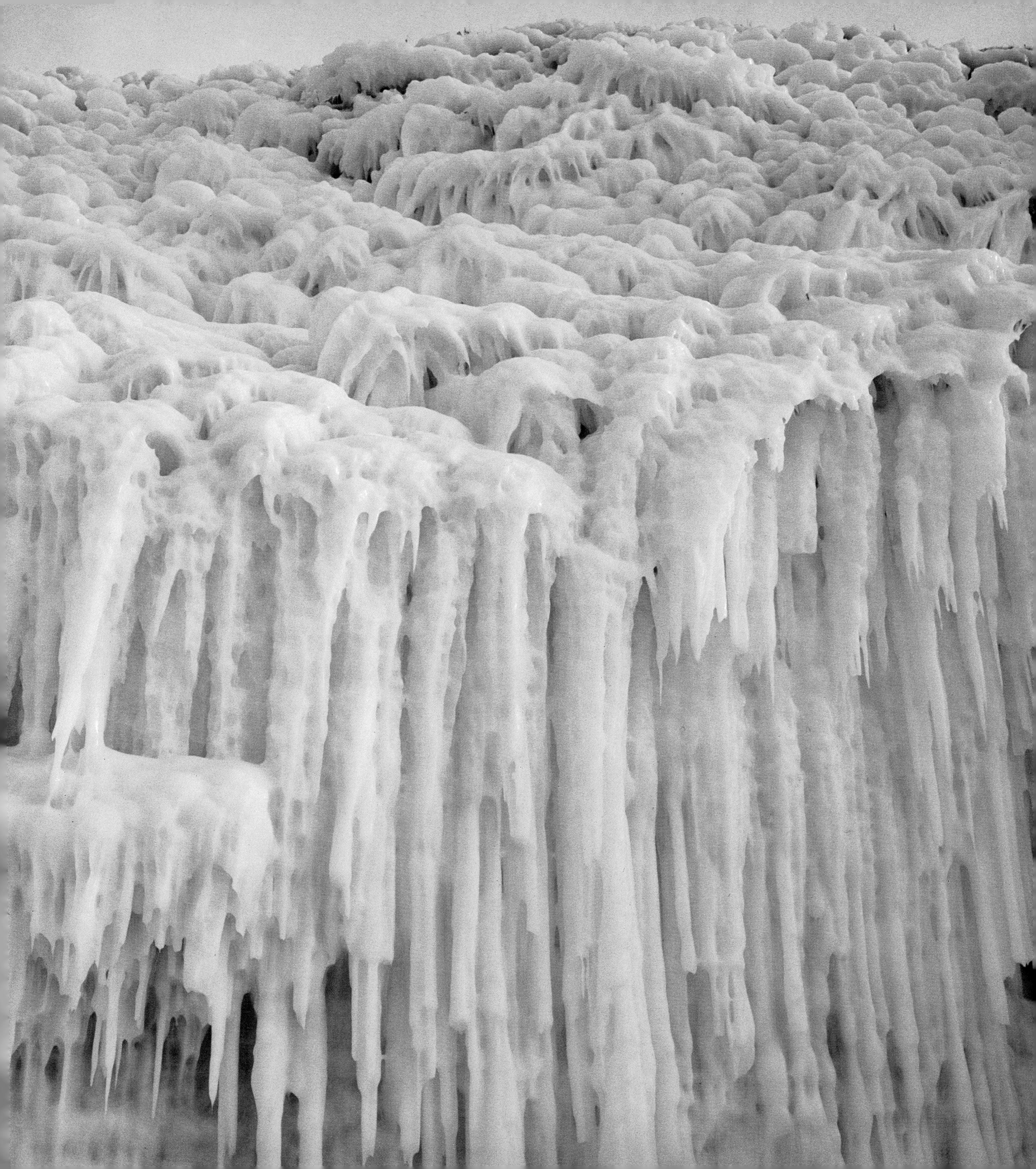

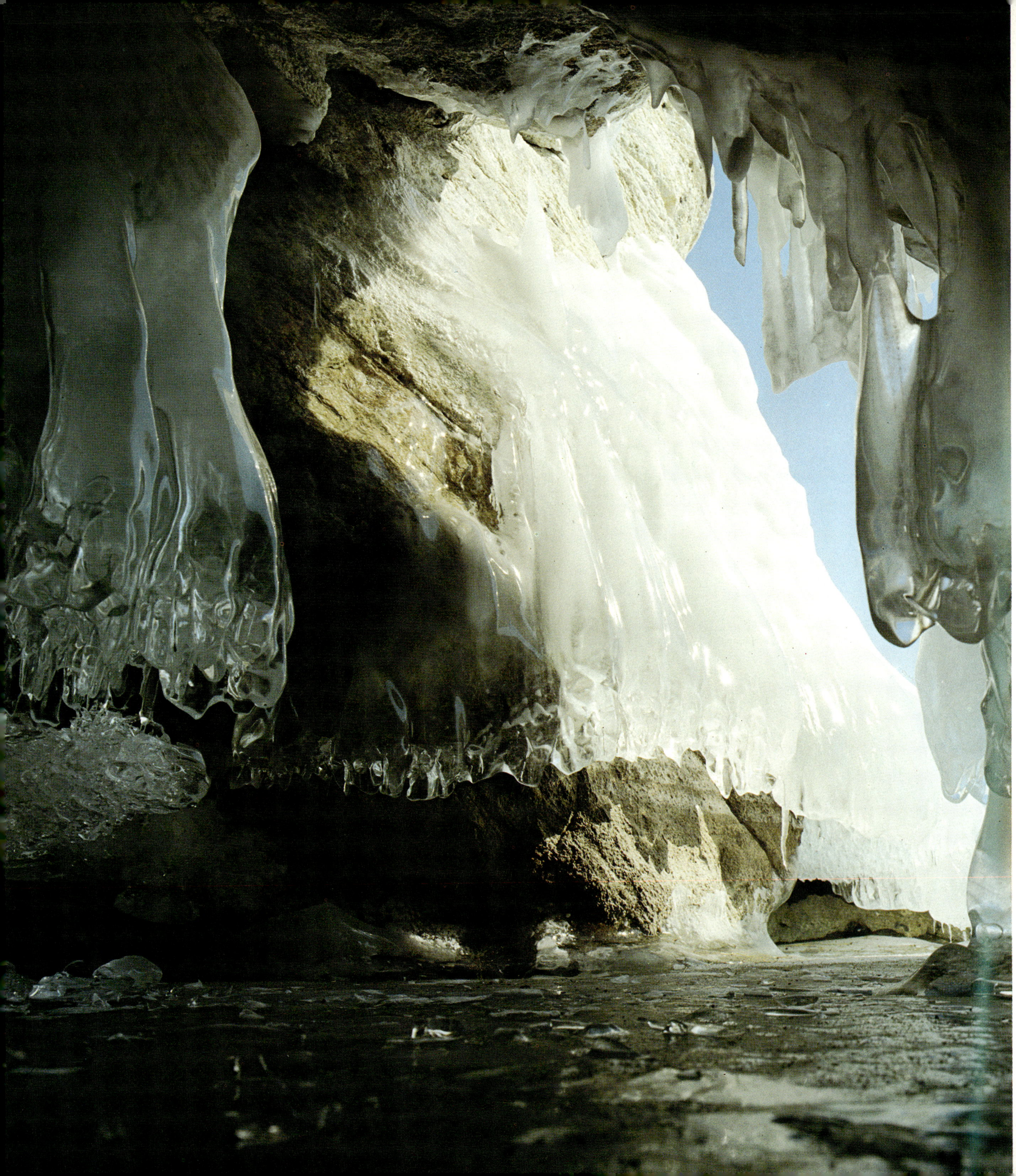

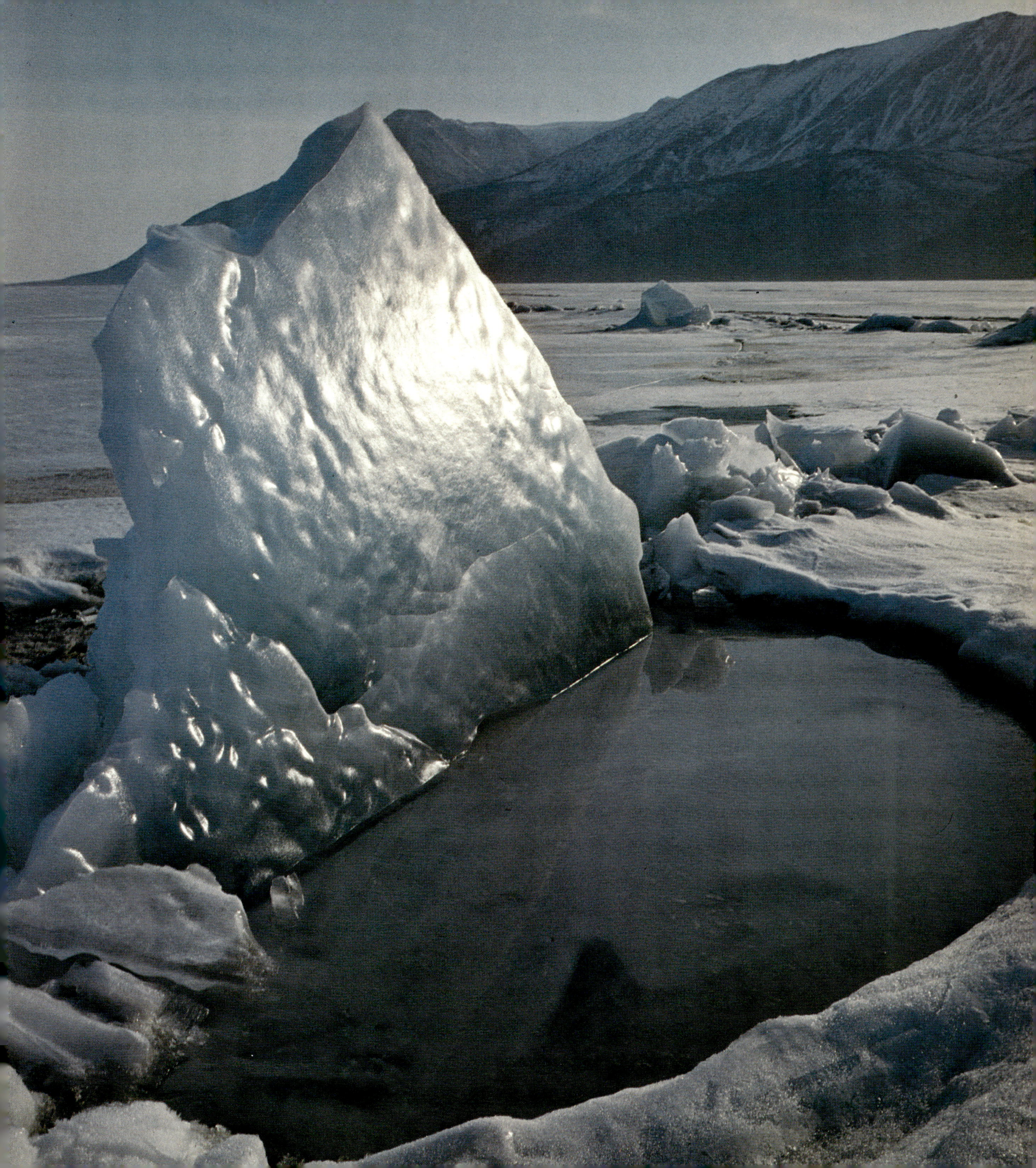

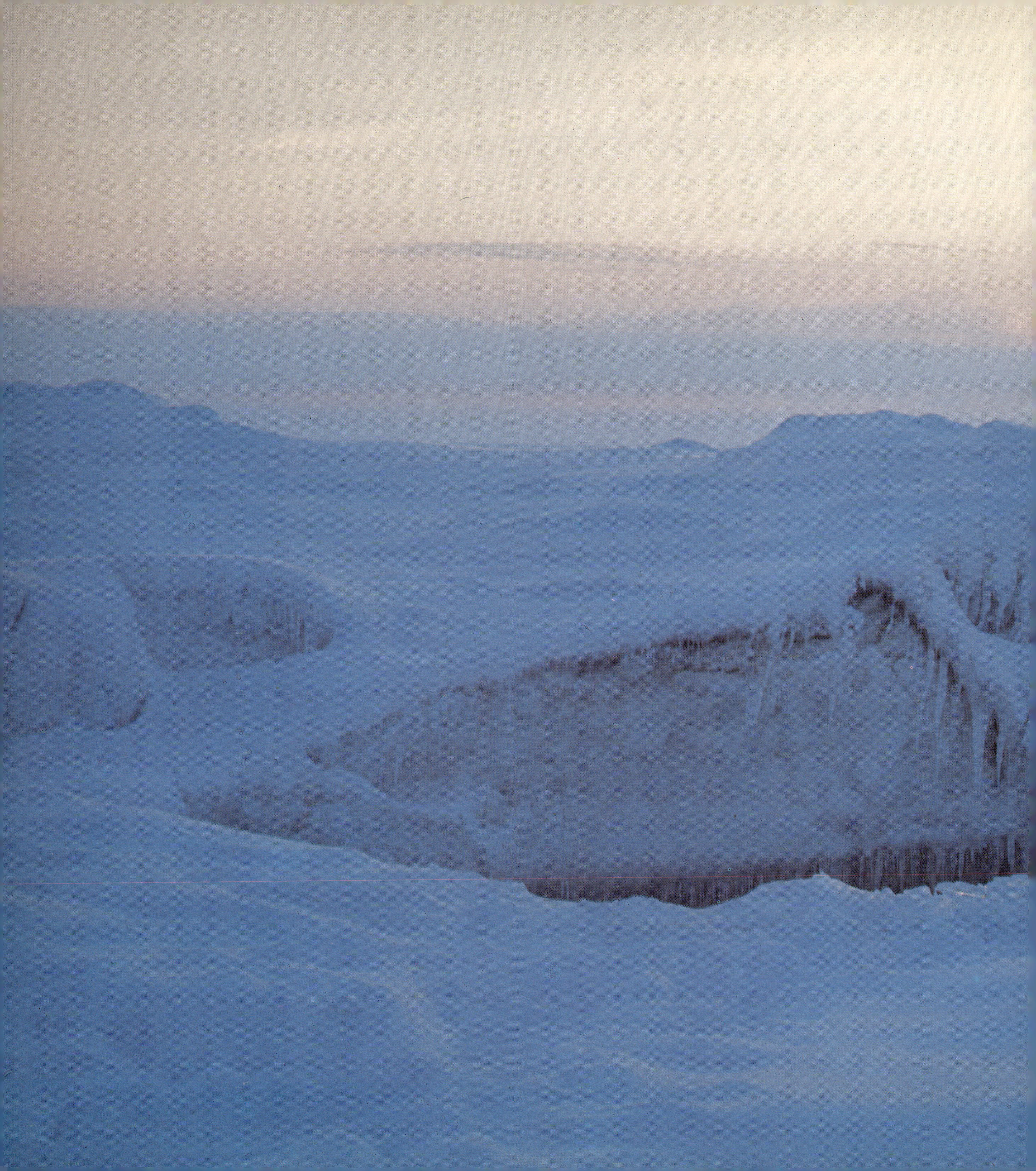

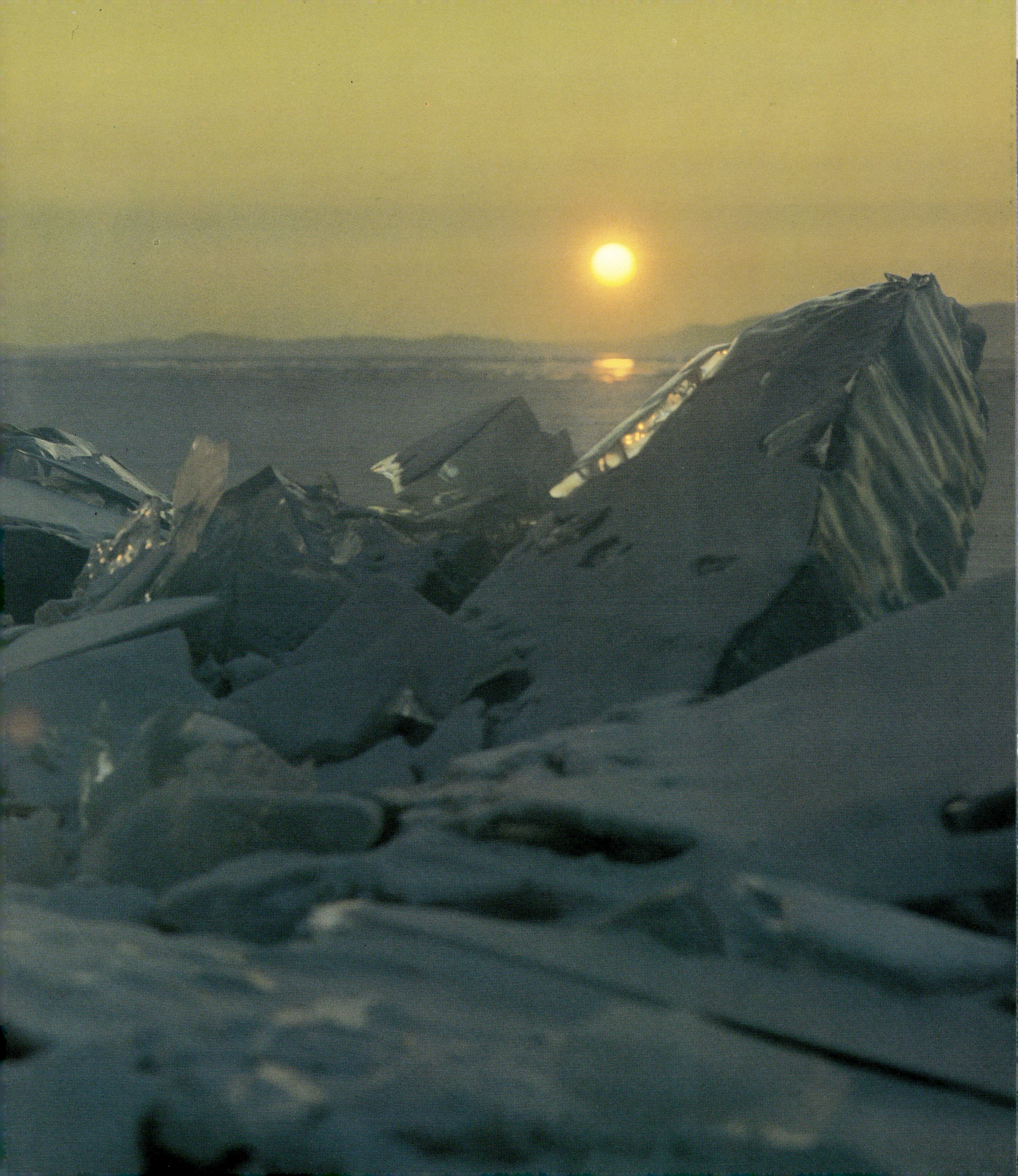

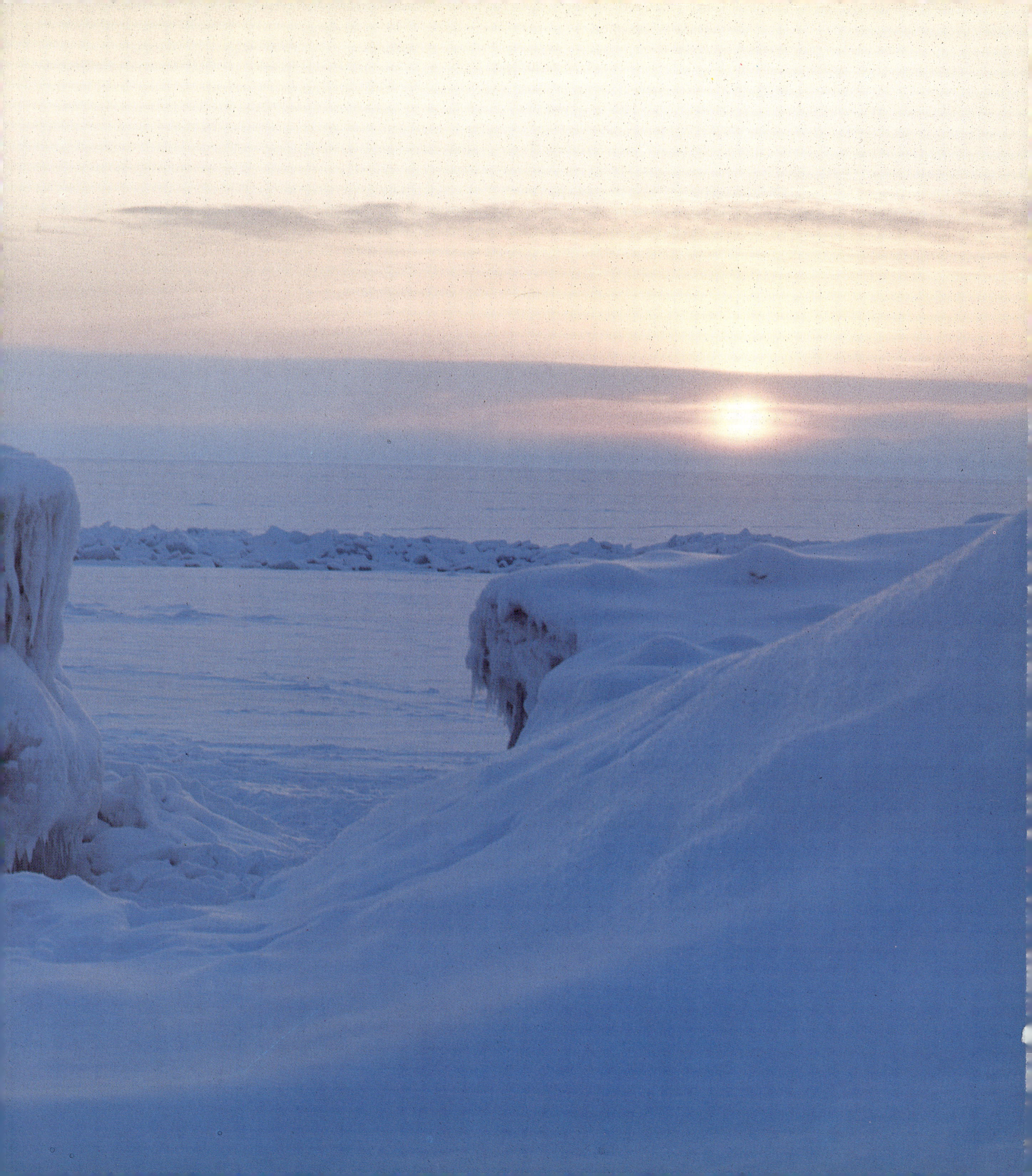

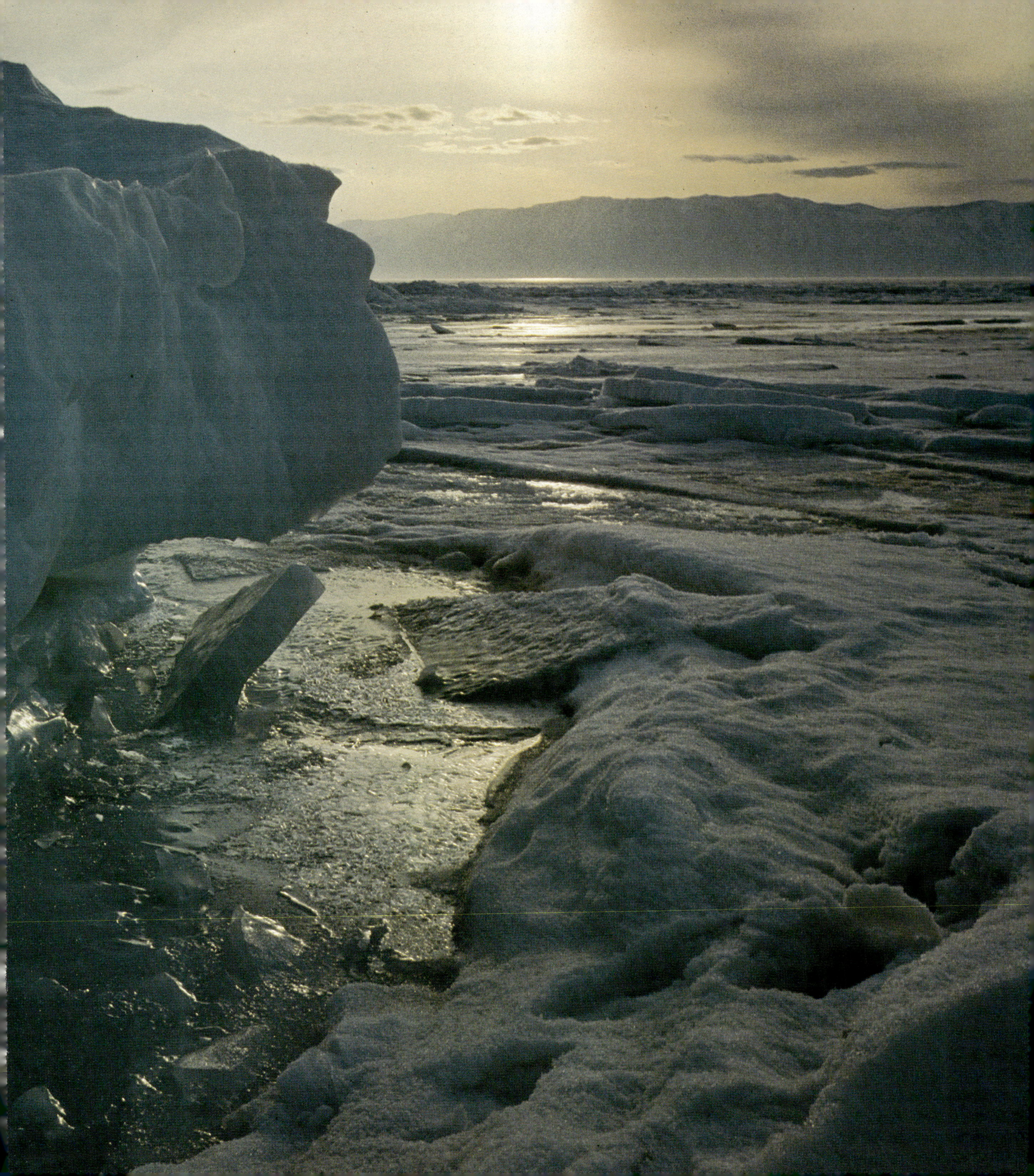

Природа – как греческая статуя: вся внутренняя мощь ее, вся мысль ее – ее наружность; все, что она могла собою выразить, выразила, предоставляя человеку обнаружить то, чего она не могла.

Александр Герцен

Die Natur ist wie eine griechische Statue: All ihre innere Gewalt, all ihren Sinn bietet sie in ihrem Äußeren dar; alles, was sie vermocht hat selbst auszudrükken, hat sie geäußert und überläßt es nun dem Menschen, das zu entdecken, was ihr nicht vergönnt war, ihm darzubieten.

Alexander Herzen

Распилили небосвод, и прозрачные глыбы бросили меж прибрежных скал: белое небо с натянутыми нитями облаков, голубое – летнее; выстывшее от зимней стужи – синее, густое и таинственное, превращено в остроребрые плоскости, хаотические нагромождения которых тянутся сотни километров.

Едва солнце начнет склоняться к закату, мир меняется, теплеет, ледяные торосы светятся изнутри нежным малиновым и алым сиянием, лиловые тени от них ложатся на снег. И лед перестает быть небом, а кажется затвердевшей радугой или самоцветами тайных подземных кладовых, где великаны ювелиры гранят аквамарин, аметист, сердолик, рубин, и выбрасывают отполированные драгоценные камни к ногам оторопевших примолкнувших сосен.

Едва преодолеешь гряду торосов, как новая шутка сибирского моря заставит остановиться, и сердце замрет от внезапного испуга: возникнет глубина, темная, вечная, манящая, слегка прикрытая хрустальной тонюсенькой корочкой, прозрачной, как оконное стекло. «Как хорошо, что я не шагнул», – подумаешь и . . . ошибешься. И шагнешь, преодолев обман зрения: лед надежен, прочен, его толщина метр и более. Он удержит и груженую машину, и целый караван. В 1904 году, во время русско-японской войны, на льду укладывали звенья железной дороги, соединяли их и перевезли с берега на берег лошадьми 2 300 вагонов, 65 паровозов. И лед выдержал.

В эту пору на Байкале появляются дороги и тропы, можно сходить в гости к друзьям на другой берег, сбегать из деревни в деревню, чего проще: надел коньки и лети, подгоняемый обетоном – попутным ветром. Самый большой каток в мире к твоим услугам.

Крепок лед, а все же местные жители ездят по нему с опаской. Сильные длительные морозы заставляют лед расширяться, возникают трещины, ползущие предательски по отполированным ветром белым зеркалам. По большей части они нешироки эти трещины, их легко перешагнуть или перепрыгнуть днем, а ночью они становятся ловушками. Но при особенно сильной стуже появляются становые щели, рассекающие лед до самой воды, широкие, особо опасные для движения по Байкалу.

В тихий морозный день слышится порой с Байкала гул и артиллерийский гром: это сходятся и расходятся становые щели, лопается лед, сминаются края, поднимаясь над сомкнувшейся щелью белым рыхлым валом. Для человека, не знающего особенностей зимней жизни славного моря, гул, протяжный треск, пушечные выстрелы покажутся настолько страшными, что он заторопится к берегу, там надежнее.

Самую большую радость лед приносит ребятишкам. Они сооружают прозрачные избы, в которых есть и скамейки изо льда, и столы, они устраивают игры меж торосов, используют обломки льдин вместо саней, расчищают у берегов катки.

Наступает вечер, загустевают в хрустальных плоскостях краски заката, и снова кажется, что лежат на берегу осколки затвердевшей радуги.

Das Himmelsgewölbe scheint auseinandergerissen und durchsichtige Brocken sind zwischen die Uferfelsen geschleudert. Weißer Himmel mit den straffen Fäden der Wolken, zartblau im Sommer, dunkelblau durchgefroren im Winter, dicht und geheimnisvoll, scheint in scharfkantige Flächen verwandelt, deren chaotische Anhäufungen sich hunderte Kilometer weit türmen.

Wenn die Sonne untergeht, verändert sich die Welt, sie erwärmt sich, das Packeis leuchtet in einem zarten, himbeerroten, blutroten inneren Leuchten und lila Schatten breiten sich über den Schnee. Dann hört das Eis auf, Himmel zu sein und erscheint wie ein gehärteter Regenbogen oder wie Edelsteine aus geheimen unterirdischen Schatzkammern, wo Riesen Aquamarine, Amethysten, Karneole, Rubine schleifen und die polierten Edelsteine den verwirrten stummen Kiefern zu Füßen werfen.

Kaum hat man das Packeis hinter sich, da zwingt einen ein neuer Scherz des sibirischen Meeres, den Schritt zu verhalten, und das Herz erstarrt vor Schreck: Man steht vor einem dunklen, lockenden Abgrund, den nur eine kristallklare dünne Schicht, durchsichtig wie Fensterglas bedeckt. Wie gut, keinen Schritt weiter gemacht zu haben, denkt man und . . . irrt. Man schreitet weiter, den Trug überwindend und spürt: das Eis ist fest, und zuverlässig, es ist über einen Meter dick. Es trägt einen beladenen Wagen und eine ganze Karawane. 1904, im russisch-japanischen Krieg, wurden auf diesem Eis Eisenbahnschwellen verlegt und miteinander verbunden. Auf diesem Weg beförderten Pferde 2300 Waggons und 65 Lokomotiven von einem Ufer zum anderen. Das Eis hielt.

Um diese Jahreszeit bilden sich auf dem Baikalsee Wege und Pfade, man kann Freunde besuchen am gegenüberliegenden Ufer, und kann von Dorf zu Dorf laufen, nichts einfacher als das: Schnalle die Schlittschuhe an und fliege über den See, vom Wind getrieben. Die größte Schlittschuhbahn der Welt steht zu deiner Verfügung!

Das Eis ist zwar fest, doch die Einwohner bleiben mißtrauisch. Die starken langen Fröste zwingen das Eis, sich auszuweiten, Risse bilden sich, die verräterisch weiterkriechen über die vom Wind polierte spiegelglatte Fläche. Meist sind diese Risse nicht sehr breit, man kann sie leicht mit einem großen Schritt bezwingen oder überspringen, doch nachts werden sie zu Fallen. Bei besonders hartem Frost bilden sich breite Spalten, die das Eis bis in die Tiefe, wo das Wasser nicht gefroren ist, durchschneiden. Sie sind gefährlich für den Verkehr auf dem Baikalsee.

An einem ruhigen frostklaren Tag vernimmt man mitunter vom See her Heulen und Artilleriedonner: Dann öffnen und schließen sich diese breiten Spalten, das Eis platzt, die Ränder pressen sich zusammen und erheben sich über der geschlossenen Spalte als weißer poröser Wall. Jemandem, der die Besonderheiten des winterlichen Lebens dieses ruhmreichen Meeres nicht kennt, erscheinen das hallende Knirschen und die Kanonenschüsse dermaßen seltsam, daß er sich eilt, schneller ans Ufer zu gelangen. Dort fühlt er sich sicherer.

Doch die größte Freude bereitet das Eis den Kindern. Sie errichten durchsichtige Hütten mit Bänken aus Eis und Tischen, sie veranstalten Spiele mitten im Packeis, benutzen die Brocken der Eisschollen als Schlitten und legen am Ufer Schlittschuhbahnen an. Der Abend bricht an, in den kristallklaren Flächen verdichten sich die Farben des Sonnenuntergangs und wieder scheint es, als liegen am Ufer die Splitter eines Regenbogens.

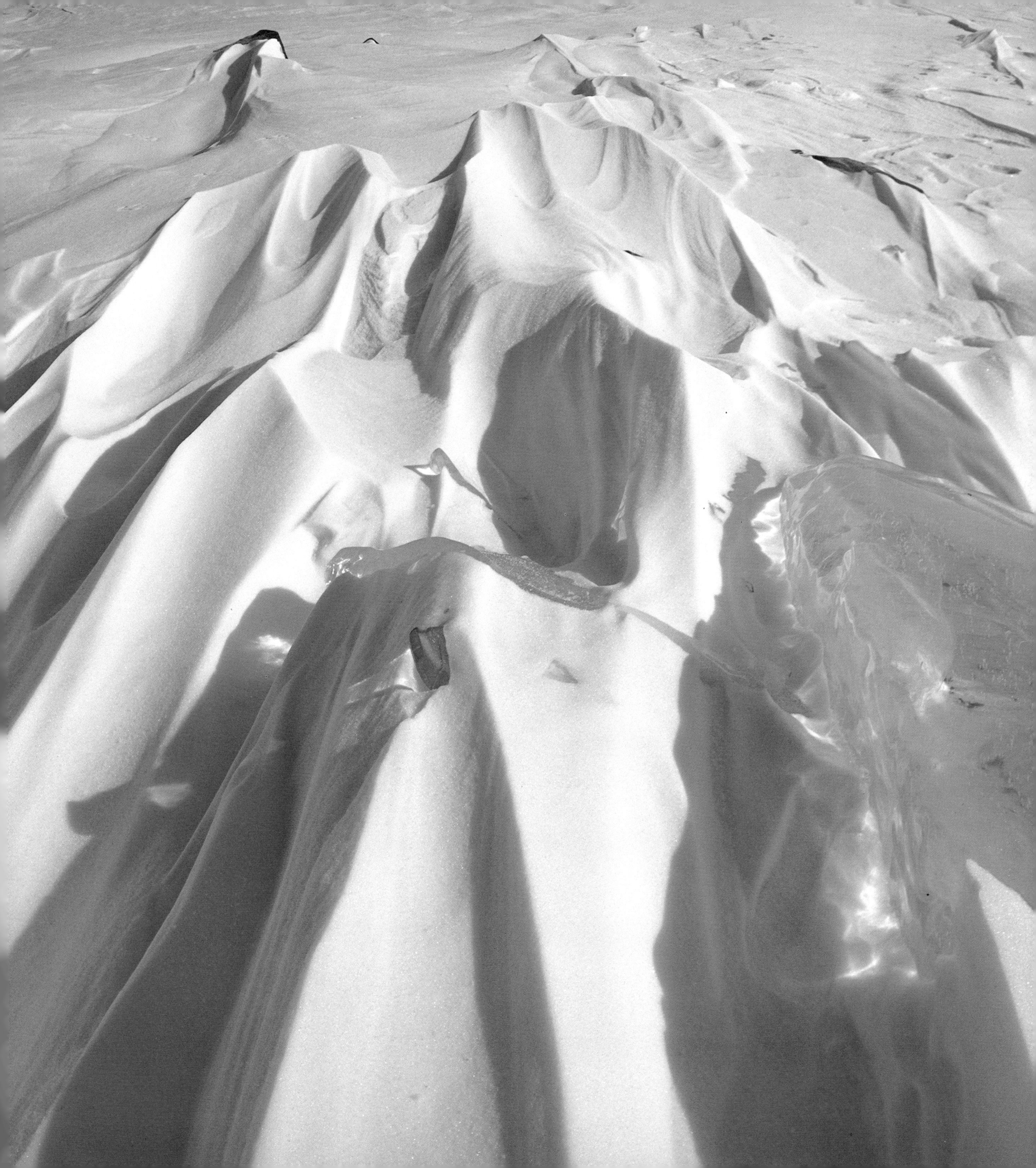

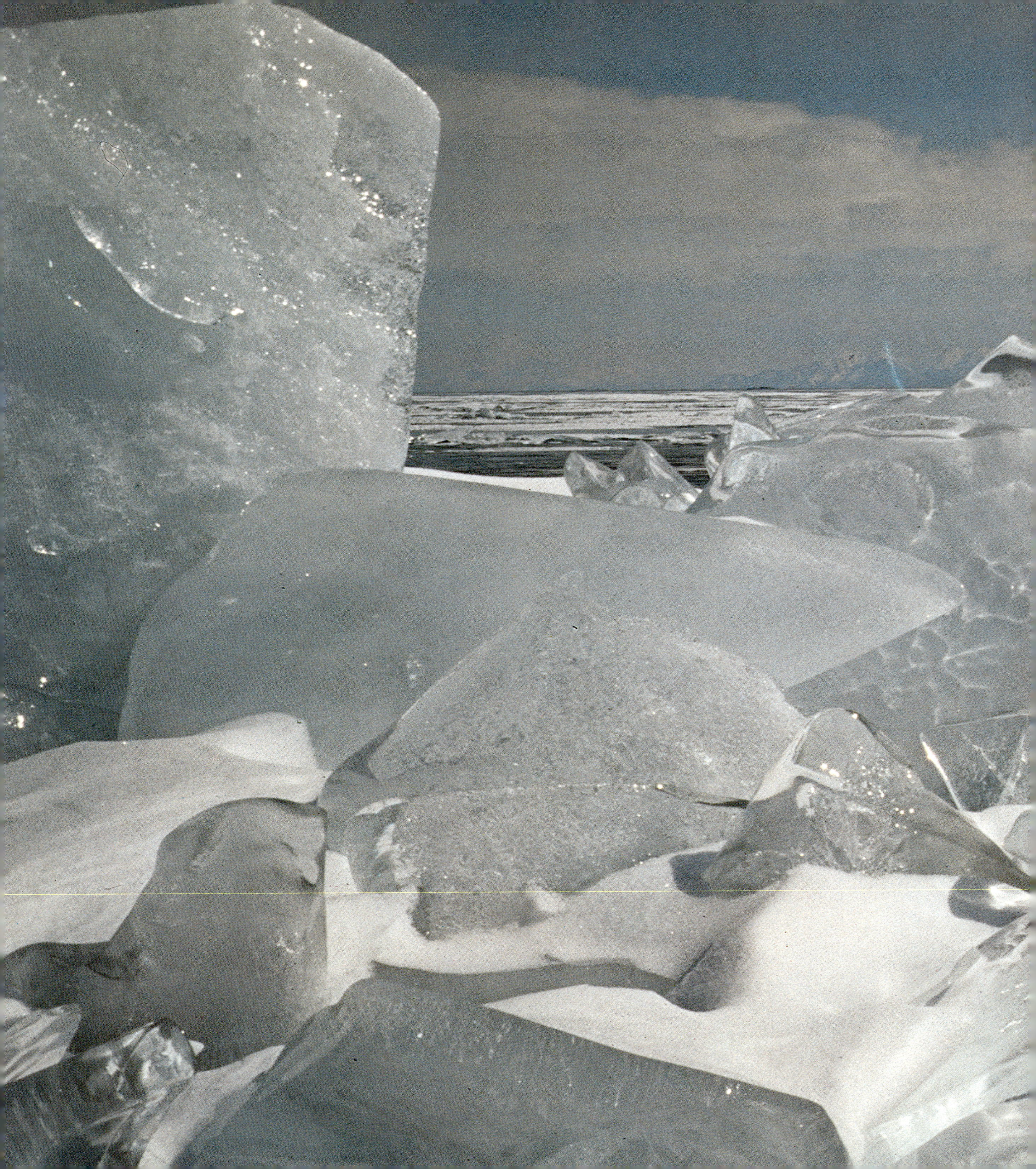

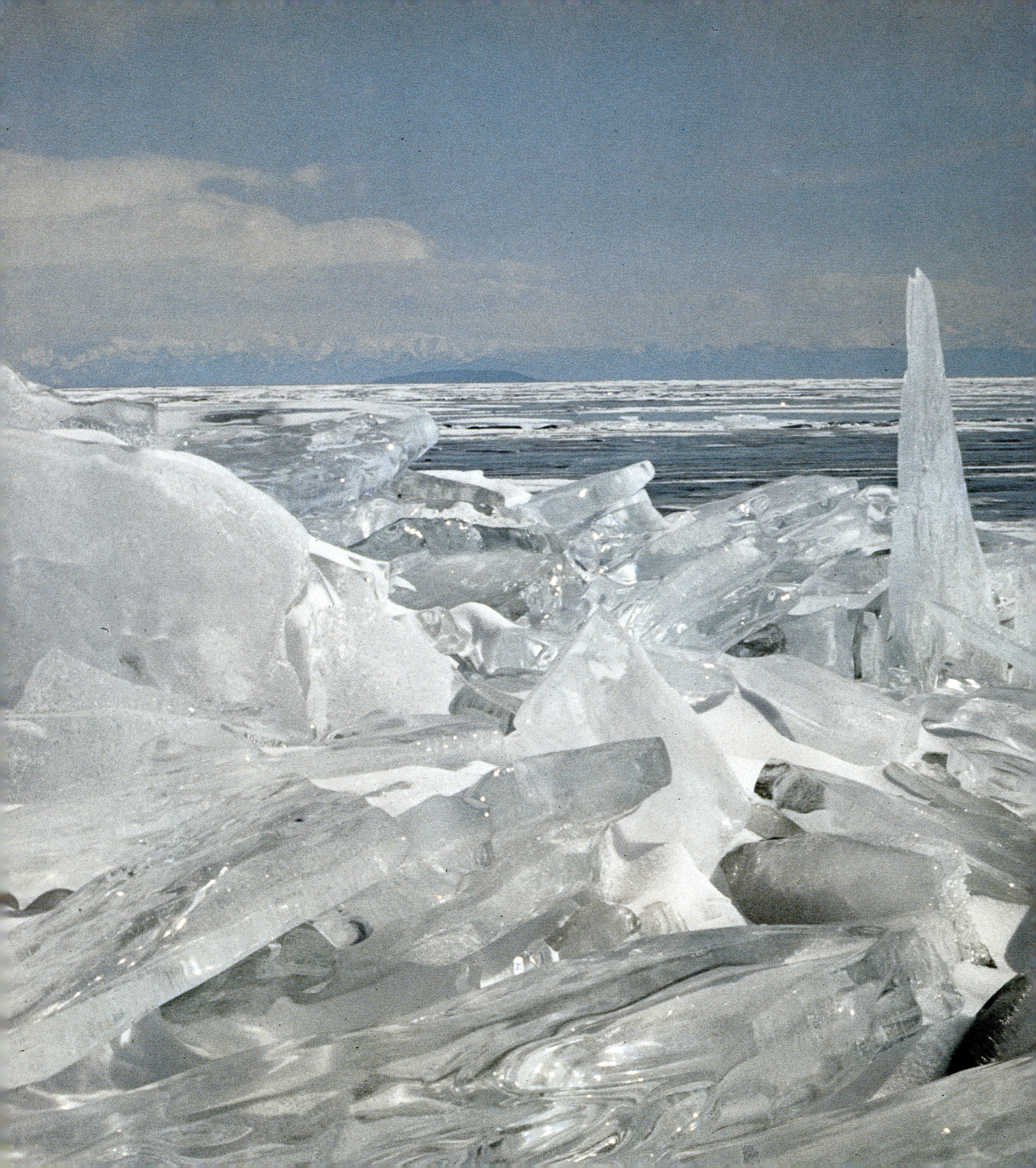

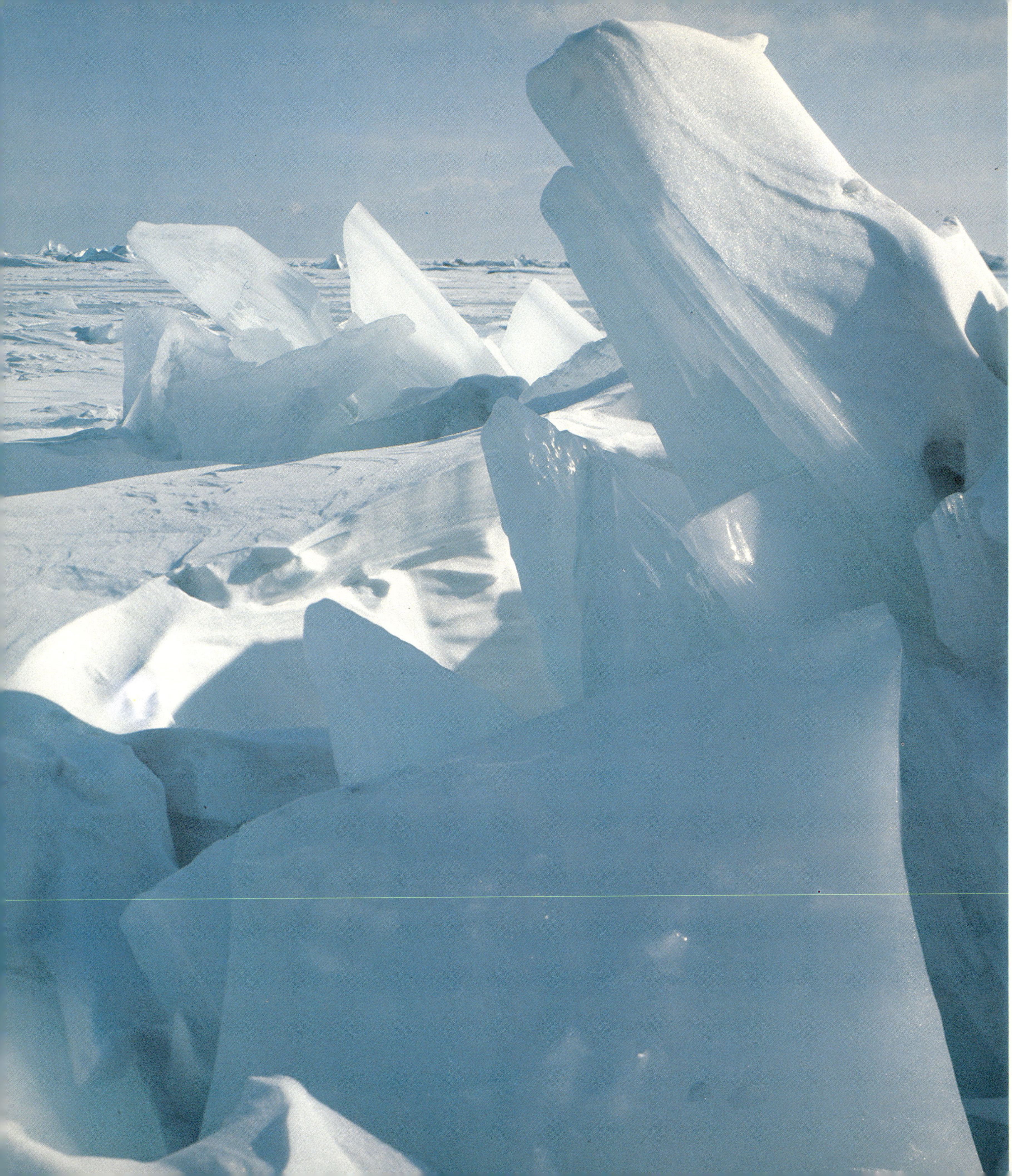

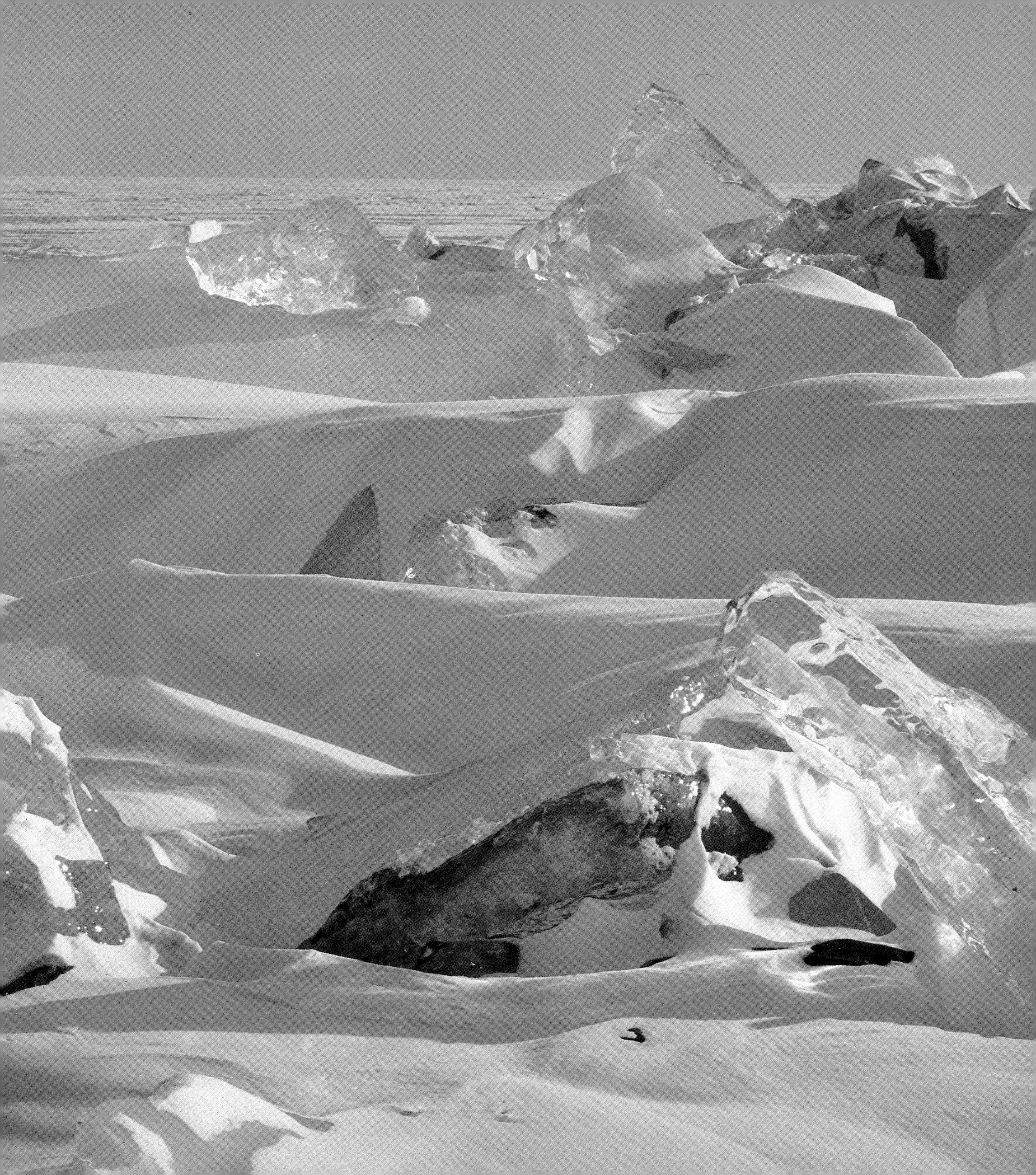

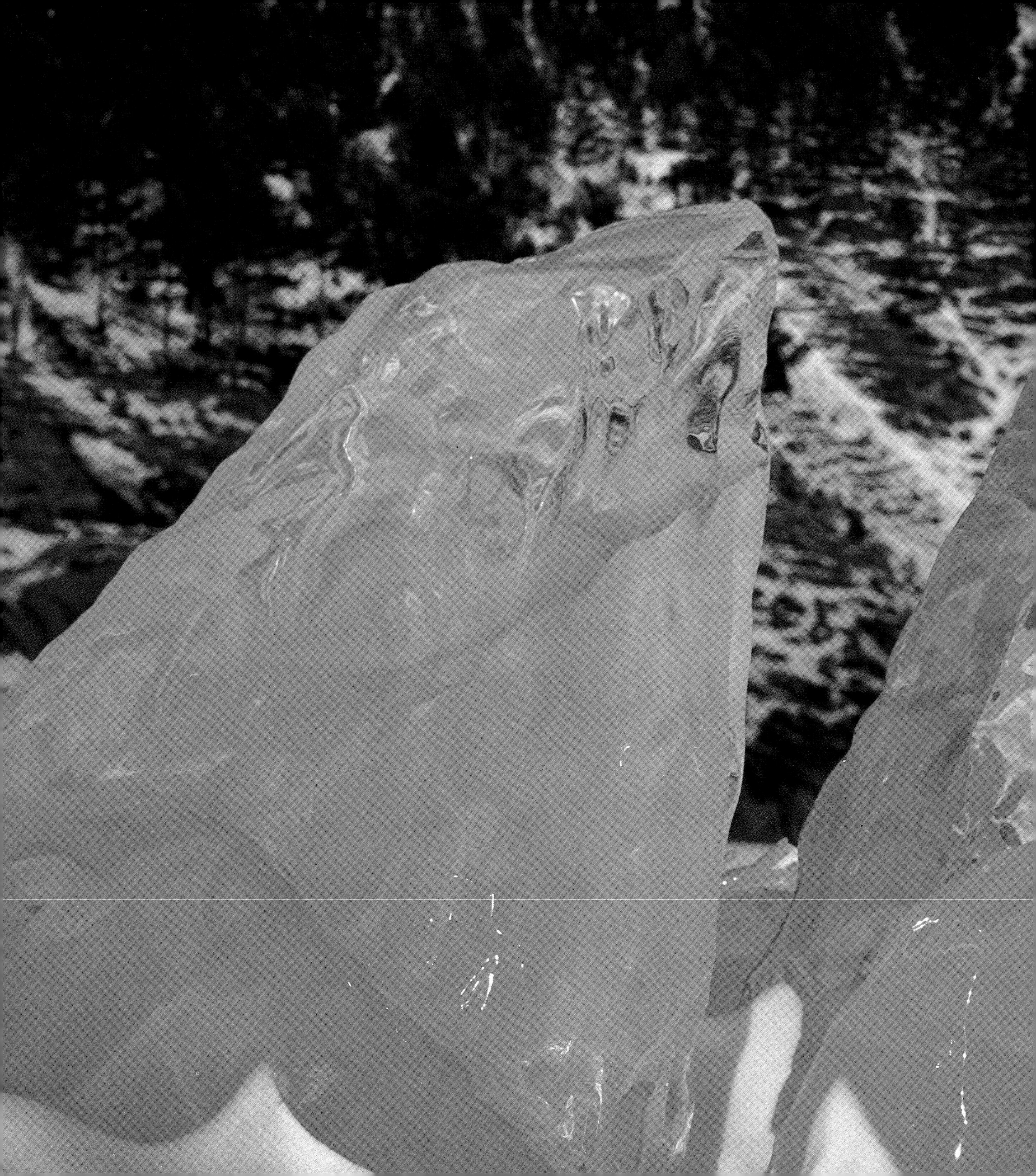

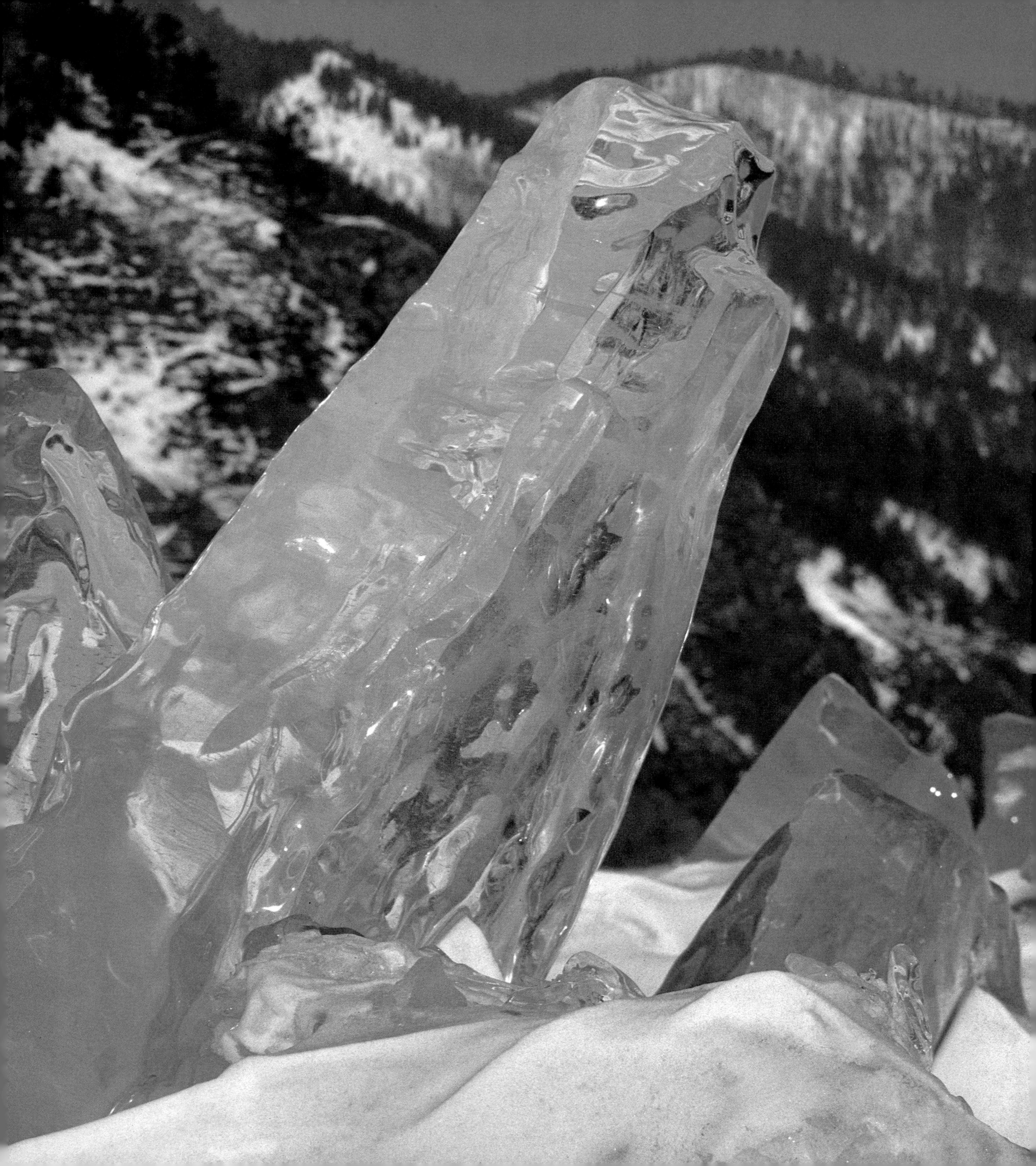

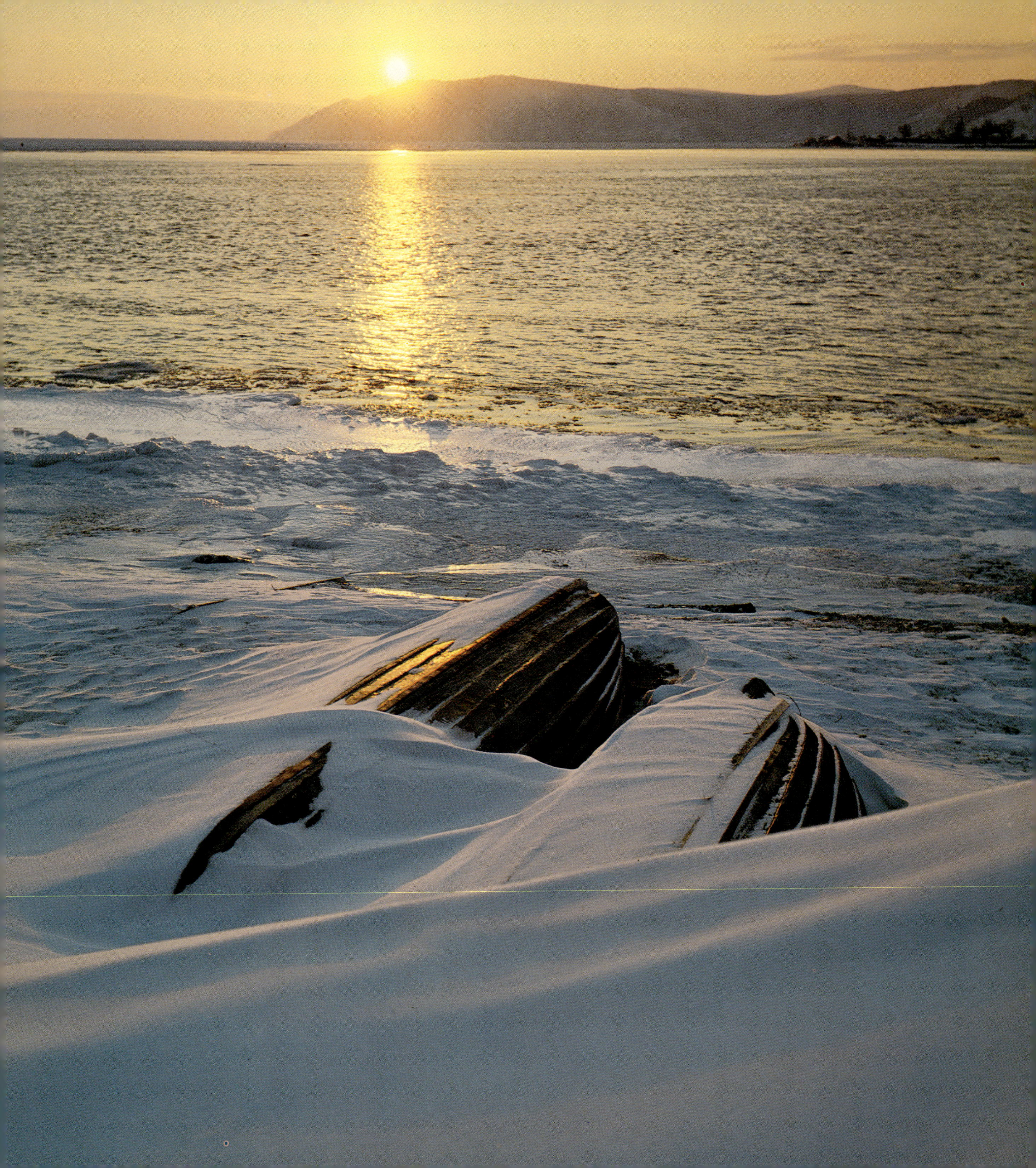

Восторги от созерцания природы выше, чем от искусства.

Петр Чайковский

Die Begeisterung, die man durch die besinnliche Betrachtung der Natur erfährt, ist größer als die Begeisterung, die einem die Kunst vermittelt.

Peter Tschaikowski

Уже птицы, вернувшись из теплых краев, разбудили тайгу, уже волны лилового багульника заливают горы, уже поля принимают в себя первое зерно, а Байкал все еще спит — особенно долог этот сон в его северной котловине, — не сразу расстается он с ледяной шубой, не сразу гонит зиму.

Весна расколдовывает солнце, которое до того светило ослепительно, а грело мало, лучи становятся горячее и настойчивее, но прозрачный лед, кажется, не боится их: пронизанный солнцем, он остается холодным, пропуская сквозь себя легко и безопасно палящие лучи. Еще крепок мороз, и лед крепок. Но под стеклянной крышей ждет свободы вода, она перехватывает тепло у солнечных лучей, согревается, начинает тормошить лед снизу, забирается в каждую щелку, в любую трещину. Огромные белые поля становятся хрупкими. Теперь нужен лишь сильный ветер. И он приходит в мае — култук или баргузин, колотит шквальными молотами в грудь Байкала. Хрустит лед, лопается, рушится, ветер вытесняет его к берегам, лед скользит по припаю, лезет на сушу. Еще несколько дней — и это уже не торосы, а гигантские ледяные ежи толкутся у берега, словно пришли сюда выводить свое холодное потомство. Наступает миг — и они рассыпаются на миллиарды радужных прозрачных иголок, волна качает их — и слышен снова ритмичный то удаляющийся, то приближающийся шум. Это тоже «шорох», только весенний, более тихий, но столь же мелодичный: Байкал что-то шепчет и шепчет весне, может быть, слова благодарности за то, что он снова может дышать вольно и просторно.

Впрочем, эти весенние хрустальные ежи не всегда столь безобидны. Бывают годы, когда в дни ледохода владычествуют над Байкалом затяжные ветры, дующие в одном направлении. Тогда ледяные ежи сбиваются в многотысячные стада, ветер прессует их, выталкивает ледяные поля на берег. Они сдвигают каменные глыбы, вросшие в землю, как травинки сминают столетние сосны, взбираются на высокие железнодорожные насыпи, поднимают многотонные корабли, вынося их на берег, как пушинки.

Изломанные, раскрошенные весенним нетерпением льдины уносит в исток Ангары, она подхватывает их своим стремительным бесконечным ходом, несет, круша, выносит белые стаи к плотине Иркутской гидростанции, вспоминая, как в былые дни она сотни километров своего бега кружила остатки льда, пока они не становились водой, собственно Ангарой, могучей, чистой и своевольной.

Июнь с досадой набрасывается на белые острова еще не растаявшего на севере Байкала льда, на которых нежатся нерпы. А вслед за теплыми ветрами протяжный гудок парохода извещает окрестные горы и долины, что тепло все же победило зиму, что навигация на Байкале открыта. И чайки, распахнув крылья, кружат над идущим по озеру пароходом, и медведь, жадно жующий прошлогоднюю ягоду, оборачивается на гудок.

Schon haben die Vögel, die aus wärmeren Gegenden zurückgekehrt sind, die Taiga erweckt, schon überflutet der wilde Rosmarin die Berge mit lilafarbenen Blüten, schon nimmt der Boden die ersten Samen auf, doch der Baikal liegt noch in tiefem Schlaf – besonders lange währt er in seinem nördlichen Kessel. Er mag sich nicht so rasch von seinem Eispelz trennen, mag nicht so rasch den Winter verjagen.

Der Frühling nimmt den Bann von der Sonne, die bislang mit ihrem Glanz die Augen geblendet hat, doch nur wenig wärmte. Jetzt werden ihre Strahlen sanfter und beständiger, doch das durchsichtige Eis scheint sie nicht zu fürchten: Von Sonne überflutet bleibt es kalt und läßt die ungefährlich sengenden Strahlen durch sich hindurchgleiten. Noch ist der Frost hart und auch das Eis. Doch unter dem Glasdach warten die Wasser auf die Freiheit, sie fangen die Wärme der Sonnenstrahlen auf, erwärmen sich und beginnen das Eis aus der Tiefe zu bedrängen, sie dringen in jeden Spalt ein und in jeden Riß. Die riesigen weißen Felder werden immer brüchiger. Jetzt ist nur noch ein kräftiger Wind vonnöten. Er kommt im Mai – der *Kultuk* oder *Bargusin* – und schlägt den Baikal mit seinen Böen wie mit Hämmern gegen die Brust.

Das Eis knirscht, reißt auf, der Wind jagt es zum Ufer, das Eis rutscht am Uferrand entlang und kriecht aufs Festland. Noch ein paar Tage und riesige Eisigel drängen sich am Ufer, es ist, als führten sie hier ihre kalte Nachkommenschaft spazieren. Dann kommt der Augenblick, da sie in Milliarden bunte, durchsichtige Nadeln zerfallen, die Wellen schaukeln sie und wieder vernimmt man einen rhythmischen Lärm, mal ferner, mal näher. Auch dies sind „Rauscher", nur frühlingsmäßige, ruhigere, aber ebenso melodiös. Der Baikal scheint dem Frühling etwas zuzuflüstern, vielleicht dankt er ihm, daß er nun wieder frei und ungebunden atmen darf. Übrigens sind diese Kristalligel im Frühling nicht immer ganz ungefährlich. Es gibt Jahre, da beim Eisgang lange Zeit Stürme den Baikal beherrschen, die ständig in eine Richtung blasen. Dann zerfallen die Eisigel in eine tausendköpfige Herde, der Wind treibt sie zusammen und drängt die Eisfelder aufs Ufer. Sie schieben ihrerseits die Steinbrocken zusammen, die fest im Erdreich verankert sind, knicken hundertjährige Kiefern wie Grashalme, erklettern hohe Eisenbahndämme, heben große Schiffe empor und schleudern sie wie spielerisch ans Ufer.

Die von der frühlingshaften Ungeduld gebrochenen, zersplitterten Eischollen treiben zur Quelle der Angara, die reißt sie mit in ihrem raschen endlosen Lauf, sie trägt die weiße Schar zum Stausee des Irkutsker Wasserkraftwerks, denn sie hat nicht vergessen, wie sie in vergangenen Tagen hunderte Kilometer weit bei ihrem Lauf die Eisreste umherwirbelte, so lange, bis sie zu Wasser wurden, zum Wasser der Angara, des mächtigen, klaren und freiheitliebenden Stromes.

Der Juni wirft sich betrübt auf die weißen Eisinseln, die im Norden des Baikalsees noch immer nicht geschmolzen sind, und auf denen es sich die Baikalrobben gut sein lassen. Nach den warmen Winden kündet die Schiffssirene den Bergen und Tälern rundum, daß die Wärme allem zum Trotz den Winter endgültig besiegt hat und daß die Navigation auf dem Baikalsee nunmehr beginnt. Die Möwen kreisen mit weit ausgebreiteten Schwingen über den Schiffen auf dem Baikalsee und der Bär, der gierig die vorjährigen Wildbeeren kaut, wendet sich lauschend in die Richtung, aus der das Heulen der Schiffssirene dringt.

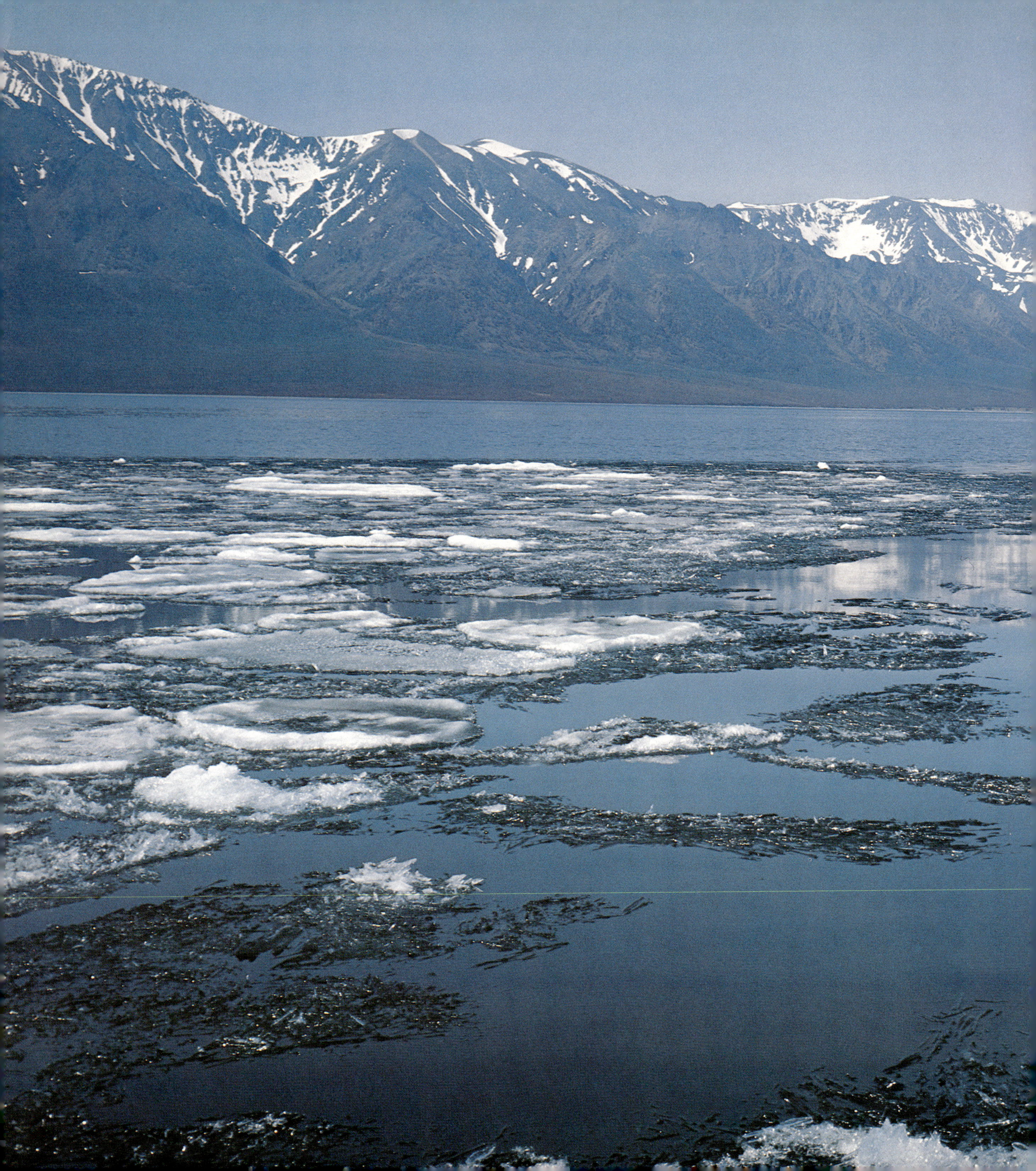

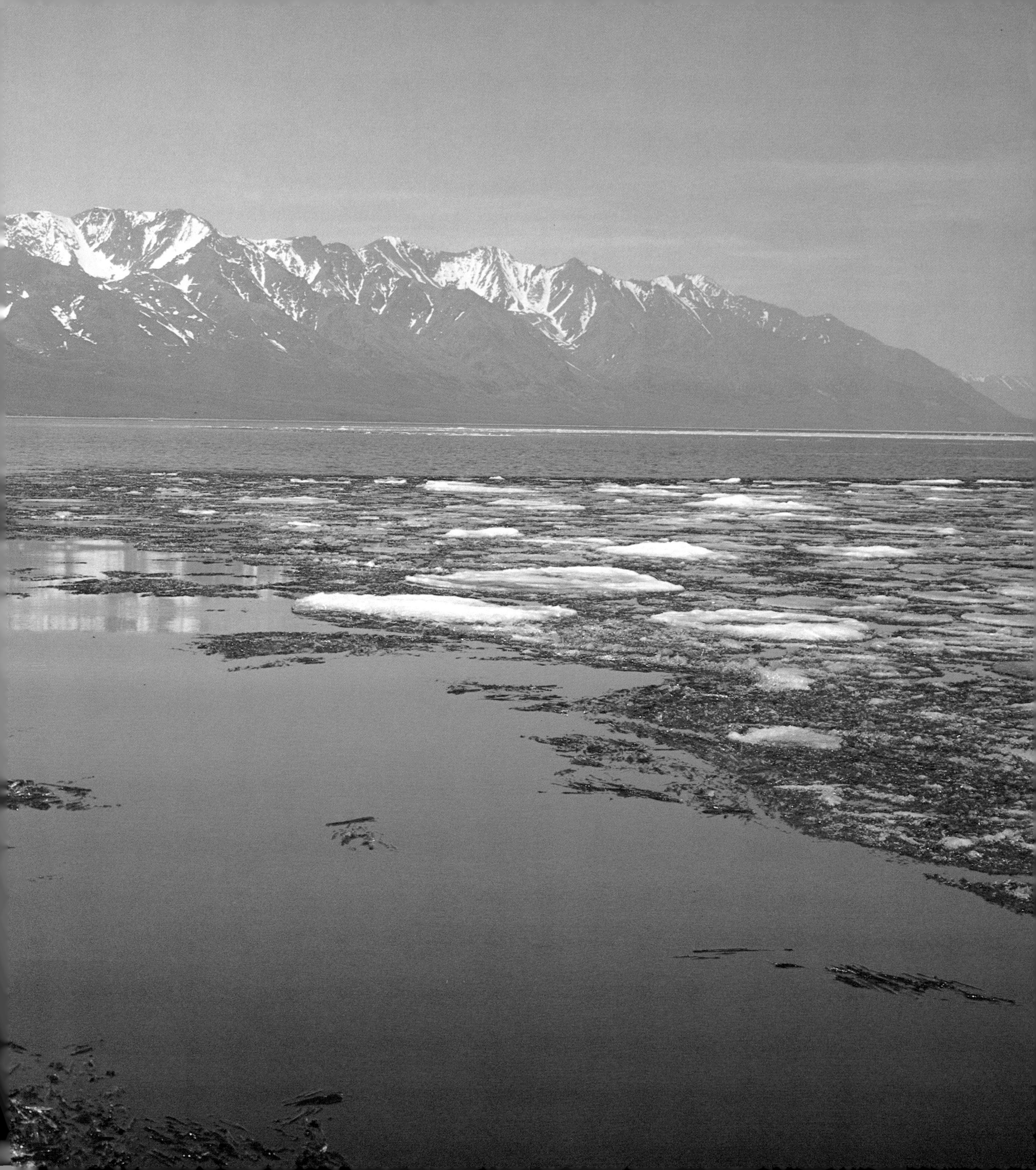

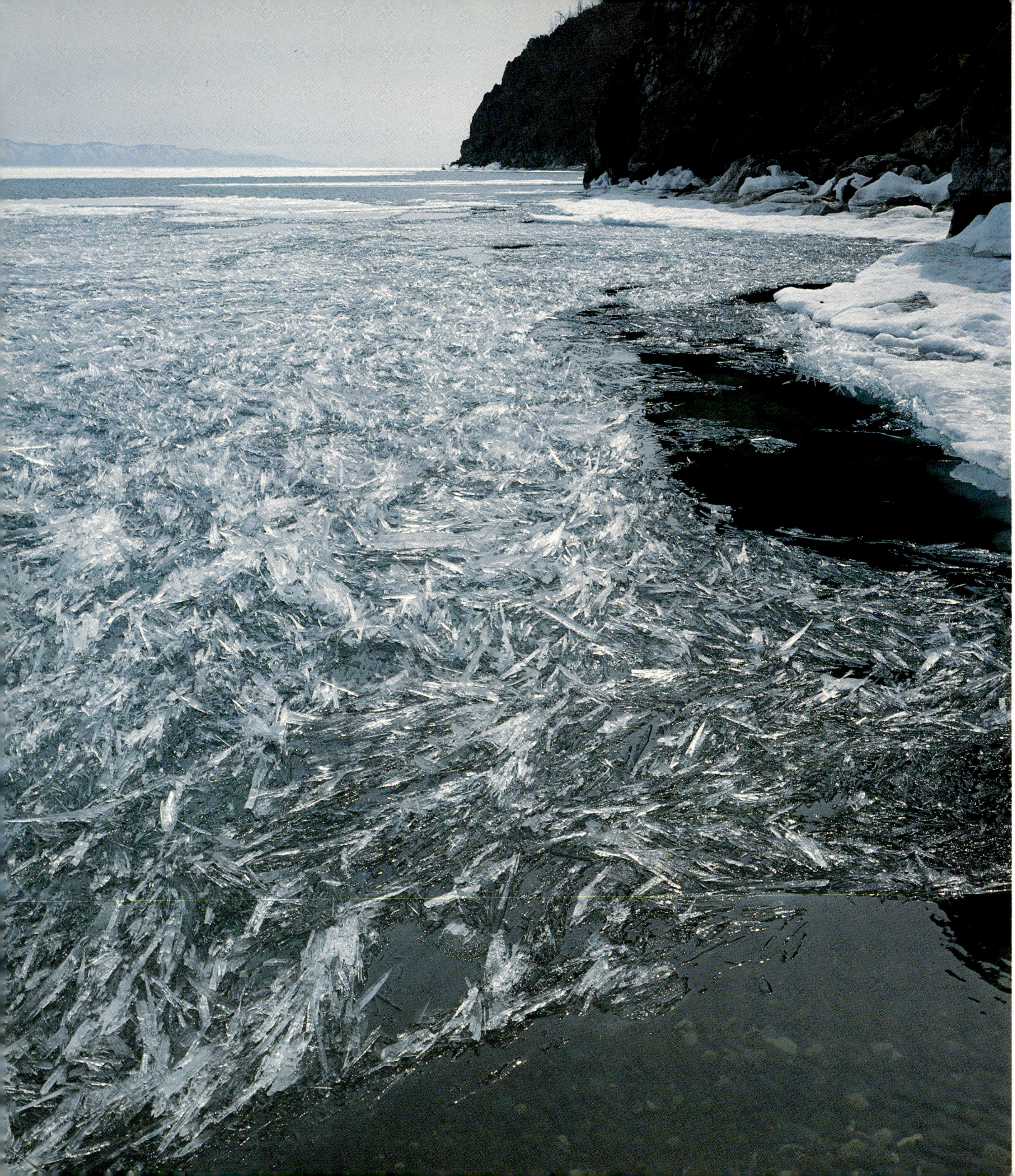

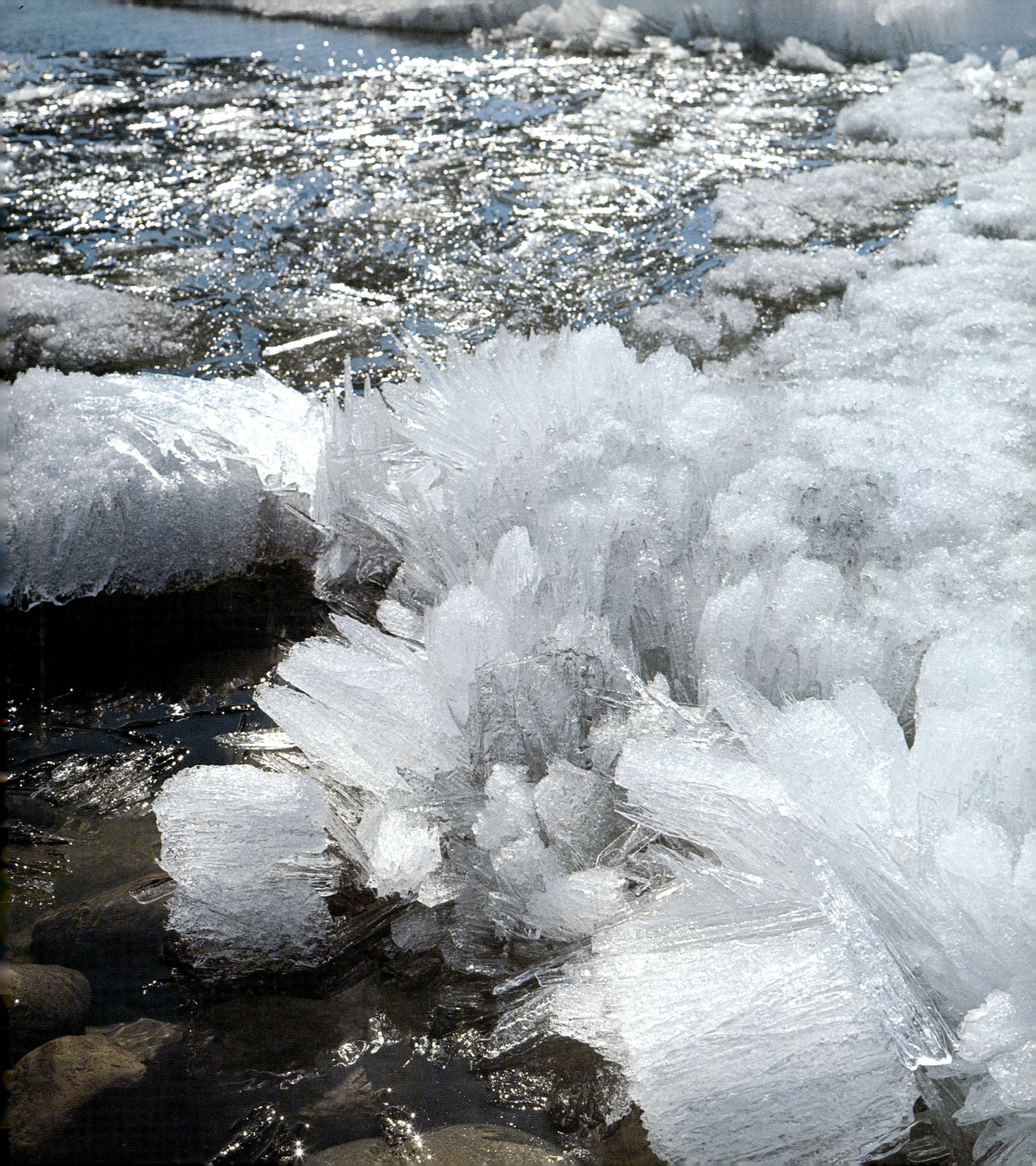

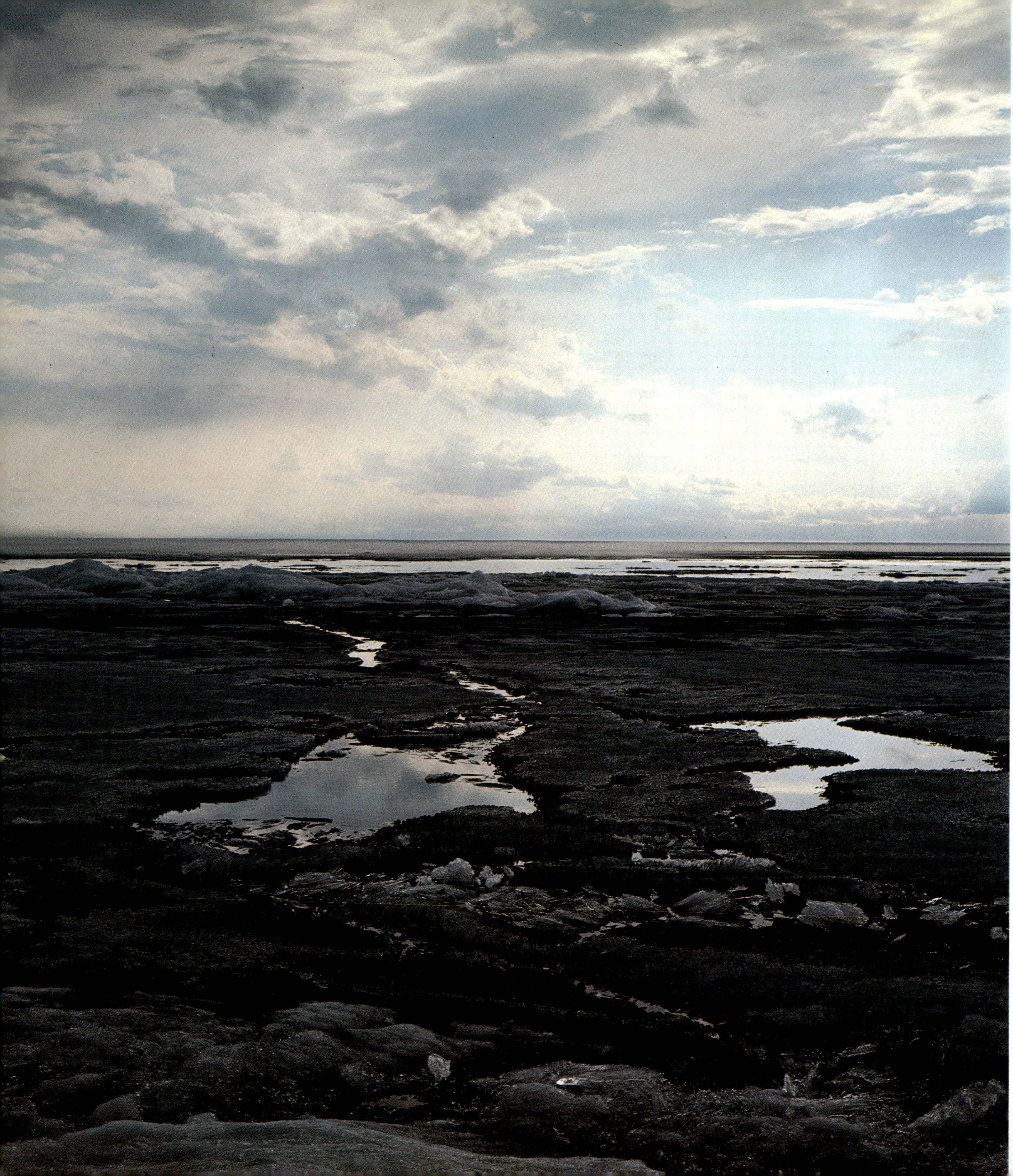

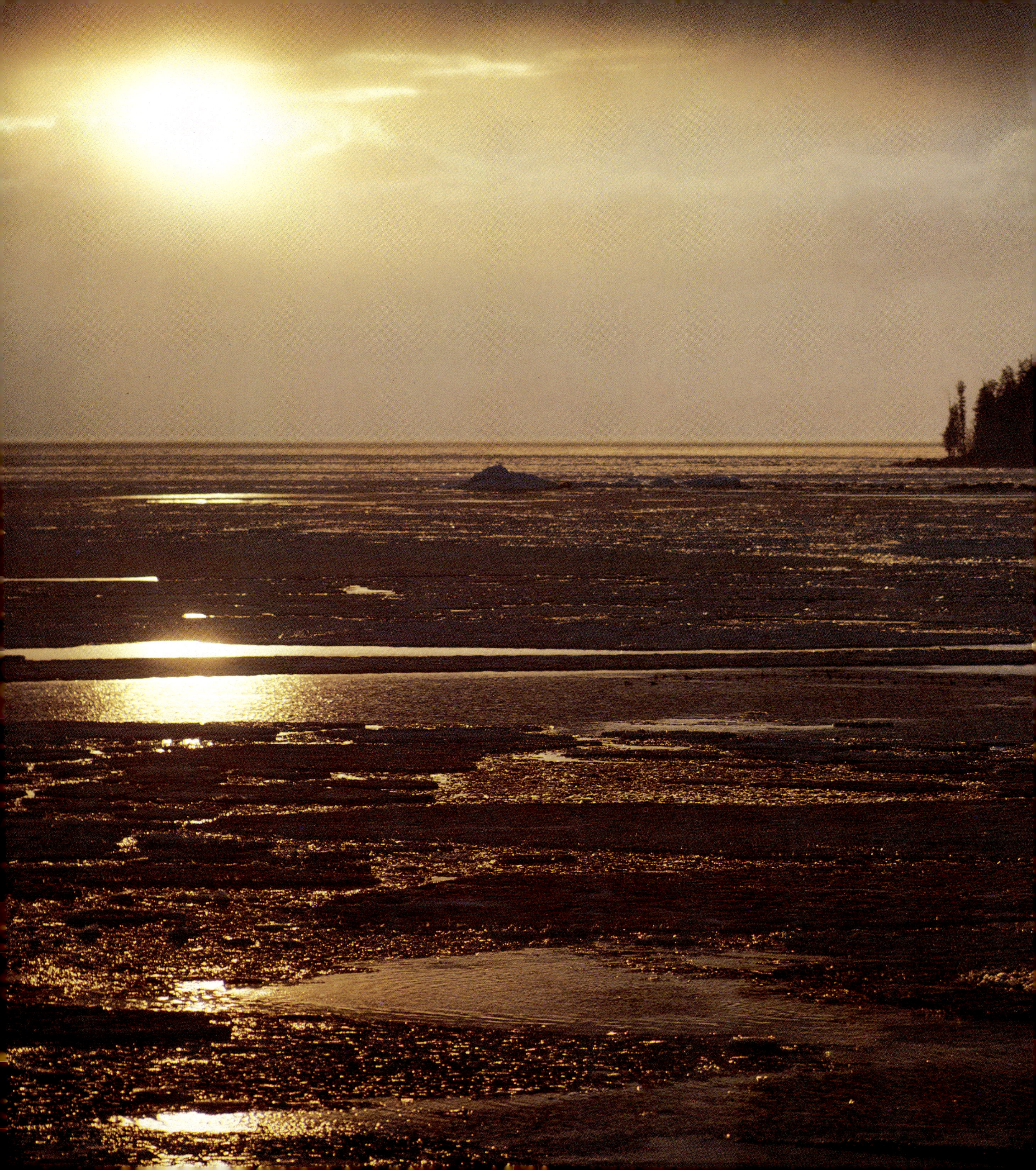

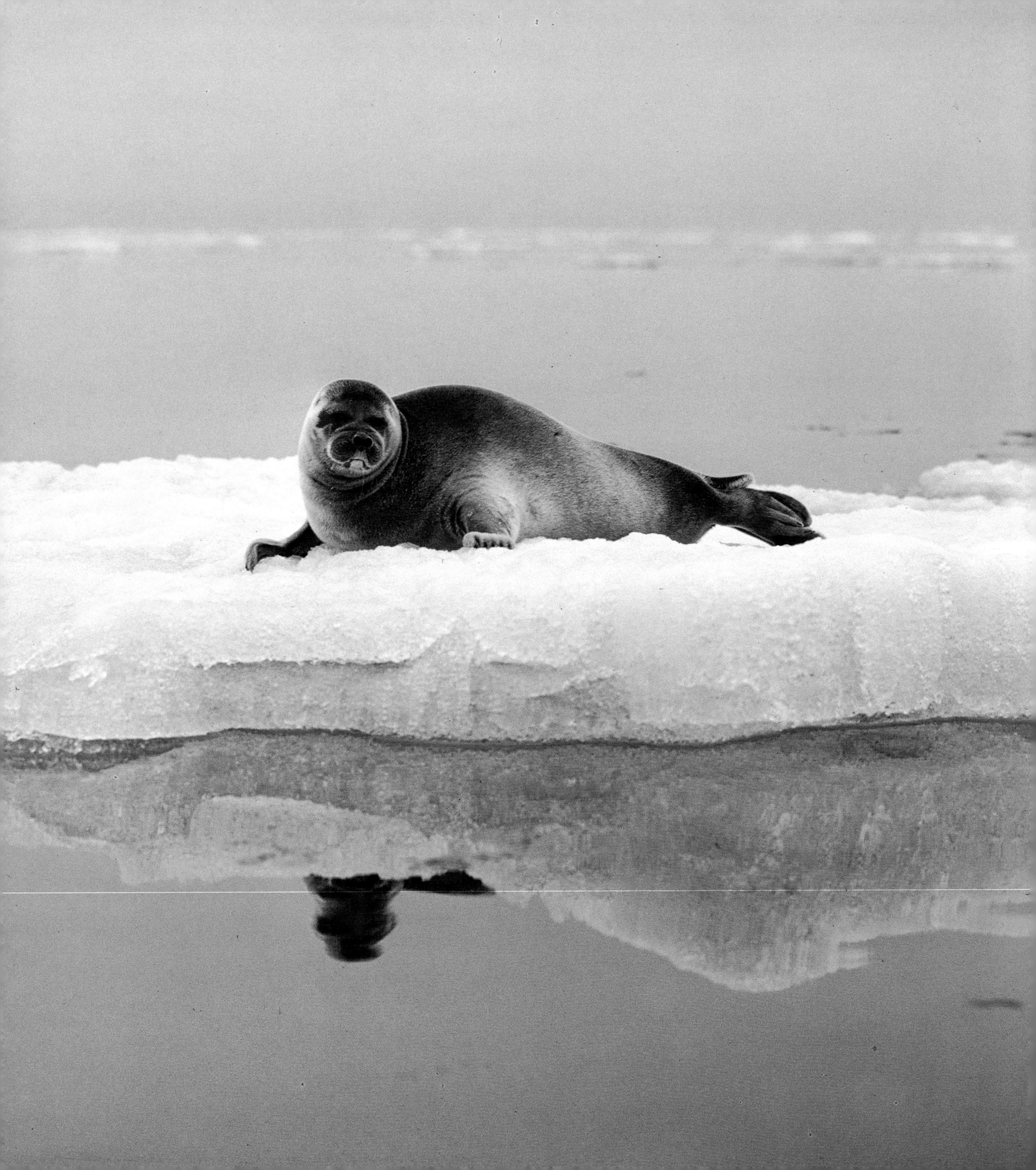

. . .Мы должны радоваться, что на долю нашего Советского Союза выпало счастье обладать такой жемчужиной природы, как Байкал, но мы уже должны чувствовать на себе обязанность высоко поставить дело изучения этой жемчужины.

Глеб Верещагин

Wir können froh sein, daß unserer Sowjetunion das Glück beschert ist, so eine Perle der Natur zu besitzen, wie es der Baikalsee ist, aber wir müssen auch die Verpflichtung spüren, die Erforschung dieser Perle auf einem hohen Niveau zu betreiben.

Gleb Werestschagin

Осенью с первыми летящими по ветру листьями уходил в реки на нерест омуль, а с последними, уплывающими в Ангару льдинами, спешат на икрометание хариус, таймень, ленок. Глядя, как, одолевая быстрины, каменные уступы и небольшие водопады, идет к нерестилищам рыба, понимаешь, как мудра природа, как точно распределила она ход жизни в Байкале, циклы пополнения его фауны, как славно отлажен миллионами лет механизм, регулирующий и продолжение рода, и баланс кормов, и гармоничное единство неповторимого подводного мира. Не случайно ученые говорят, что Байкал – природная лаборатория сегодняшней и будущей науки, позволяющая проследить изменение его животного мира не только за миллионы минувших лет, но и творящая буквально на глазах новые виды так называемого планктона, в среде которого время и жизненная сила вершат свое священнодействие.

В конце апреля – в мае пробивают еще стылую землю первые цветы – ургуй, сон-трава, прострел – так много названий у мохнатого подснежника, пушистые колокольчики которого бывают здесь то ясно-желтыми, то с примесью сиреневости, а то и вовсе синими. Только что покинул берлогу медведь и теперь округляет перезимовавшими под снегом, кедровыми орехами, первой целебной травкой, выловленной в реке икряной рыбой или случайно попавшей в лапы лесной мелюзгой свои отощавшие за зиму бока.

Дольше всего снег держался на каменных вершинах прибайкальских гольцов. Теперь он сходит, хотя и небыстро. И деревья, черными скромными черточками усеявшие склоны сопок, набухают жизнью, обретают теплые коричневато-сиреневые краски, издали лес кажется лиловым, а в гущах чозении возникает голубое сияние, а в чешуйках отошедшей от стужи бересты нестерпимо горит солнечный свет, и эти пылающие, мохнатые от светящихся берестинок стволы становятся видны далеко-далеко.

Это солнце, эта пьянящая гулкая свежесть обновленного мира, грохочущего набухшими талой водой реками, переливающегося криками, стонами, цоканьем, трелями справляющих возвращение птиц, ни с чем не сравнимы.

Теперь Байкал пронзительно синь, выспавшийся, умытый вешним теплом, обласканный щедрым солнцем, он покоен, безмятежен и молод. Должно быть, увидев его таким, праздничным и чистым, и назвали его «оком Сибири».

Вот уже зелень заливает склоны, вот уже вспыхнули первые жарки. И белый войлок останется теперь лишь на немногих, повитых вечным льдом, главенствующих над хребтами вершинах.

Закончилась весна, скатилась вниз по вздутым, а теперь опавшим рекам и ручьям, растворилась в таежном теплом мареве, сошла с первыми цветами, укрыв землю от праздного взгляда стеблями и листьями летнего травостоя. И кажется, что не было никогда такой суровой и такой длинной зимы.

Im Herbst ist der Omul zusammen mit den ersten Blättern, die im Winde kreisen, in die Flüsse zum Laichen gezogen, nun schwimmen mit den letzten Eisschollen Äsche, Lachs und *Lenok* in die Angara. Wenn man beobachtet, wie die Fische über Stromschnellen, steinerne Vorsprünge und niedrige Wasserfälle hinweg unbeirrt zu ihren Laichplätzen ziehen, begreift man so recht, wie weise die Natur ist, wie präzise sie das Leben im Baikal und den Vermehrungszyklus seiner Fauna regelt, wie hervorragend sie in Jahrmillionen den Mechanismus entwickelt hat, der die Fortsetzung der Geschlechter, die Futterbalance und die harmonische Einheit der einmaligen Unterwasserwelt gewährleistet. Nicht von ungefähr sagen ja auch die Wissenschaftler, daß der Baikal ein ideales Naturlabor für heutige und für künftige Wissenschaftler ist, in dem sich die Veränderungen der Tierwelt nicht nur in den vergangenen Jahrmillionen verfolgen lassen, sondern wo sich buchstäblich von unser aller Augen neue Formen des Planktons herausbilden, in dem Zeit und Lebenskraft ihre heiligen Handlungen vollziehen.

Ende April und im Mai brechen die ersten Blumen aus der noch kalten Erde. *Urgyi*, Schlafkirsche, Christinenkraut, Mönchskappe, so viele Namen hat das Schneeglöckchen, dessen mit zartem Flaum bedeckte Glöcklein in dieser Gegend leuchtend gelb, zartlila, aber auch von sattem Dunkelblau sein können. Der Bär hat seine Höhle verlassen und macht sich über die Zedernnüsse her, die unter dem Schnee überwintert haben, rupft die ersten zarten Grashalme, raubt einen Fisch, der zum Laichplatz zieht, aus dem Fluß oder packt mit seinen Pranken ein kleines Waldtier, um sich seinen in den langen Wintermonaten ausgehungerten, leeren Bauch zu füllen.

Am längsten hält sich der Schnee auf den Gipfeln der Baikalfelsen. Jetzt schmilzt auch er, zwar mit Bedacht. Und in den Stämmen mit ihren schwarzen knorrigen Ästen auf den kahlen Felshängen steigt neuer Lebenssaft auf. Er verleiht den Bäumen eine braunlila Farbe. Aus der Ferne wirkt nun die ganze Welt lila. Bläulich flimmert *Thosenija*. Aus den Schuppen der Birkenrinde, die sich im Frost von den Stämmen gelöst hat, liegt das Sonnenlicht, und die flammenden zottigen Stämme leuchten weithin.

Diese Sonne, diese betäubende Frische der erneuerten Welt mit dem Murmeln der vom Schmelzwasser angeschwollenen Flüsse und dem Gezwitscher, dem Stöhnen, den Lockrufen und dem Trillern der zurückgekehrten Vögel läßt sich mit nichts auf der Erde vergleichen.

Jetzt ist der Baikal von durchsichtiger Bläue, auch er hat seinen Winterschlaf hinter sich, ist frisch, von der freigebigen Sonne zärtlich durchwärmt und ruht still, sorglos und jung. Wenn man ihn so erblickt, festlich und klar, ist man sicher versucht, ihn „das Auge Sibiriens" zu nennen.

Schon grünt es auf den Hängen. Schon leuchten die ersten *Sharki*. Und nur auf den Firnen einzelner Bergkämme liegt noch der weiße ewige Schnee.

Der Frühling ist vergangen, ist mit Flüssen und Bächen hinabgeströmt in die Täler, hat sich aufgelöst im warmen Dunst der Taiga. Ist vergangen mit den ersten Blumen, hat die Erde vor müßigen Blicken mit den Stengeln und Blättern des Sommerfarns zugedeckt, und man könnte glauben, daß es niemals den harten langen Winter gegeben hat.

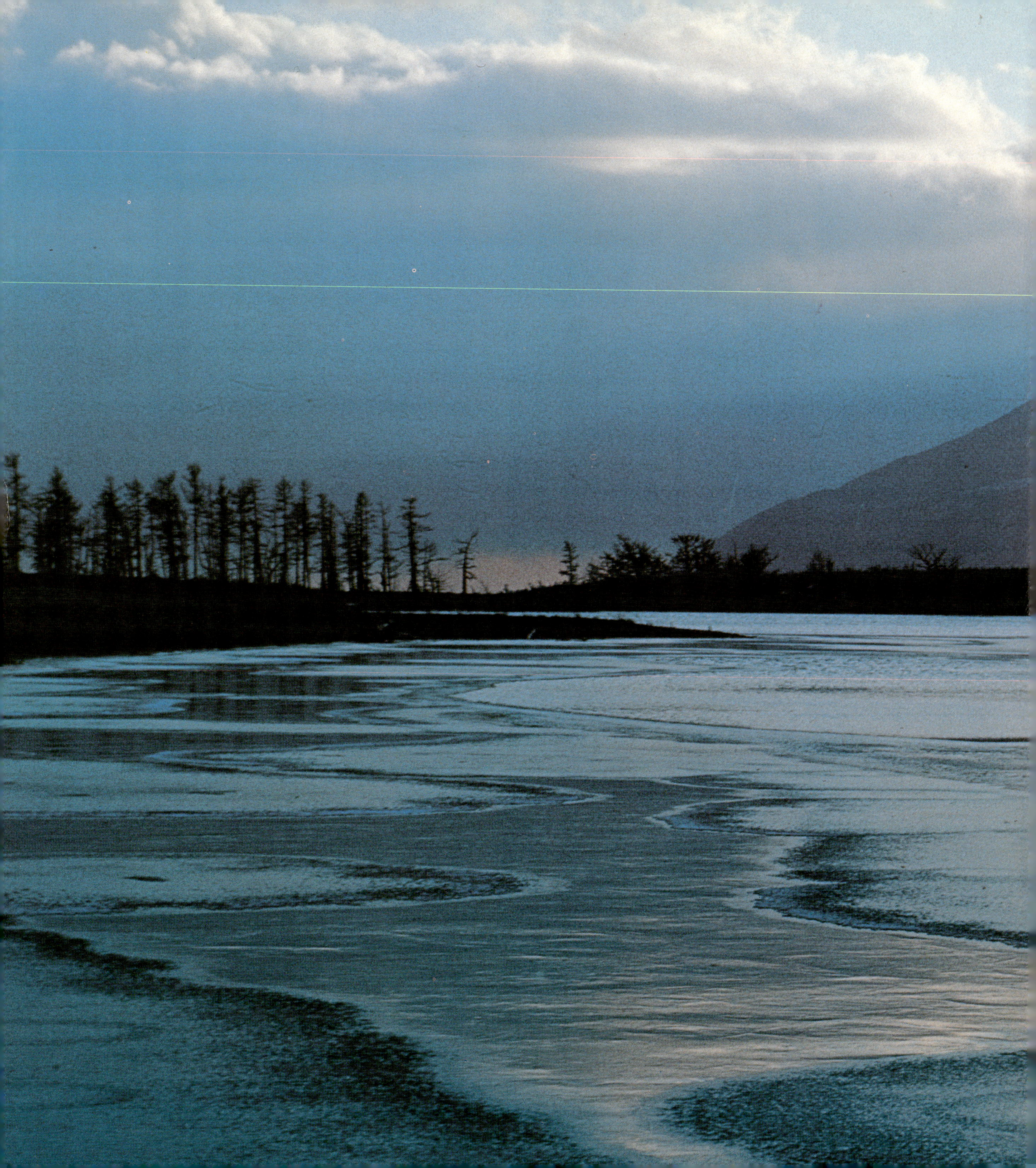

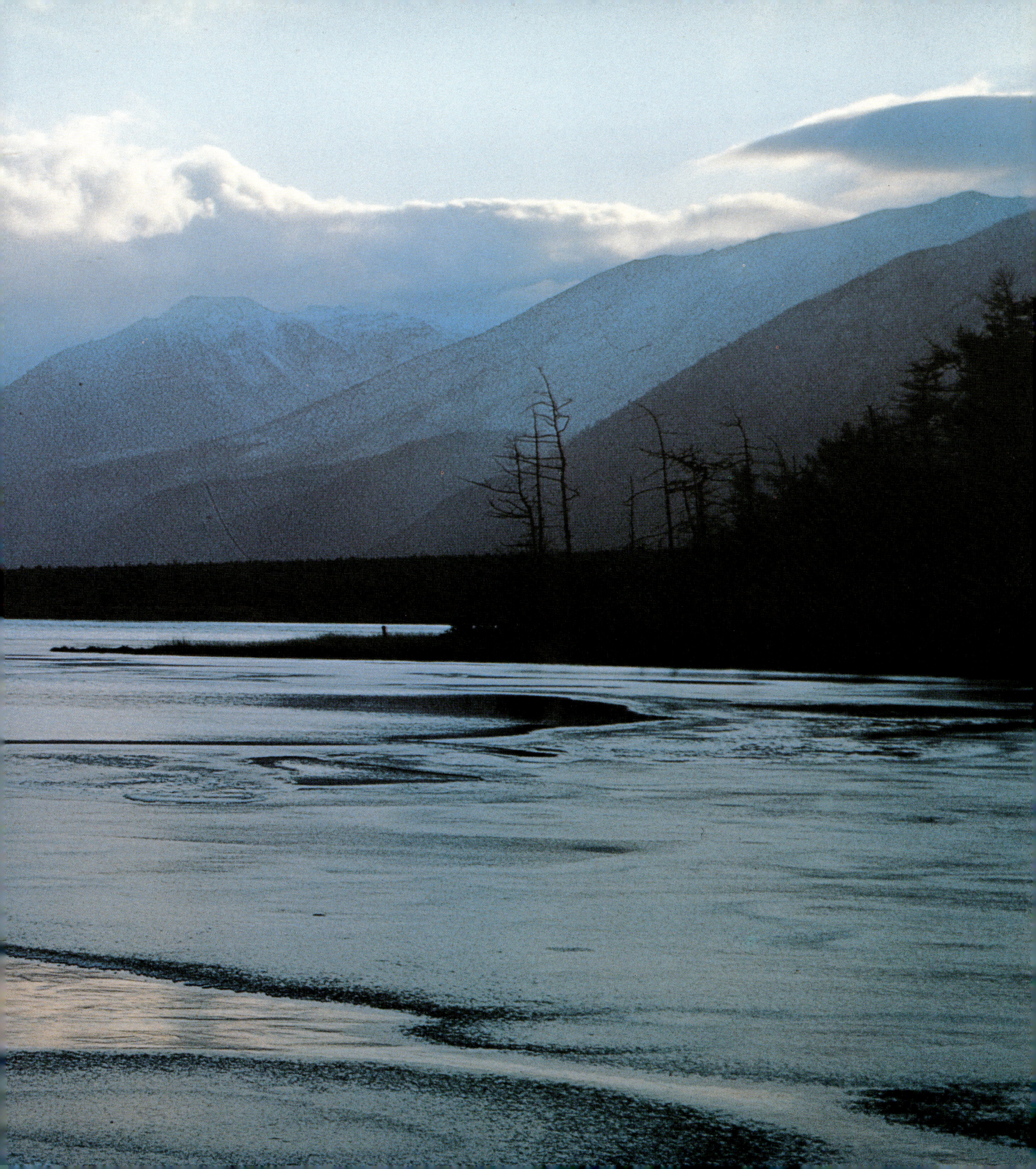

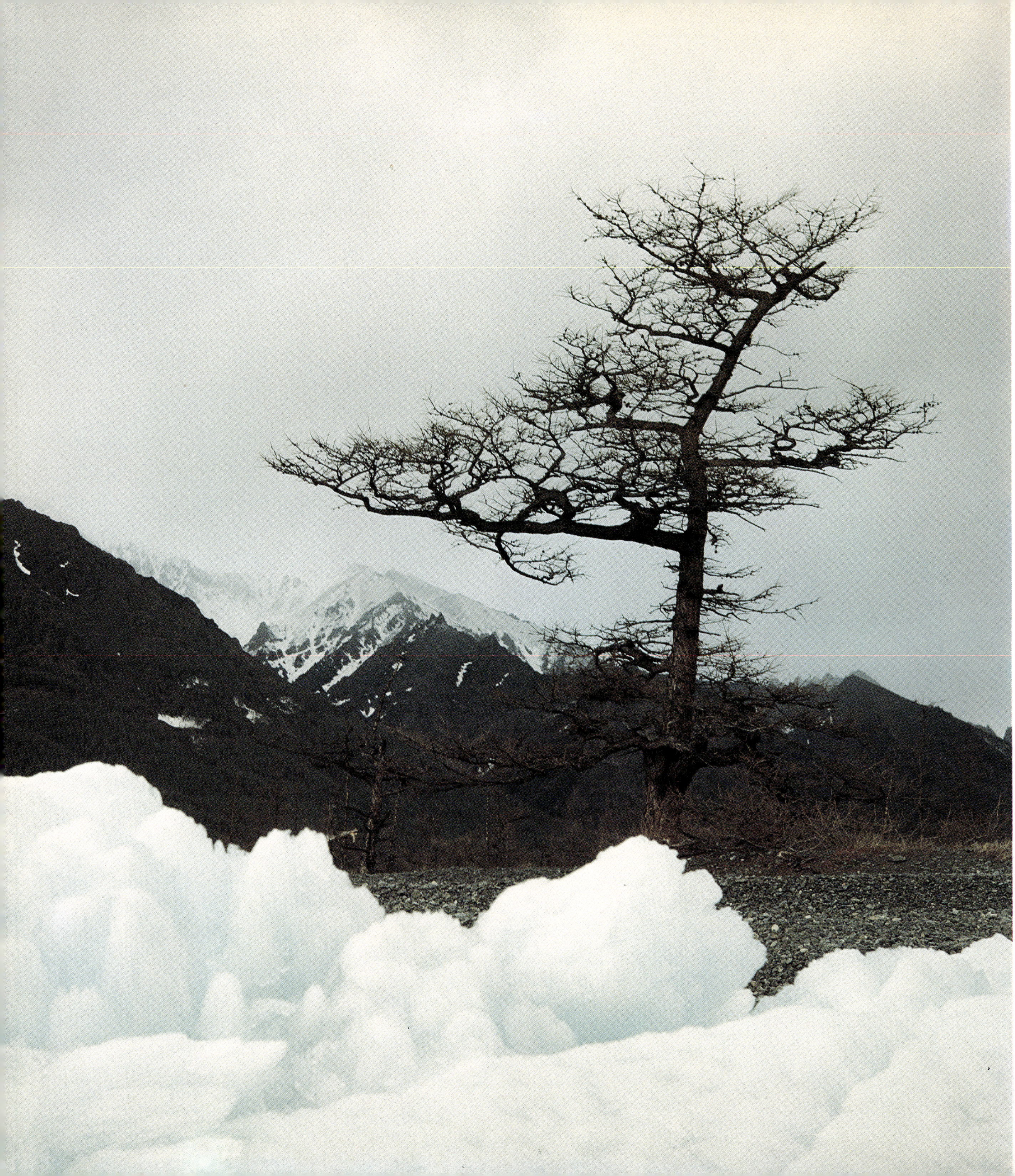

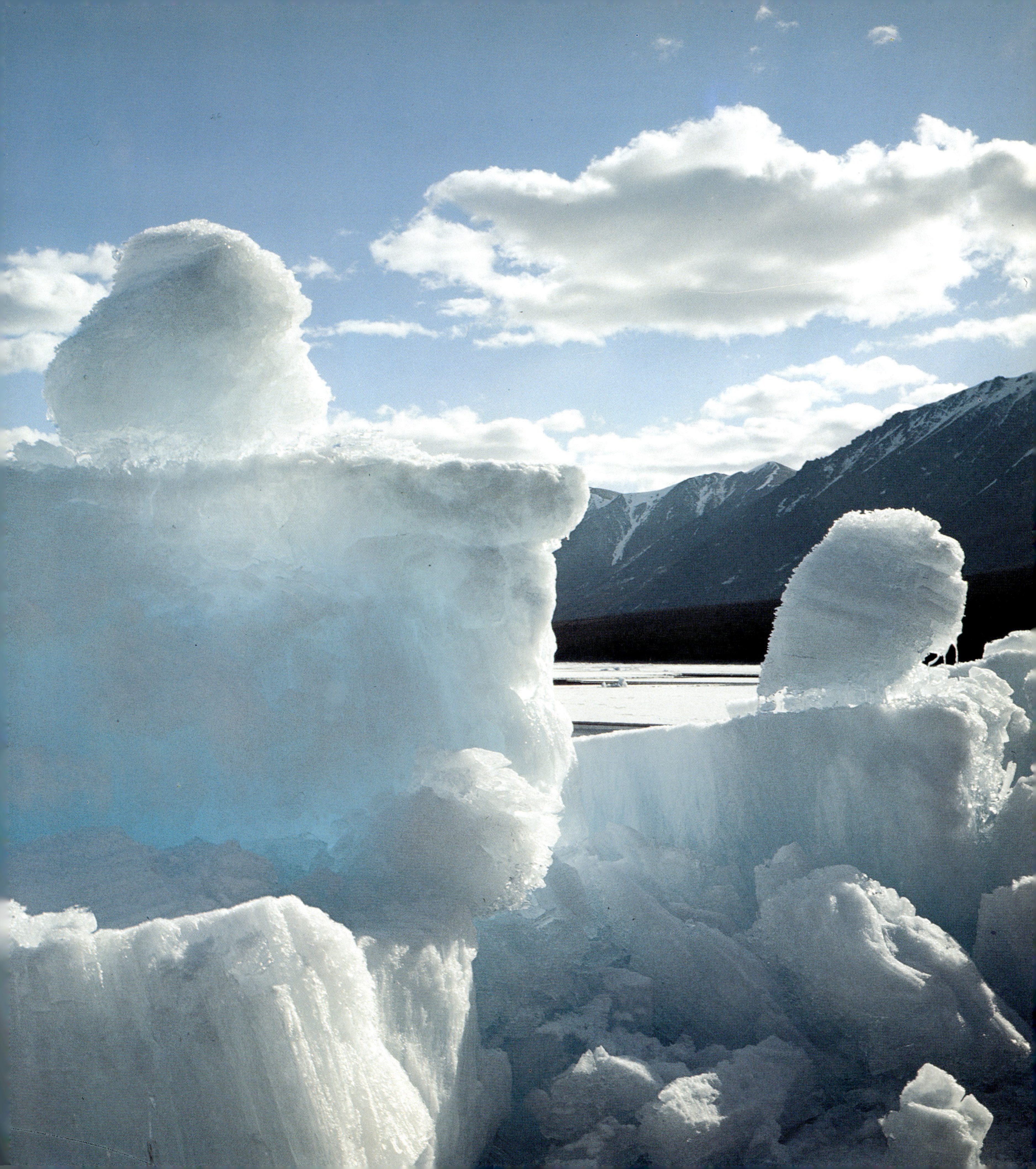

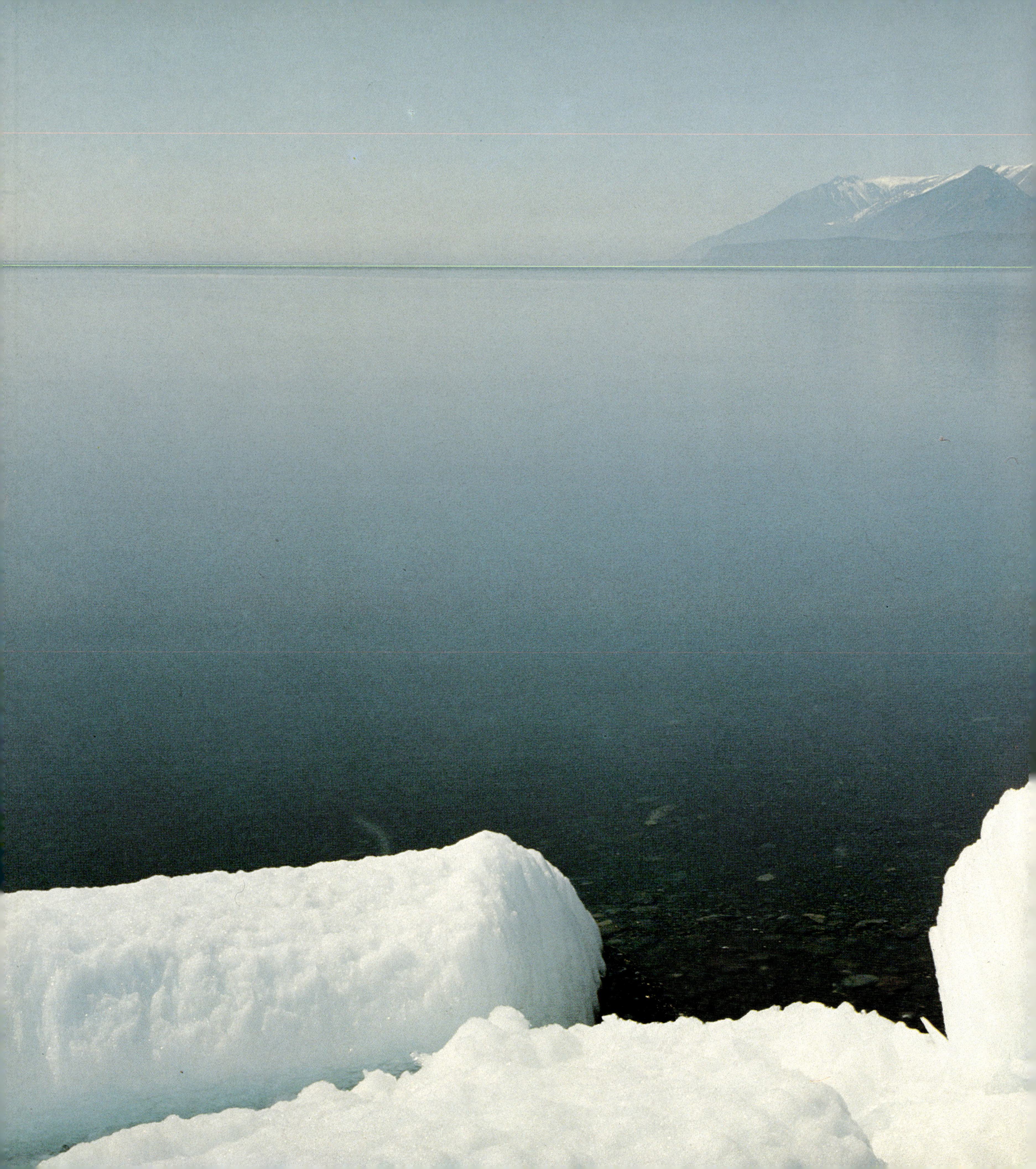

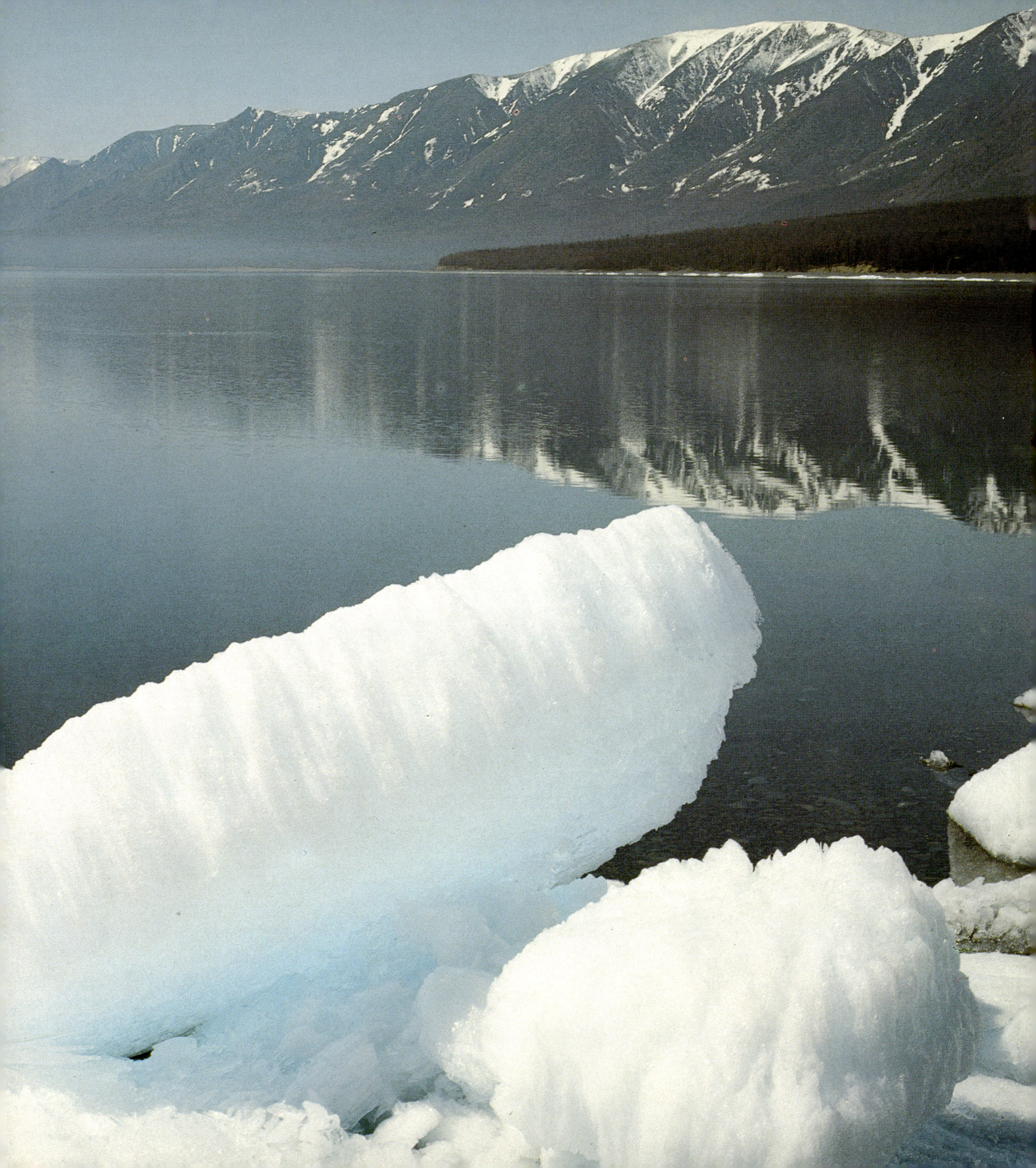

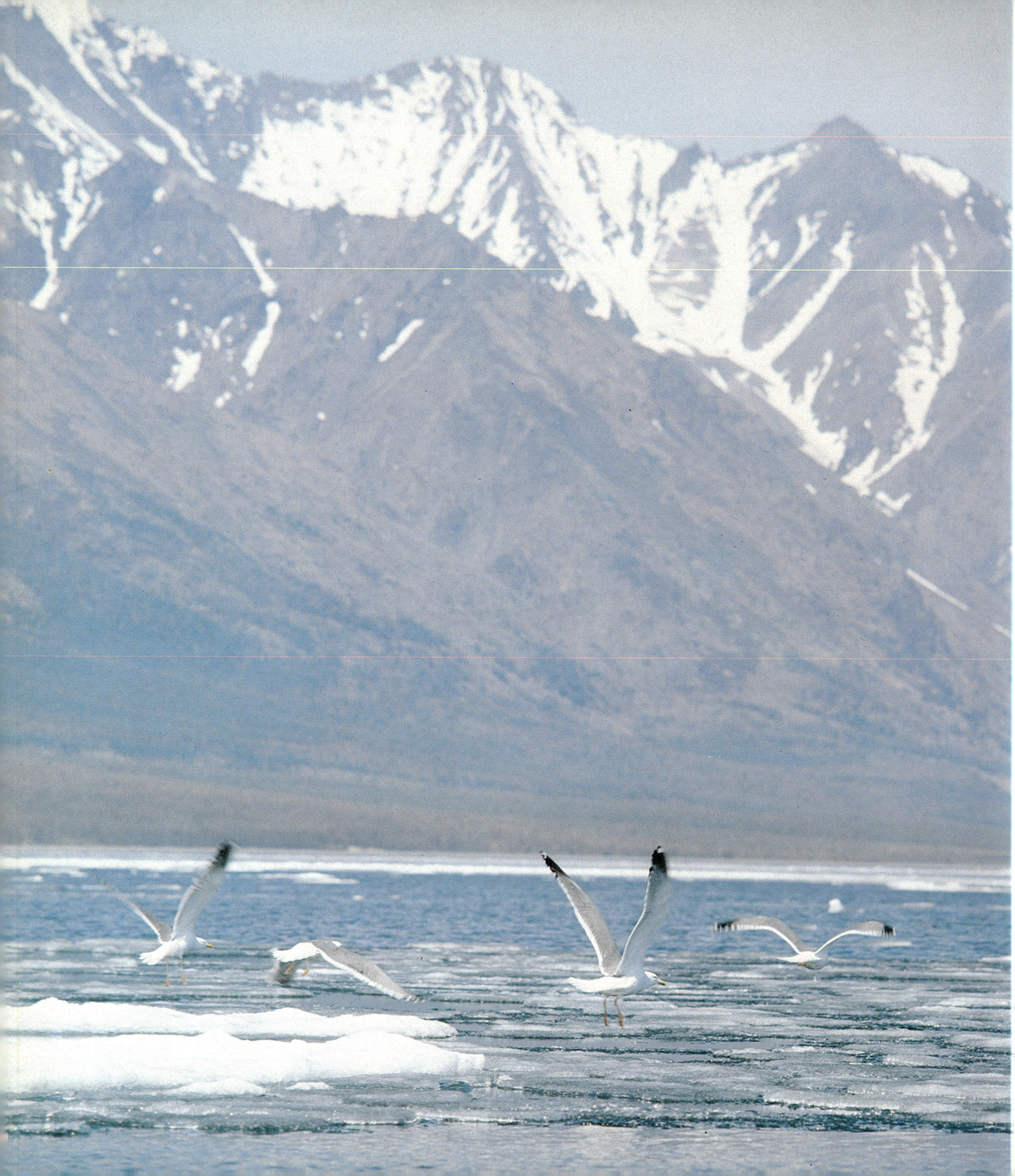

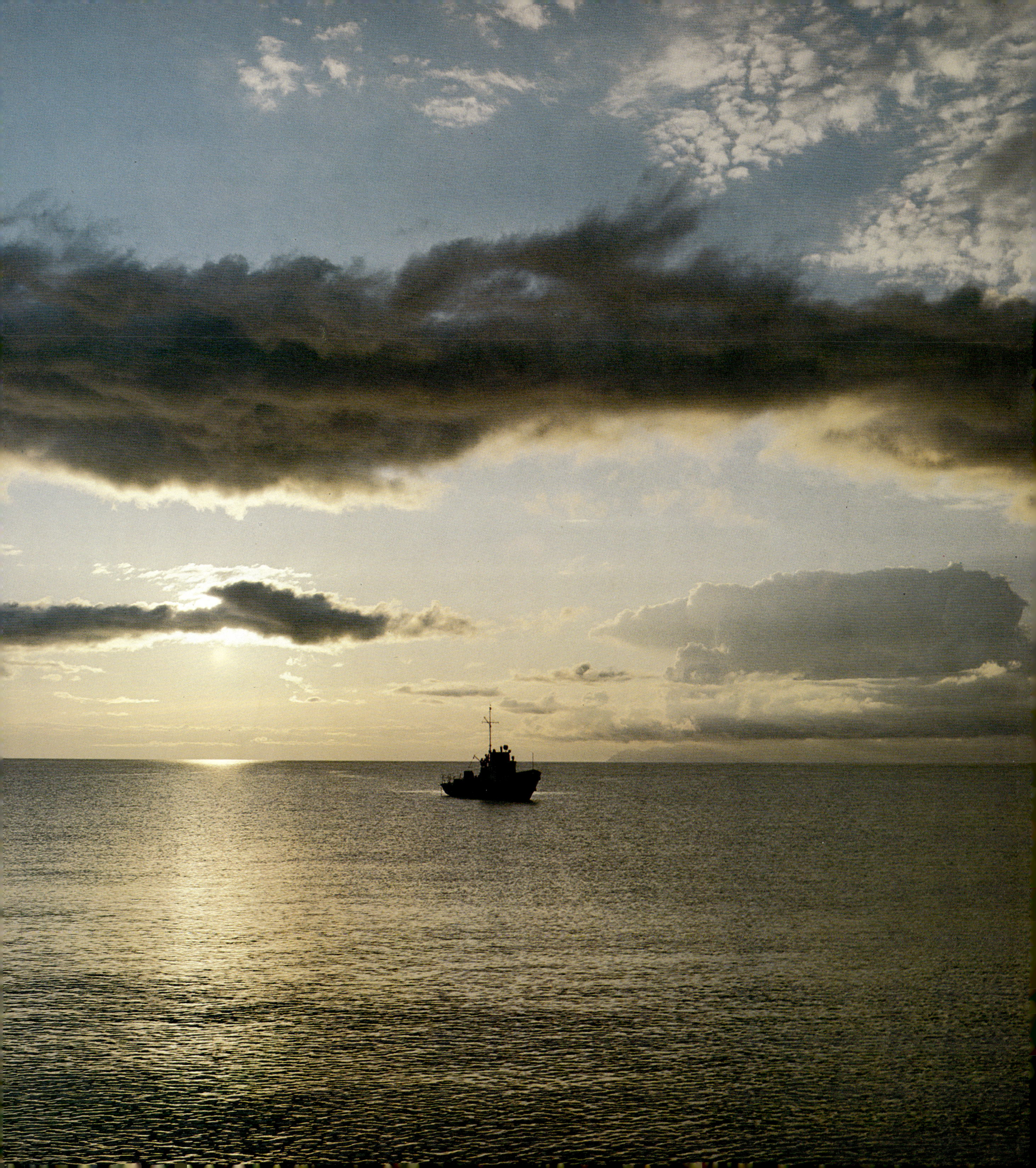

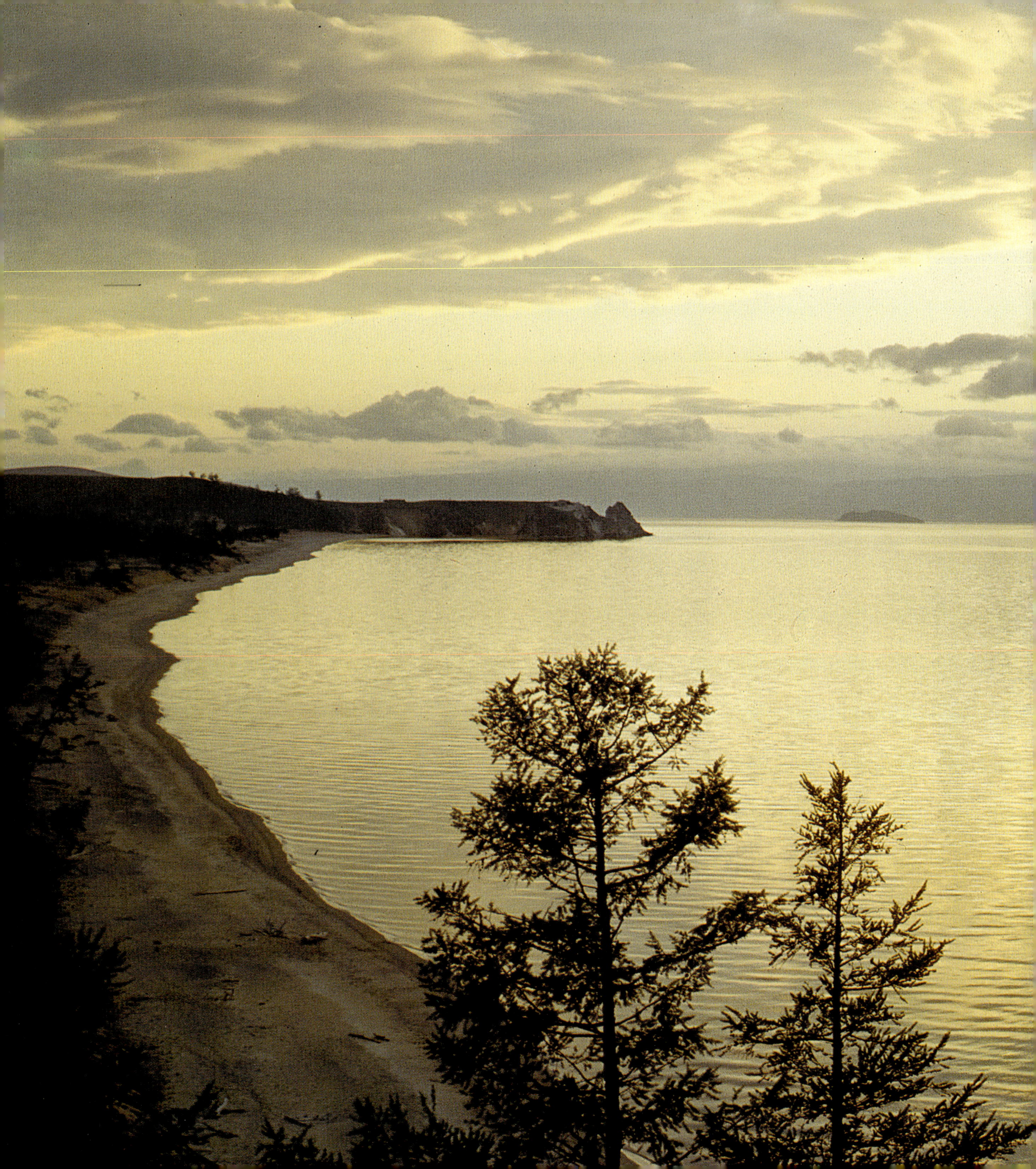

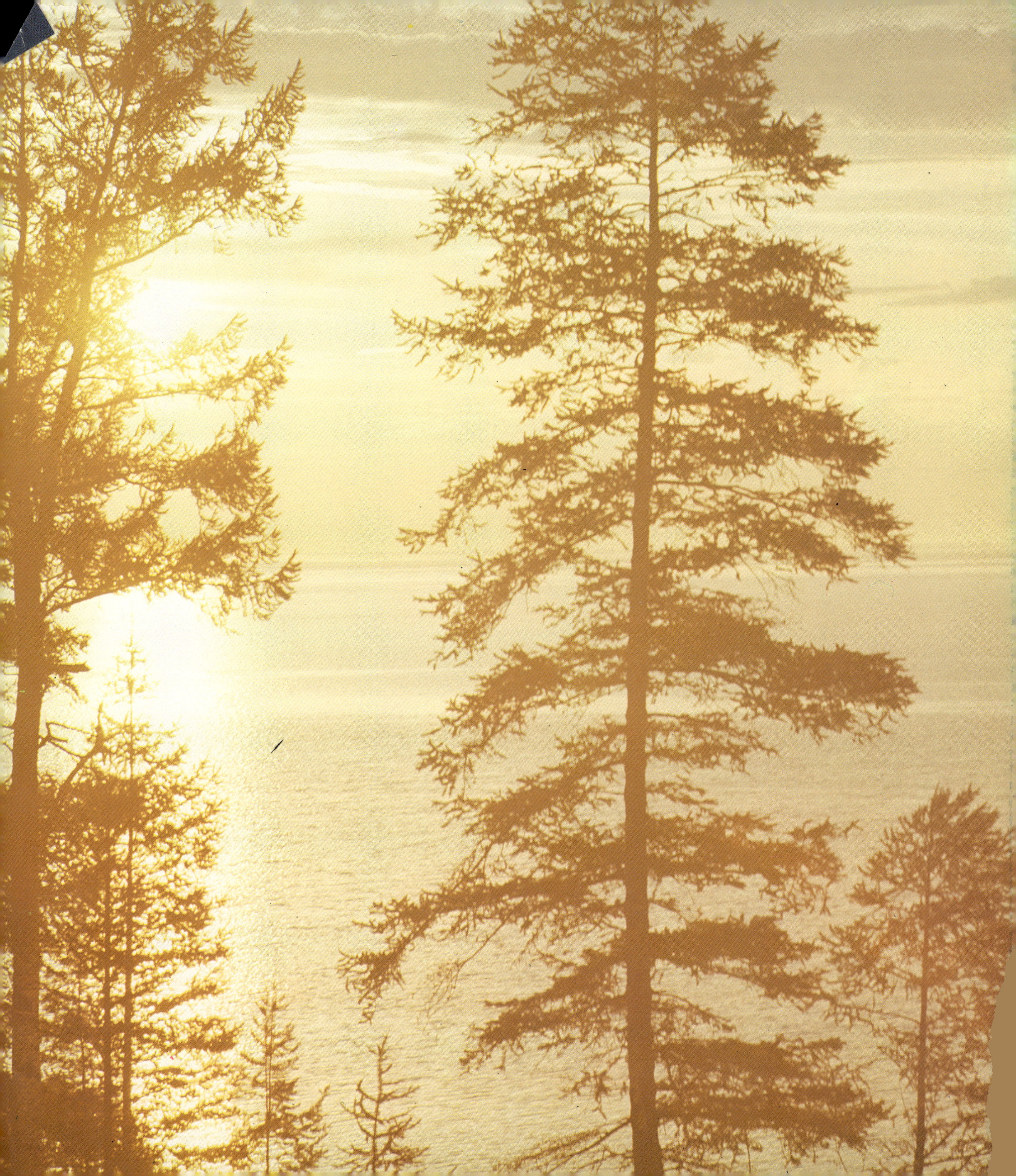

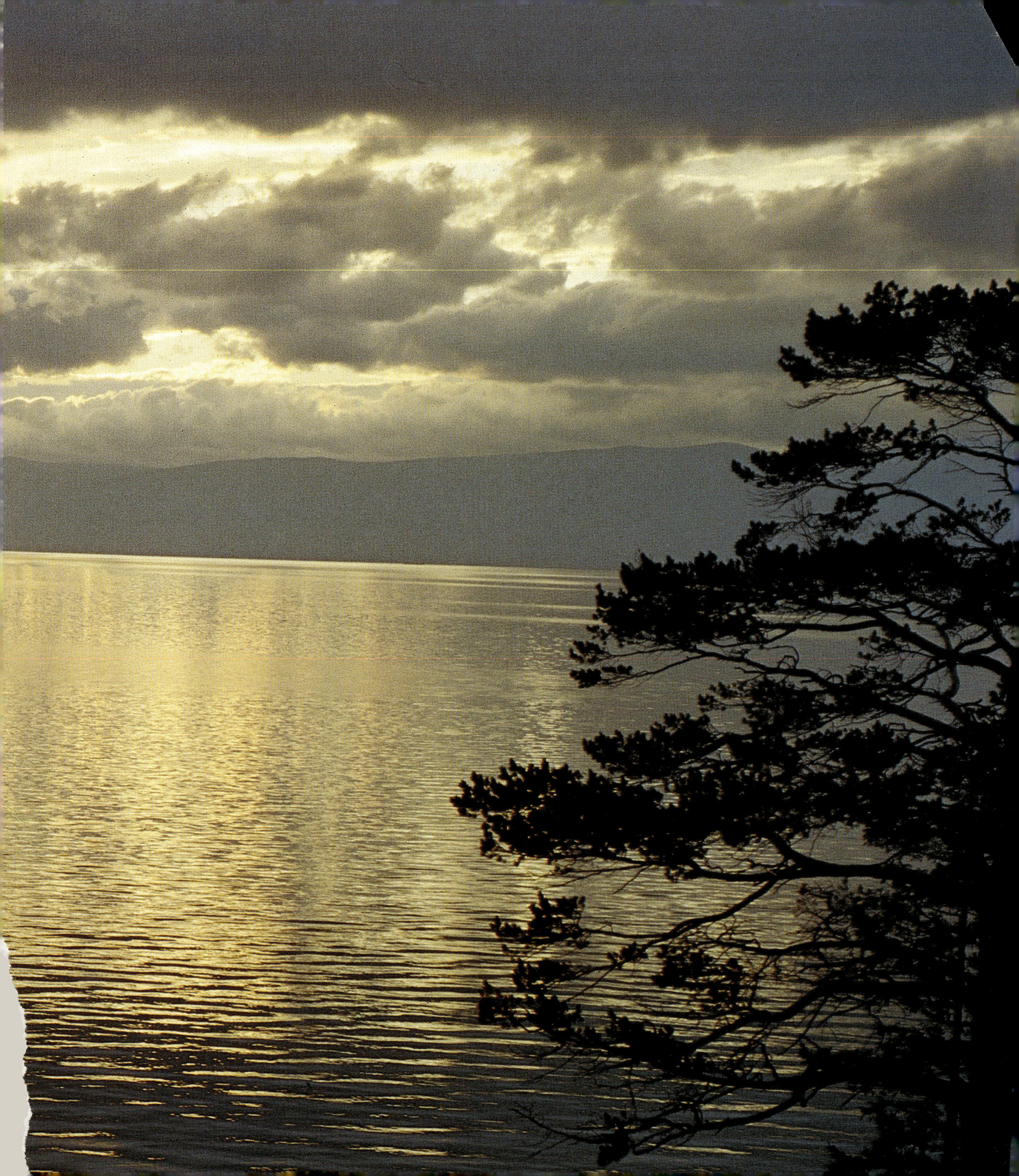

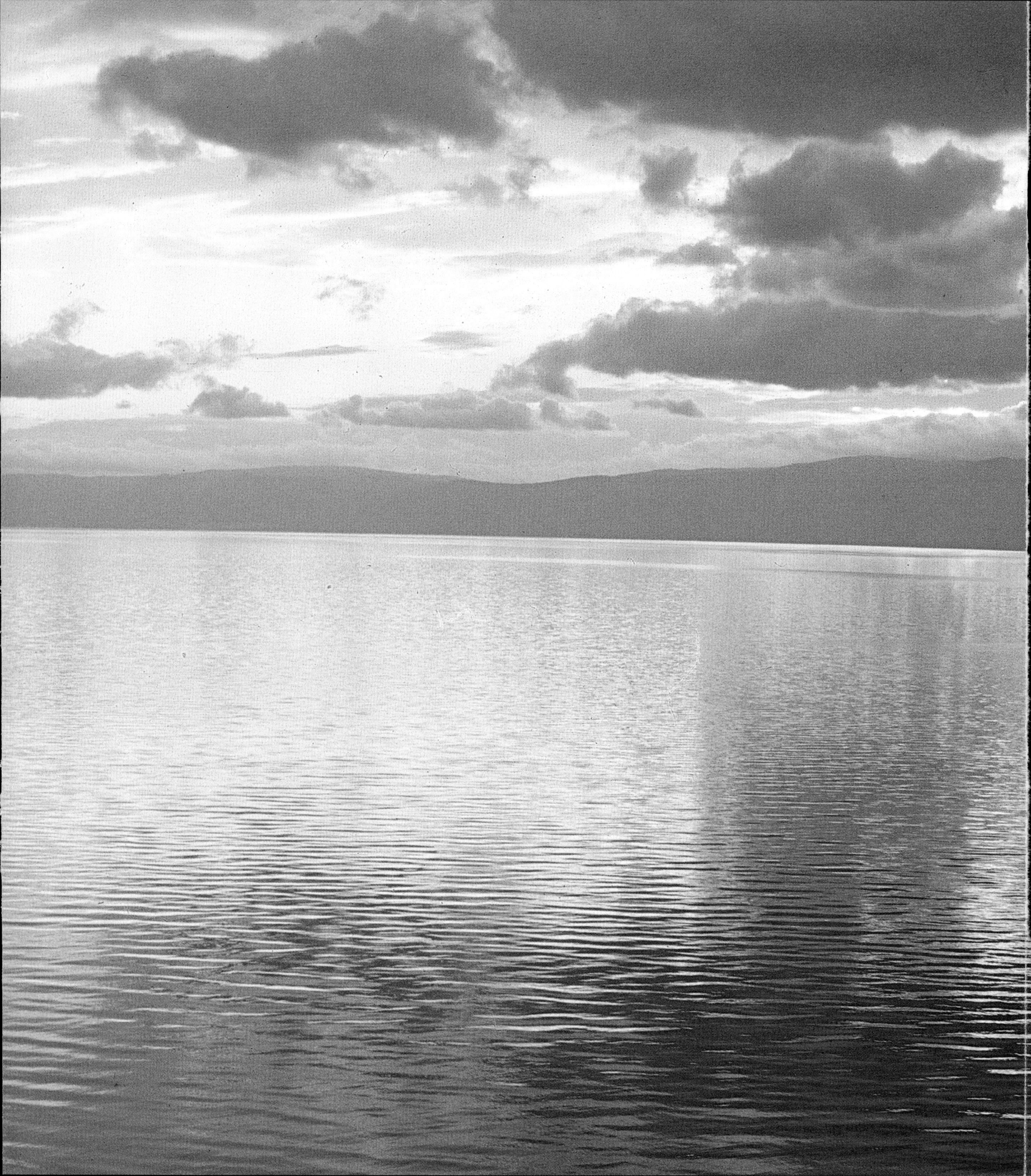

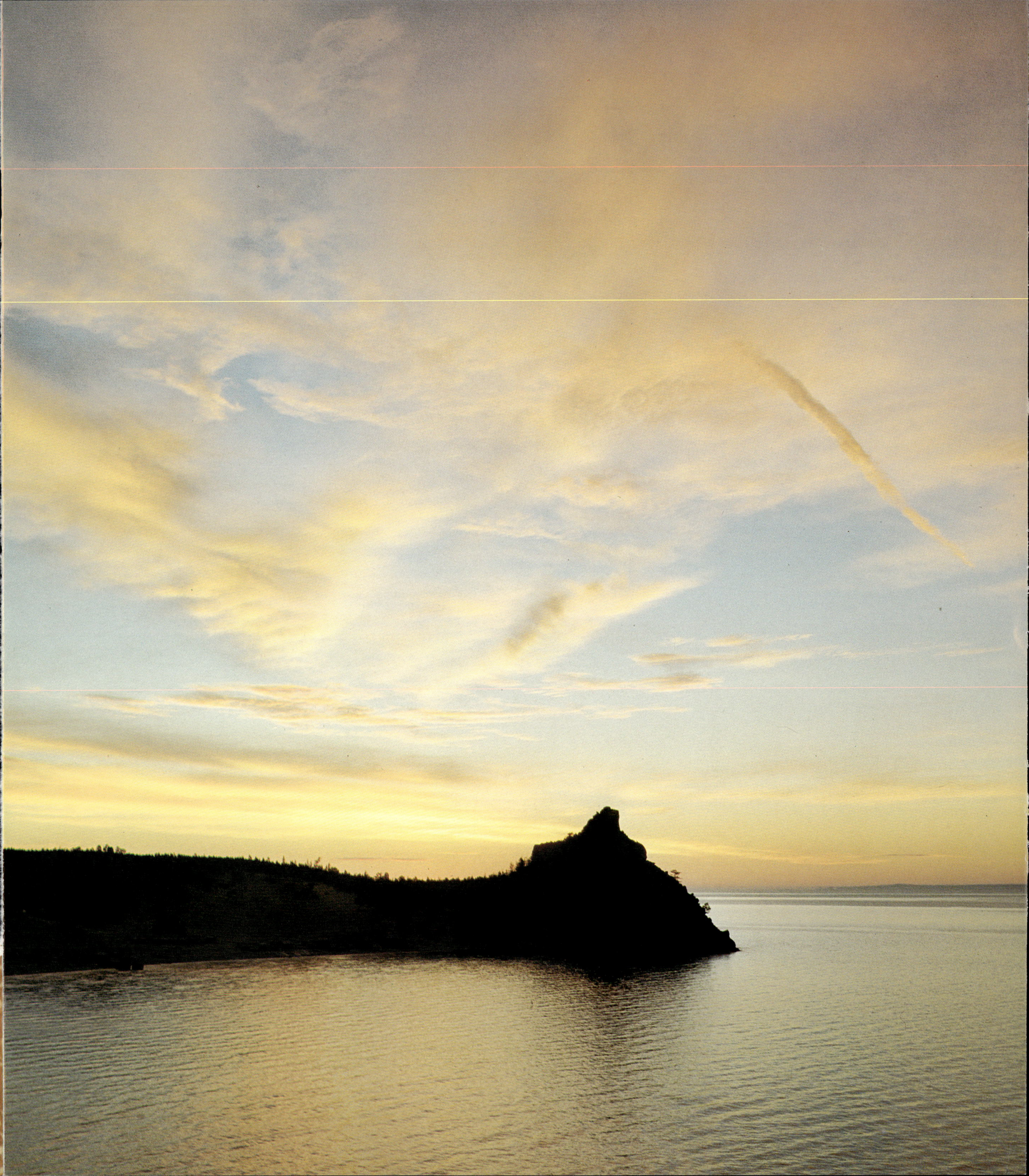

Охрана природы – это действенный гуманизм, ибо без сохранения природы невозможна жизнь человека. Только последнего вполне достаточно, чтобы признать за охраной природы абсолютный приоритет во всей человеческой деятельности.

Николай Федоренко, Михаил Лемешев, Николай Реймерс

Naturschutz, das ist aktiver Humanismus, denn ohne Naturschutz ist das menschliche Leben unmöglich. Das ist völlig ausreichend, um dem Naturschutz die absolute Priorität in der gesamten menschlichen Tätigkeit zuzuschreiben.

Nikolai Fedorenko, Michail Lemeschew, Nikolai Reimers

Лесистых гор полуовалы,
касанье голубых лекал.
И скалы, срезанные валом,
и небо, павшее в Байкал.

И сам он величав и вечен
в гранитной раме вырезной.
И весь – до донышка – просвечен,
и весь – до капельки – родной.

И Ангары полет строптивый,
и ветра крик, и гул турбин,
и птицы-сосны над обрывом,
и дикий ветер баргузин –

Все это, без чего не в силах
быть далью даль и ширью ширь,
и ты немыслима, Россия,
и ты немыслима, Сибирь.*

Von blauem Kurvenschnitt umgriffen
walddichter Berge Halboval,
Felsriesen, von der Flut geschliffen,
gestürzter Himmel – der Baikal.

Da liegt er, ewig und erhaben,
granitgefaßt im Schnörkelrand,
durchleuchtet – bis zum letzten Graben,
im Tropfen noch – mein Herz gebannt.

Der Angara unbändiges Drängen,
Turbinenhall sturmüberschrien,
der Fähren Flug über den Hängen,
der wilde Wind, der *Bargusin* –

gäb's nicht all dies, wer hätt unendlich
den Raum, die Weiten je genannt!
Sibirien wär dann unerdenklich,
ganz Rußland nie das gleiche Land.*

* Стихи М. Сергеева

* Gedichte von Mark Sergejew

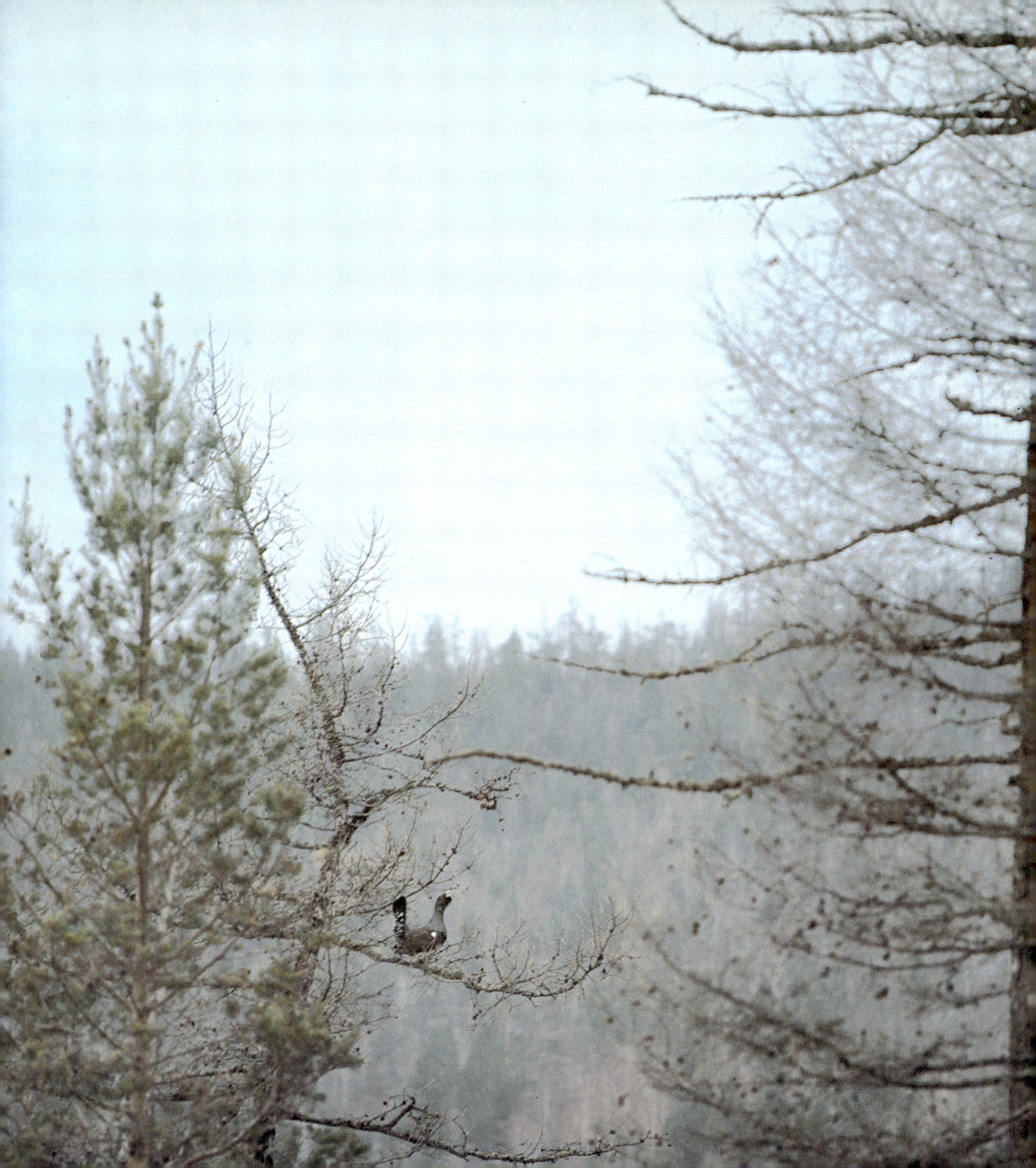

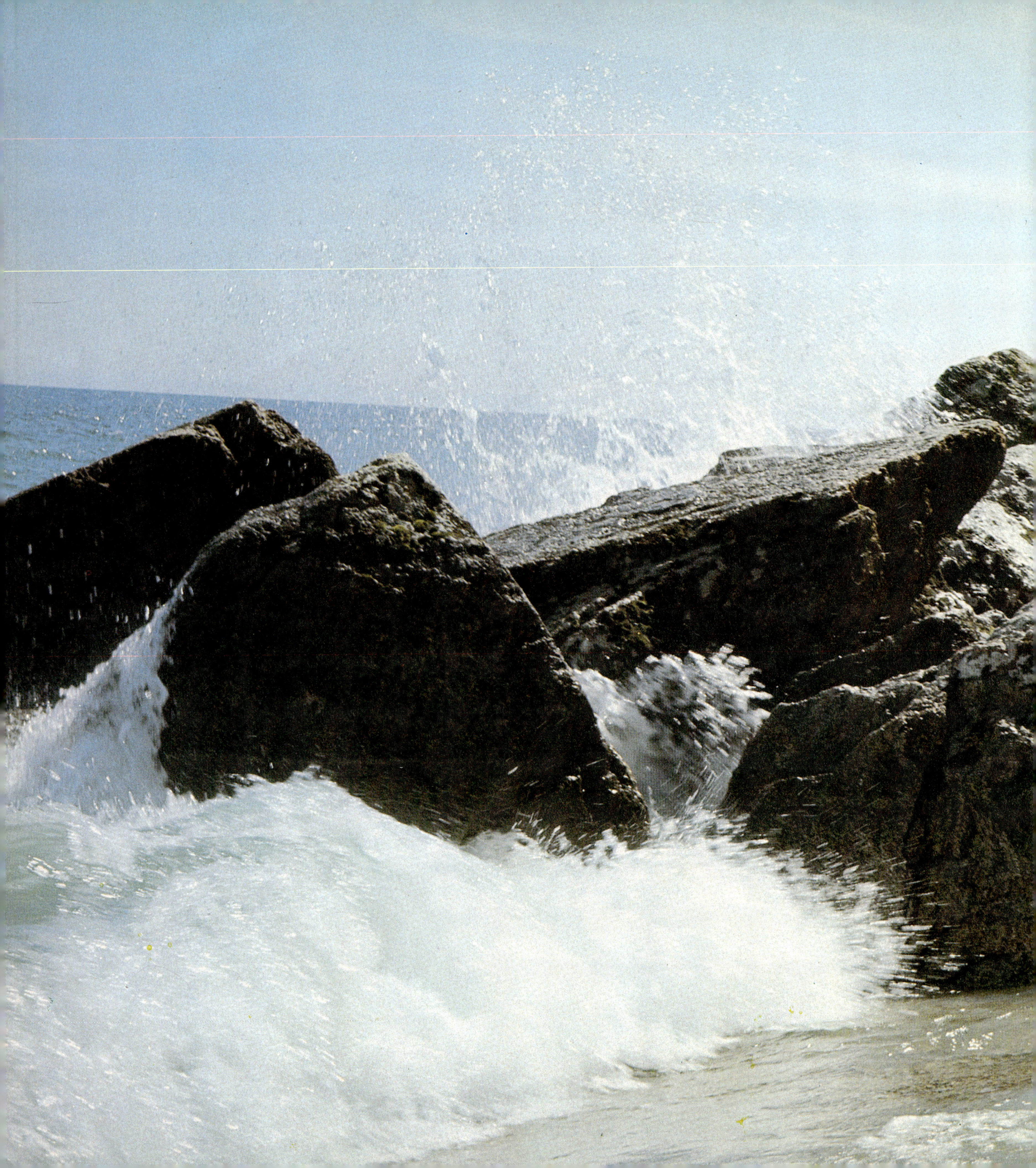

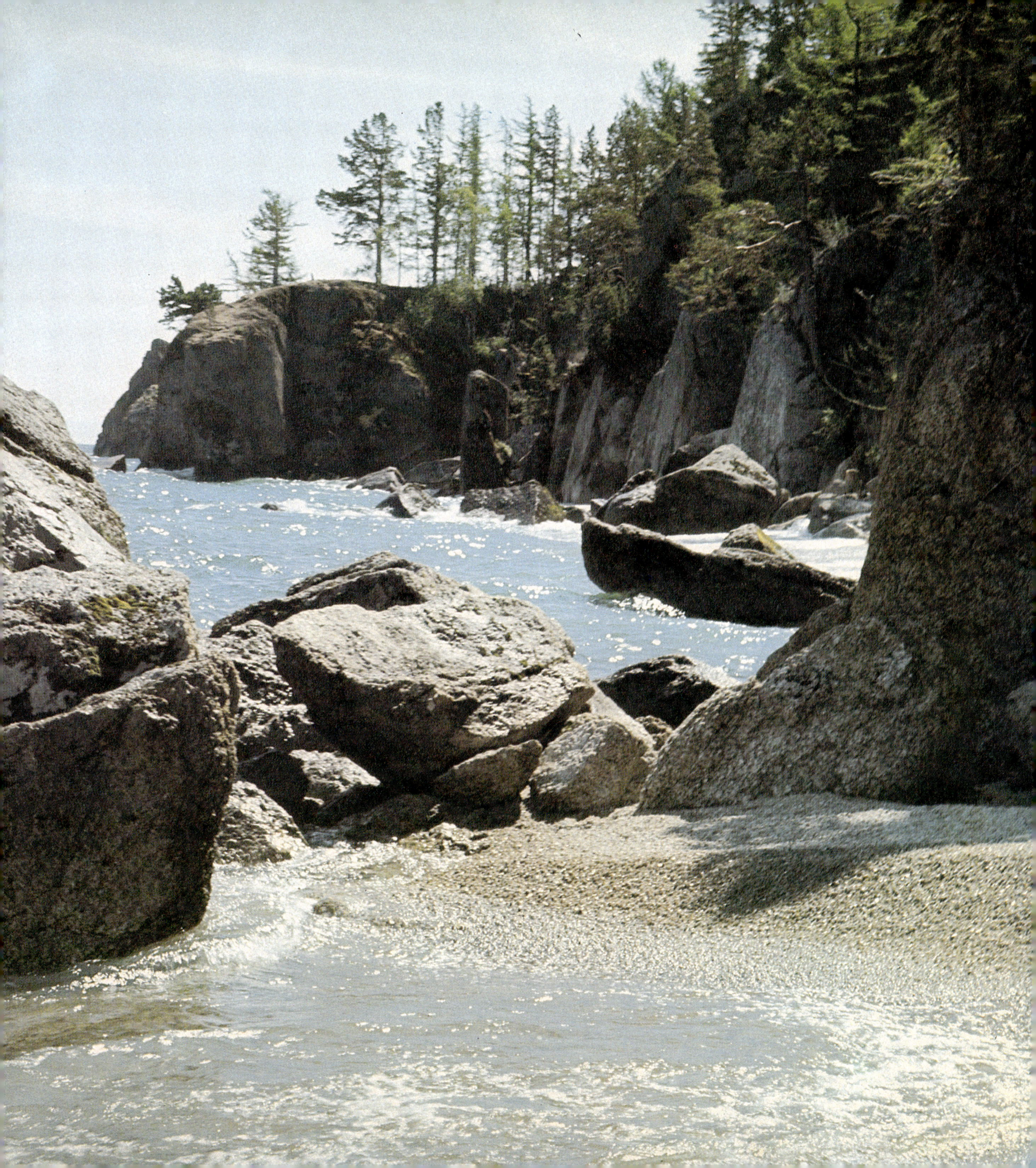

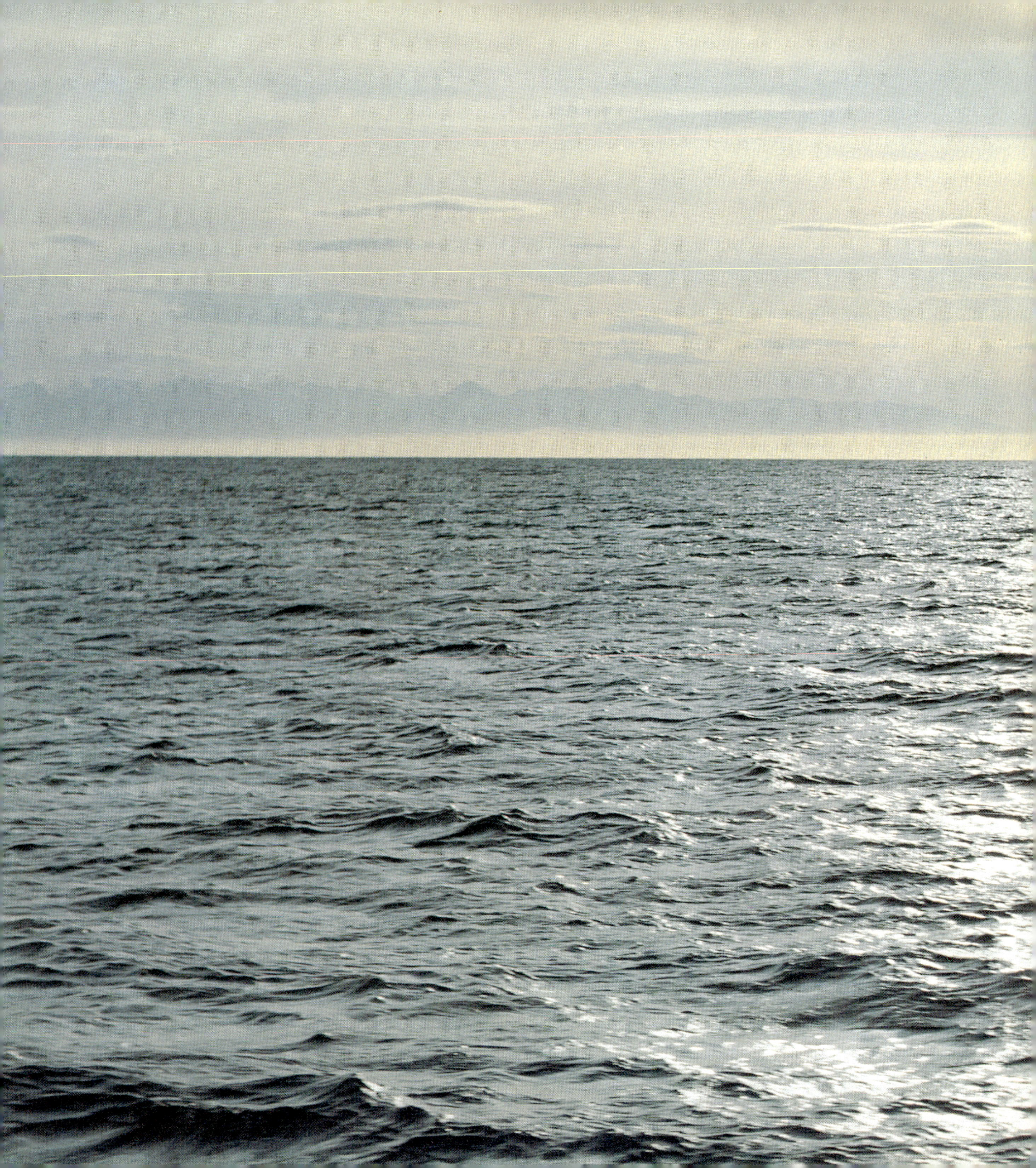

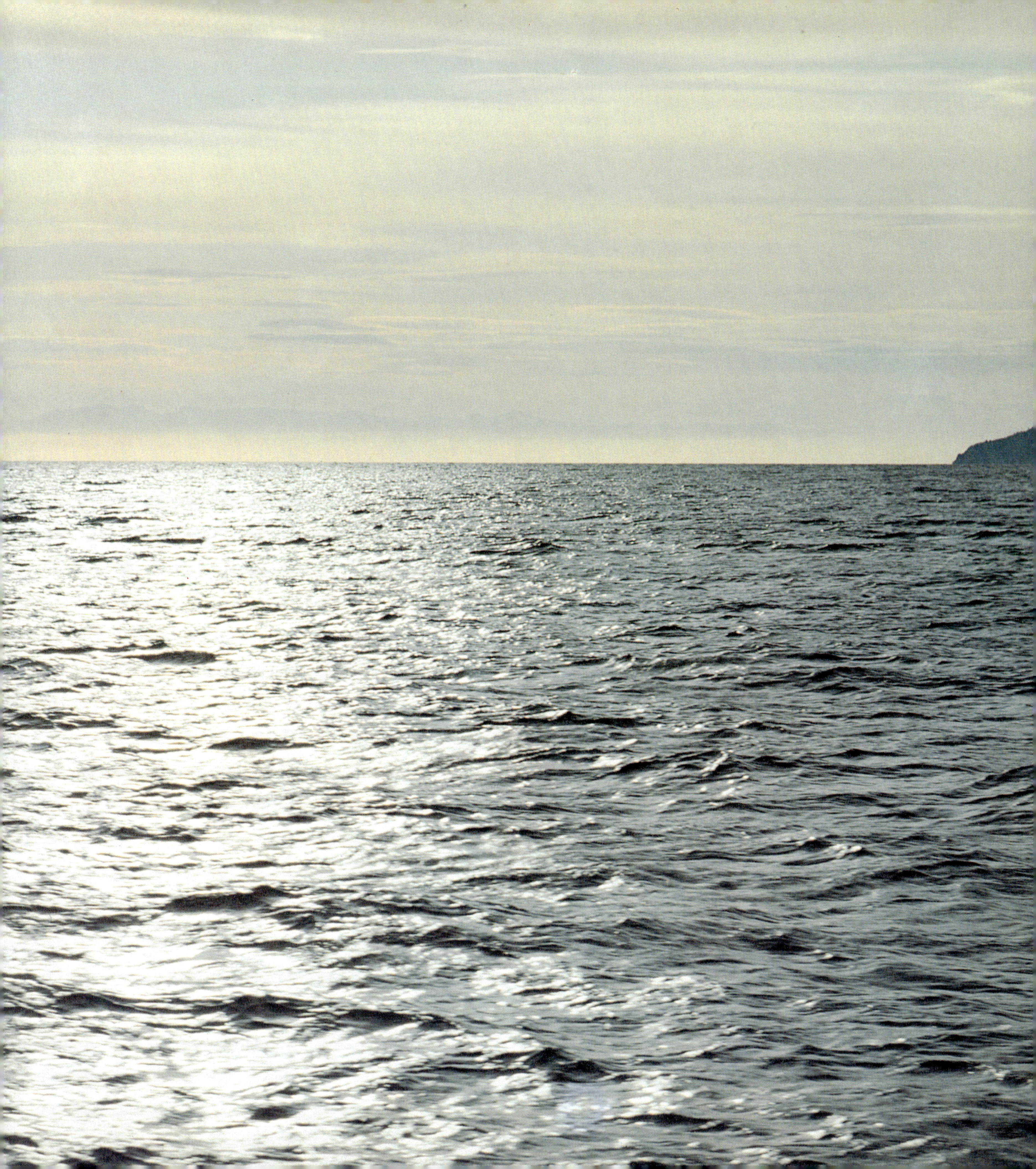

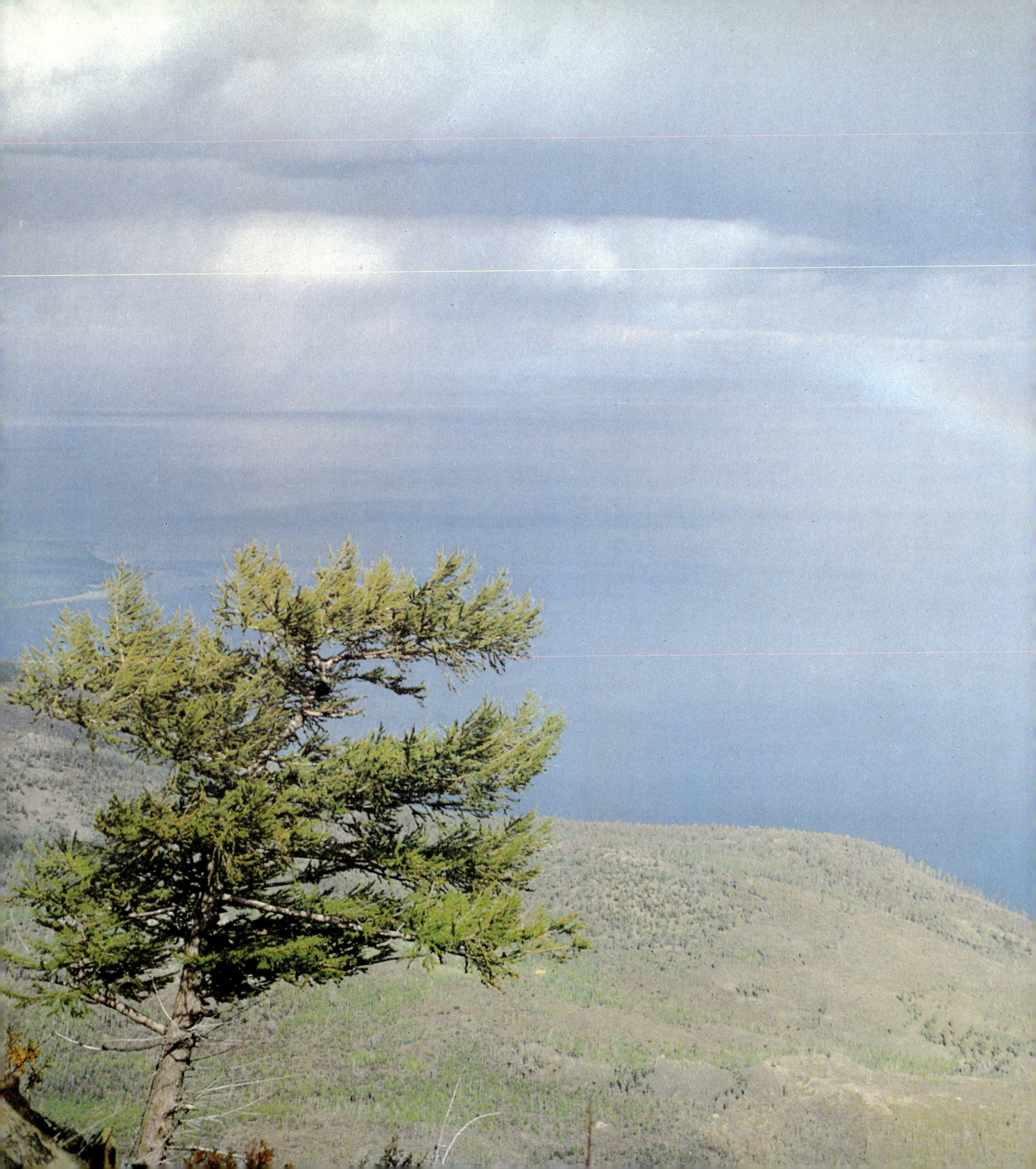

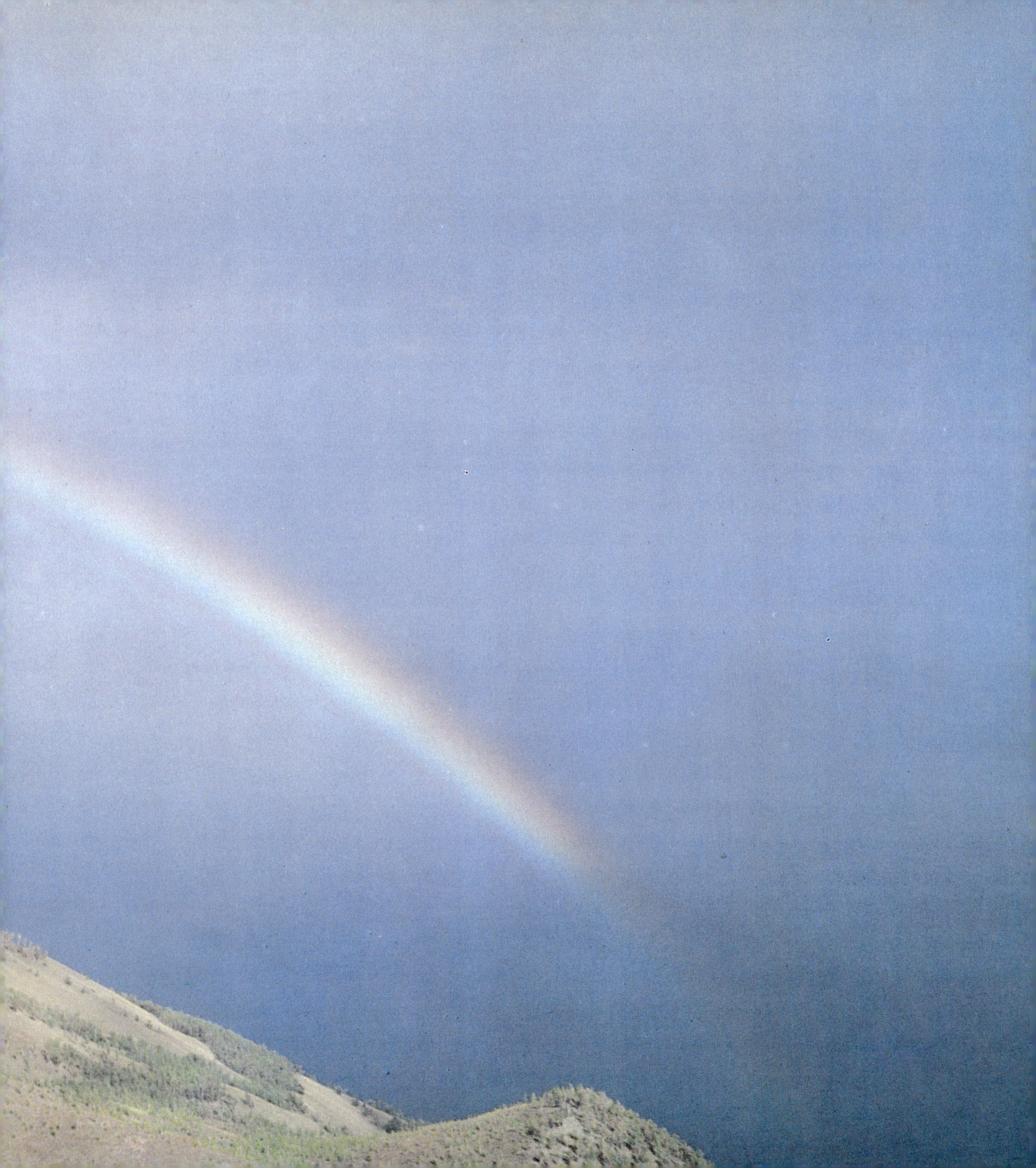

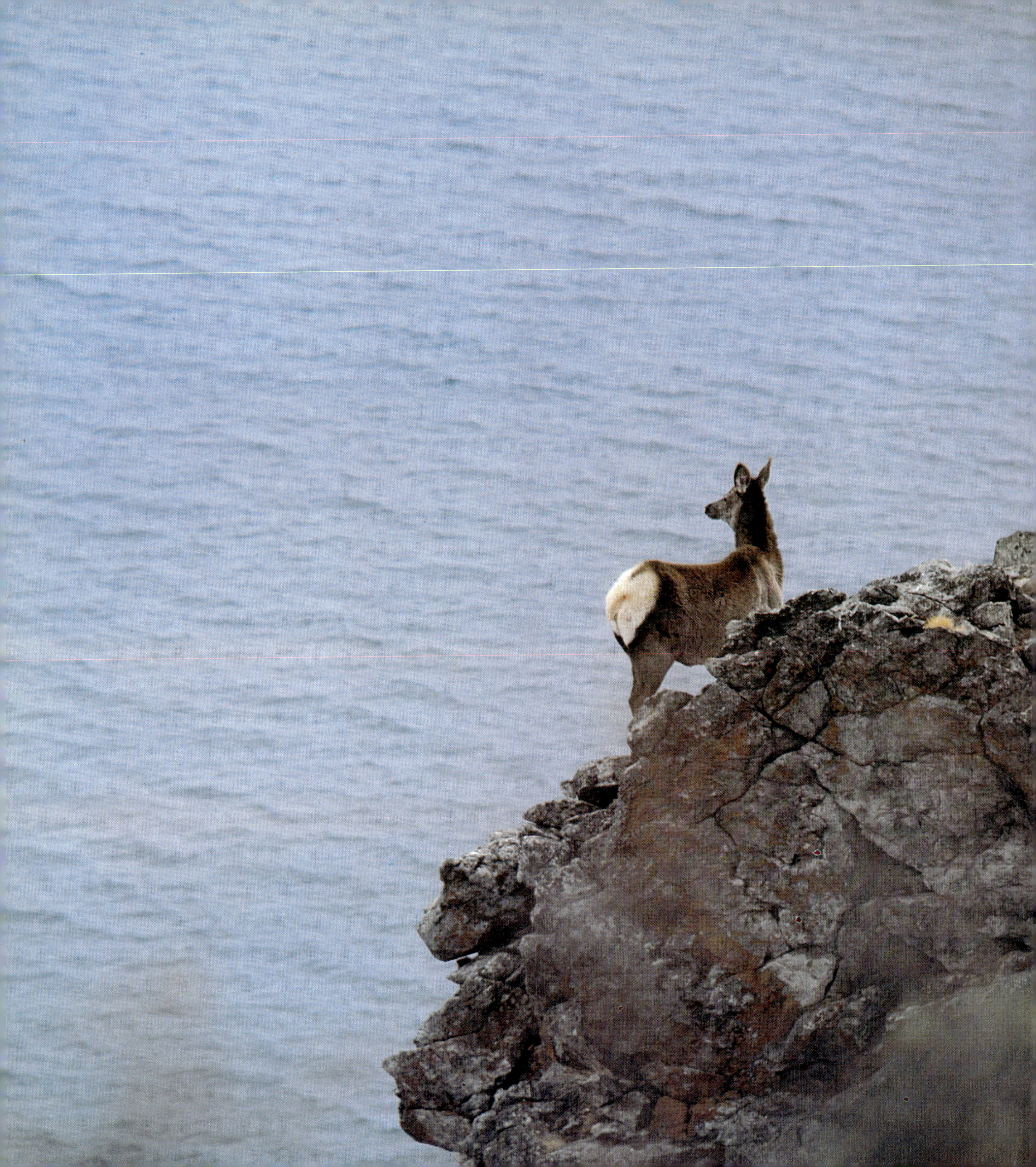

Что манит человека в дали неизведанные? Рожденный природой, он жаждет прикоснуться к ней душой, почувствовать её дыхание. Он так долго покорял её, так долго воевал с ней, что, когда настало время оглянуться вокруг, острая жалость пронзила грудь его. Нет, не покорять ее надо в наш век всесокрушающей техники, понял он, а жить с ней в мире, в любви, черпая из ее богатств только необходимое, ощущая ответственность за сохранение лесов и степей, гор и болот, рек и озер, особенно таких неповторимых, как Байкал.

К Байкалу, как к чуду природы, влечет людей его красота. На Байкале любой отрезок береговой линии: любая бухта, коса, скала так чисто сработаны природой, с такой грацией соединены друг с другом, что дух захватывает. Мы не всегда можем выразить наши ощущения, нам недостает подчас умения владеть словом или кистью, или звуками, но, думаю, что при встрече с заповедными местами, когда в груди возникает ошеломляющий холодок, в нас рождается чувство сродни тому, что вдохновило Гоголя, Аксакова, Пришвина и стало взволнованными гимнами Родине, чистым светом легло на полотна Шишкина и Левитана, пролилось пейзажными симфониями Чайковского, Римского-Корсакова, Прокофьева. Наедине с природой мы все чувствуем себя писателями, художниками, композиторами и обновленными, влюбленными в родную землю возвращаемся в мир своих трудов и забот.

У каждого из тех, кто испил байкальскую воду, — свой единственный и неповторимый Байкал. И мы прощаемся с ним, оставляя читателя и зрителя один на один с сибирским чудом.

Was lockt den Menschen in unbekannte Fernen? Von der Natur geboren, drängt es ihn, sie zu berühren und ihren Atem zu fühlen. Er hat sie so lange erobert, hat so lange gekämpft gegen sie, daß seine Brust, da die Zeit kam, sich umzuschauen, von tiefem Mitleid erfüllt wurde. Nein, in unserem Jahrhundert der alles bezwingenden Technik darf man die Mutter Natur nicht länger erobern, vielmehr muß man mit ihr in Frieden, Liebe und Eintracht leben. Darf aus ihren Reichtümern nur das Notwendigste schöpfen. Muß vielmehr die Verantwortung spüren für die Bewahrung der Wälder und Steppen, der Berge und Sümpfe, der Flüsse und Seen, besonders so eines einmaligen, wie es der Baikalsee ist.

Der Baikal, dieses Naturwunder, lockt die Menschen mit seiner Schönheit. Hier hat die Natur bei der Erschaffung jeder Uferböschung, jeder Bucht, jeder Landzunge, jedes Felsens soviel Harmonie, seltene Grazie und Schönheitsgefühl bewiesen, daß einem schier der Atem stockt. Nicht immer vermögen wir unsere Empfindungen in Worte zu kleiden, zuweilen mangelt es uns an der Fähigkeit, mit Pinsel, Farben und Tönen wiederzugeben, was uns bewegt. Doch wenn wir die Naturschönheiten des Baikalsees bewundern, wenn es uns dann miteins vor Ehrfurcht eiskalt in der Herzgrube aufsteigt, so erfüllen uns wohl Gefühle, wie sie schon Gogol, Aksakow und Prischwin gekannt haben. Dann werden diese Gefühle zu einer Hymne an die Heimat, zum hellen Leuchten auf den Gemälden eines Schischkin und Lewitan, zu den naturverbundenen Sinfonien eines Tschaikowski, Rimski-Korsakow oder Prokofjew. Wenn wir so die Natur in all ihrer Schönheit in uns aufnehmen, fühlt sich wohl ein jeder von uns zum Schriftsteller, Maler und Komponisten geboren und wir kehren innerlich erneuert, von tiefer Liebe zu unserer Heimaterde durchdrungen in die Welt unserer Arbeit und Sorgen, an unser Tagewerk zurück.

Jeder, der nur ein einziges Mal Wasser aus dem Baikalsee trank, bewahrt im Herzen sein unverwechselbares Bild. So wollen nun auch wir Abschied nehmen von ihm, der Leser aber möge sich noch an diesem sibirischen Wunder erfreuen.

77+57(069)
Ф86

БАЙКАЛ

ФОТОАЛЬБОМ

Издание третье

Фотографии А. Фрейдберга

Автор вступительной статьи В. Распутин
Автор текста М. Сергеев
Составители А. Богомолов, М. Сергеев,
А. Фрейдберг
Художник А. Юликов
Научные консультанты О. Кожова, Б. Лут
Перевод текста Тэа-Марианню Бобровски
Перевод стихов М. Шайбера

Заведующий редакцией А. Мусатов
Редакторы А. Непомнящая, М. Шенгелия
Художественные редакторы И. Новичкова, Т. Дмитракова
Редакторы немецкого текста Г. Волкова, М. Петри
Технический редактор Н. Ремизова
Корректор Н. Коршунова

ИБ № 1210
Сдано в набор и подписано в печать 30.03.1988.А07582
Изд. № 6/2-8484. Формат издания 60x108/8. Бумага мелованная
и бумага «Верже». Гарнитура таймс. Печать офсет. Усл. печ.л.34,8.
Усл.кр.-отт. 111,6.Уч. - изд.л.42,049. Тираж 25 000. Цена 13р
Издательство «Планета» 103031 Москва, Петровка, 8/11

*Printed and bound in Italy
by Nicola Teti Editore - Milano*

Ф $\frac{4911020000-056}{0(27)-90}$ 20-90